From P. Lasri
A. Sandi 30/9/89

LE PIÈGE DE WALL STREET

JEAN MONTALDO PRÉSENTE

Gilles Sengès
François Labrouillère

LE PIÈGE DE WALL STREET

L'affaire Pechiney-Triangle

Albin Michel

22, rue Huyghens, 75014 Paris

ISBN 2-226-03750-0

AU LECTEUR

PAR JEAN MONTALDO

Le Piège de Wall Street est un document révélateur des mœurs de certains — parmi les plus importants — des dirigeants politiques français. Il restera un ouvrage de référence. Sans aucune complaisance, nous relatons ici le scandale Pechiney-Triangle, la ténébreuse « affaire » qui aura le plus marqué la carrière politique du Président de la République, François Mitterrand.

Venant après *La Chute d'un agent de change* du journaliste Jean de Belot, *Le Piège de Wall Street* est le second livre d'une collection que nous voulons consacrer à de grandes enquêtes sur des sujets majeurs, parfois tabous, mais qui, toujours, par leur exemplarité, illustrent les aspects essentiels de la vie française ou internationale.

L'esprit de ma démarche est le même que pour le premier ouvrage : ayant moi-même révélé, puis suivi nombre des grandes « affaires » qui ont soit ébranlé, soit simplement jalonné la Ve République, j'ai observé l'immense faculté d'oubli autant de l'opinion publique que de nos classes dirigeantes. En cette fin de siècle, la mémoire collective est de plus en plus défaillante. Qu'ils soient de gauche ou de droite, du centre ou d'ailleurs, ceux qui participent au pouvoir politique, économique ou judiciaire, comptent sur le temps pour effacer leurs insuffisances, leurs manquements, parfois leurs turpitudes. Cette collection a l'ambition de combattre ces « arrangements » avec la vérité. Elle procède du « journalisme d'investigation » indispensable à toute démocratie, et qui a reçu ses lettres de noblesse dans les pays anglo-saxons.

Ce journalisme-là est une vocation. Dans la presse et surtout l'édition, je fais partie des premiers et des trop rares à l'avoir toujours pratiqué. Pesante, cette solitude m'a souvent porté préjudice. En France, quiconque s'exerce à ce type d'enquête est montré du doigt, traité comme un marginal... infréquentable. C'est sans doute pourquoi bien des auteurs sont si souvent dissuadés de le pratiquer. Ils ont désormais une collection qui leur est destinée, sous réserve de souscrire aux principes qui ont toujours été les miens : indépendance et non-conformisme.

J'ai connu Gilles Sengès et François Labrouillère lors de mes collaborations avec Philippe Tesson, au *Quotidien de Paris*. Tous deux spécialistes de la vie économique, des marchés financiers et des affaires, ils ont suivi au jour le jour les péripéties de l'affaire Pechiney-Triangle.

Un événement boursier, judiciaire et politique majeur qui explique bien des choses.

Le Piège de Wall Street met en scène les plus hauts personnages de l'Etat. Il m'a fallu consacrer à l'élaboration de ce livre une attention toute particulière. J'ai cru devoir m'y impliquer personnellement, et en assurer directement l'ouverture. Ainsi, le lecteur pourra mieux pénétrer dans les maquis de cette « affaire d'Etat », et en saisir d'emblée toute la gravité. Voici donc « Le deuil des infidèles. »

Le deuil des infidèles

La Ferté-Saint-Aubin, au sud d'Orléans, le 10 mars 1989 : un petit village à l'orée de la Sologne, bouclé par les gendarmes. On n'y a pas vu une telle effervescence depuis la spectaculaire capture, en 1987, de Joëlle Aubron, Nathalie Ménigon, Georges Cipriani et Jean-Marc Rouillan, les quatre terroristes d'Action Directe, réfugiés, avec armes et butin, dans une ferme isolée de Vitry-aux-Loges, une localité des environs. Placardé sur les arbres de la rue principale, un arrêté du maire prévient ses habitants que « pendant le déroulement de la cérémonie des obsèques d'une personnalité au niveau national, il sera indispensable de réglementer la circulation dans le quartier de l'église Saint-Michel et le cimetière ».

Le soleil doux annonce un printemps précoce. Des groupes de badauds essaient de se faufiler parmi les Mercedes 500, Jaguar Sovereign, BMW Série 7, Renault 25 Limousine, Citroën CX Prestige, Bentley et autres voitures de grand luxe hérissées d'antennes, seules autorisées à franchir les barrages. L'atmosphère est recueillie, bien différente de celle de ces week-ends d'automne où l'on aime, ici, à se retrouver bruyamment pendant la saison de la chasse. Accolée au château, l'église Saint-Michel est comble. Portes closes, soigneusement isolée par les forces de l'ordre, la Maison de Dieu est fermée !! Depuis 11 h 30, on y célèbre les funérailles de Roger-Patrice Pelat. « Une cérémonie sans protocole, familiale et privée », selon les vœux de la femme du défunt.

Le propriétaire du riche domaine de l'Echeveau, un peu à l'écart du bourg, est subitement décédé à l'âge de 70 ans. Il a souhaité reposer dans ce qui est devenu, depuis 1982, sa terre d'élection. En d'autres circonstances, ce pénible événement n'aurait guère troublé la quiétude du village solognot. Mais ces dernières semaines, celui dont on connaissait dans toute la région les liens avec le président de la République, François Mitterrand, s'est trouvé plongé dans une incroyable « affaire d'Etat ». Impliqué, avec d'autres, dans un scandale boursier survenu à Wall Street, à l'occasion du rachat préparé aux Finances, à Matignon et... à l'Elysée de l'entreprise américaine Triangle-ANC par le groupe nationalisé Pechiney.

Quelques jours avant sa mort, Roger-Patrice Pelat a même été inculpé de « recel de délit d'initié ». Accusé d'avoir bénéficié, avant l'annonce de l'OPA (offre publique d'achat) de Pechiney sur Triangle et sa filiale ANC, d'une information confidentielle et donc privilégiée et de l'avoir exploitée. Elle lui a permis de réaliser des profits aussi substantiels qu'illicites. Son amitié avec François Mitterrand lui a bien sûr coûté de focaliser attentions et attaques. Sans qu'il cherche à se défendre. Mais le pouvait-il ? Tenu depuis peu à l'écart du Président dont il était l'un des rares confidents car l'un de ses vrais amis, il n'a pas trouvé la force de supporter le choc d'une notoriété si pesante, pour ne pas dire accablante. Et puis, le 7 mars, dans l'après-midi, Roger-Patrice Pelat, en observation médicale pour une embolie pulmonaire survenue le 27 février, s'est écroulé brutalement dans un couloir de l'hôpital américain de Neuilly. Terrassé par une attaque cardiaque, alors qu'il venait de raccompagner Armand Mestral, le comédien, chanteur, et également l'artiste peintre attitré de la famille Mitterrand, entré (à ce titre ?) au Conseil économique et social.

En ce matin du 10 mars, ses proches, même ceux qui l'ont abandonné avant que la mort ne vienne le happer, sont donc réunis autour du catafalque. Livide, le président de la République conduit le deuil. Il a dû bouleverser son emploi du temps et rentrer précipitamment d'une visite officielle en Algérie. Un hélicoptère vient de le déposer sur la piste d'atterrissage privée du château princier de son ami. Le chef de l'Etat ne dispose que de quelques heures avant de devoir repartir pour une conférence européenne, aux Pays-Bas. Sa femme et ses deux fils sont là aussi, au premier rang des fidèles, avec son frère Robert, jadis associé du disparu dans une société, Vibrachoc, dont on a beaucoup parlé ces temps derniers en raison de troublantes révélations parues dans *Le Monde* et *Le Quotidien de Paris*. A leurs côtés, dans la nef, un parterre de personnalités du monde de la politique et des affaires. Pierre Bérégovoy, le ministre d'Etat, ministre de l'Economie, des Finances et du Budget, est accompagné d'Alain Boublil qui fut, jusqu'à ces dernières semaines et jusqu'au début du scandale, son directeur de cabinet, rue de Rivoli, après avoir appartenu à celui du Président, à l'Elysée. Le ministre du Budget, Michel Charasse, côtoie le secrétaire général de la Présidence de la République, Jean-Louis Bianco. Le patron de Matra, Jean-Luc Lagardère, représente l'industrie de l'armement, avec Serge Dassault. Des hommes connus, parmi lesquels le député RPR Jacques Baumel, son ancien voisin d'immeuble à

Paris, sont là pour rendre un dernier hommage à Roger-Patrice Pelat. En cet instant solennel, où chacun peut mesurer la vanité des choses, on évite de se croiser du regard. La mort est là, cruelle ! Elle renvoie les uns et les autres à leur conscience ; à leur simple condition humaine.

Pendant une heure et demie, le film des récents événements défile, hante les esprits de ces hommes dont certains sont en charge du destin de la France. Au moment d'enterrer l'un des leurs, quelques-uns paient, en silence, le prix de leur infidélité.

Infidélité de François Mitterrand ? Voilà trois semaines à peine, le dimanche 12 février, le chef de l'Etat s'est invité à l'émission « 7 sur 7 » d'Anne Sinclair, sur TF1, pour commenter cette « affaire » Pechiney qui a fini par tuer son vieux compagnon. Il y est allé, avant tout, pour se justifier. Sa prestation télévisée est apparue comme une « première » dans l'histoire de la République : les Français ont vu leur Président s'expliquer publiquement sur ses relations personnelles, privées, anciennes, avec un personnage jusque-là inconnu du grand public. Longue intervention devant les caméras indiquant, à ceux qui ne l'auraient pas compris, à quel point l'embarras de François Mitterrand est grand, et son inquiétude profonde. Comment analyser autrement son énoncé, sur un ton apparemment détaché, de plusieurs contre-vérités :

- le président de la République a affirmé n'avoir pas eu à connaître l'affaire Pechiney-Triangle, dans laquelle son ami Pelat était si gravement impliqué : « [...] Je ne le savais pas moi-même » ;
- il a osé, également, prétendre que Max Théret, l'homme d'affaires socialiste qui s'est sacrifié en déclarant avoir entraîné Pelat dans ce scandale boursier,

« n'est pas du cercle de mes amis... même pas de mes relations » ;

• et il a ajouté, comme pour mieux prouver son innocence, n'avoir même « jamais vu » Jean Gandois, le P-DG de Pechiney, ce « jamais vu » voulant (ou pouvant) indiquer que l'Elysée s'est toujours tenu à l'écart de cette affaire, avant et après l'OPA sur Triangle.

Cette intervention forcée de François Mitterrand en a choqué plus d'un :

— S'il est révélé que Patrice Pelat s'est contenté de jouer en bourse, comme le font des millions de Français, je n'aurai pas à lui en vouloir, ou à regretter son action. S'il se révèle avoir commis une faute, dans le cadre de mes fonctions j'estimerai que je ne pourrai pas préserver la même qualité d'amitié que celle que j'ai connue pendant si longtemps.

Roger-Patrice Pelat, si stoïque qu'il fût, a-t-il pu accepter sans peine d'entendre son vieux compagnon, l'homme qu'il avait soutenu dans la dure épreuve des stalags nazis des années 1940, parler ainsi à Anne Sinclair et aux Français. Surtout quelques jours à peine après la publication du rapport de la COB (Commission des opérations de bourse), qui a été saisie de l'affaire par les autorités américaines.

La petite phrase du 12 février a pris toute sa dimension quelques jours après : lors de l'inculpation, le 16 février, de l'ami du Président par Mme le magistrat instructeur Edith Boizette, destinataire, au palais de justice de Paris, des « investigations effectuées, par le service de l'Inspection de la COB, entre le 14 décembre 1988 et le 27 janvier 1989 ». Celles-ci ont permis de réunir « des présomptions graves, précises et concordantes de l'existence de délits d'initiés susceptibles de relever de la juridiction française ».

Cet événement judiciaire, l'Elysée le savait imminent. Il devait, immanquablement, faire encore mieux apparaître l'exactitude des révélations de la presse, sans laquelle rien n'aurait jamais été su. Roger-Patrice Pelat a donc bel et bien, suivant l'expression de François Mitterrand, « commis une faute » en achetant au moins 10 000 actions Triangle à Wall Street, dans les jours qui ont précédé l'OPA du français Pechiney, le 21 novembre 1988.

C'est cela qui donne à penser que le président de la République ne s'est pas déplacé innocemment sur le plateau de TF1. La COB étant sous la tutelle de son ministre des Finances, pouvait-il ignorer, avec lui, tout ce que celle-ci a découvert et qui, non publié, aggrave son rapport de synthèse du 30 janvier remis à la presse le 31 janvier? Le tout devant être obligatoirement communiqué au procureur de la République, le parquet (sous les ordres du ministre de la Justice) étant seul juge de l'opportunité des éventuelles poursuites. N'est-ce pas parce qu'il les sait inéluctables que le Président s'est senti obligé de prendre, prudemment, ses distances à l'égard de celui qui, à l'Elysée, est pourtant surnommé, depuis 1981, « Monsieur le Vice-Président »... ? Et ne sait-il pas aussi que la présomption d'innocence de tout inculpé est malheureusement en France une chimère? Aussi a-t-il dû interrompre ses flâneries quotidiennes dans Paris, avec son ami, et les discrets week-ends dans les 650 hectares entièrement clos de la propriété de Pelat en Sologne : un château et trois fermes rénovées à grands frais, le tout servi par une vingtaine de valets de pied, gardes-chasses et autres gens de maison. Organisateur de « l'année de l'Inde », Roger-Patrice Pelat a même été rayé, à la dernière minute, des listes du voyage présidentiel à New Delhi, au début du mois de février. Certes, François Mitterrand a tout de même pris de ses nouvelles, « par téléphone », lorsqu'il a été averti de l'hospitalisation de son camarade. Et, à l'annonce de sa mort, il a été le premier à aller saluer sa dépouille. Mais maintenant, dans l'église, tandis que l'abbé Proust, le curé de la Ferté-Saint-Aubin, encense le cercueil, le Président reste immobile. Son masque est fantomatique. Seules ses mains, agitées de petits tremblements, témoignent d'une imperceptible émotion.

Infidélité du Président? Infidélité aussi du ministre de l'Economie, des Finances et du Budget, Pierre Bérégovoy. L'étau se resserrant autour de Roger-Patrice Pelat, le ministre d'Etat, pourtant lui aussi son « ami », a cherché, avant toute chose, à se protéger... personnellement. Le jeudi 19 janvier, à la veille de se séparer de son directeur de cabinet, Alain Boublil, il a affirmé devant des millions de téléspectateurs, lors du « Journal de vingt heures » sur TF1, et comme pour se dédouaner préventivement :

— Ni de près, ni de loin, je n'ai touché à cette affaire. Je n'ai jamais possédé aucune action.

Pierre Bérégovoy a benoîtement oublié un détail alors inconnu des enquêteurs : le déjeuner d'anniversaire de ses quarante ans de mariage, organisé le dimanche 13 novembre 1988 « Chez Edgard », un restaurant très en vue du Tout-Paris des affaires, deux jours avant que n'interviennent les derniers gros achats, à Wall Street, des actions de Triangle... pour le compte des « initiés » recensés par la COB. Par un curieux hasard, les principaux acteurs de ce qui allait bientôt devenir une « affaire d'Etat » ont été conviés à cette « fête familiale » du ministre d'Etat. Autour des tables, notamment : Roger-Patrice Pelat accompagné de sa femme ; le directeur de cabinet Alain Boublil, toujours flanqué de son ami libanais Samir Traboulsi, l'un des principaux négociateurs du rachat de Triangle par Pechiney, dont on ignorait jusqu'à présent qu'il est aussi l'une des très proches relations du ministre des Finances. Or, Bérégovoy a précisément suscité la retentissante démission de Boublil... en raison, essentiellement, de ses rapports étroits, intimes, avec l'homme d'affaires moyen-oriental considéré par certains grands journaux — principalement *Le Monde* — comme peu fréquentable pour un officiel de son rang. Tout cela n'a pas empêché Pierre Bérégovoy de déclarer plus tard, le soir même du décès de Pelat, le 7 mars :

— La disparition de Patrice Pelat est due, à mon avis, aux éléments que vous savez. Elle doit donner à réfléchir à tous. Je suis bouleversé par la mort de ce grand résistant. C'était un honnête homme...

« Honnête homme » ? N'aurait-il pas été plus courageux, plus loyal, plus honnête de le dire avant que la mort ne vienne frapper celui qui dut avoir bien du mal à subir, au nom de la « raison d'Etat », l'infidélité de ceux qu'il appelait ses « copains » ?

Tragédie cornélienne. Seul finalement, de tous ses amis, Max Théret l'a protégé, couvert généreusement jusqu'au bout... en affirmant, sans convaincre quiconque (mais peu lui importe !), être celui qui l'a engagé à acheter les actions Triangle. De telle manière que « Monsieur le Vice-Président » puisse mieux supporter le poids des soupçons, des investigations et des révélations, elles aussi « concordantes », d'une presse tout entière mobilisée dans la recherche de la seule vérité à établir : qui, à la tête de l'Etat, est le vrai informateur des initiés dénoncés par la COB, plusieurs s'étant cachés derrière des comptes numériques, anonymes... en Suisse et dans d'autres paradis fiscaux ?

Inculpé avec Pelat, Max Théret fait preuve d'un

remarquable sang-froid. Ce financier socialiste, acheteur de 32 000 autres actions Triangle, n'a jamais varié d'un pouce dans ses explications. « Franc-maçon par héritage », il applique à la lettre les règles sacro-saintes de la fraternité... :

— C'est moi qui l'ai conseillé, nous dit-il dès les débuts de l'affaire. C'est un ami de plusieurs décennies. Il fait partie de la famille. Nous nous confions tout ce que nous faisons. Je lui ai dit que j'allais acheter des titres Triangle. D'ailleurs, si j'avais été plus convaincant, il en aurait acheté davantage que les 10 000 qu'il a répartis entre lui, sa femme et ses enfants.

L'ancien propriétaire du *Matin de Paris,* quotidien de gauche et mitterrandien disparu en 1988, ne cache pas non plus son amertume sur la manière dont certains de ses amis politiques ont courageusement traité Roger-Patrice Pelat :

— Il avait été très affecté par l'interdiction qui lui avait été faite de communiquer avec moi, même pour prendre de mes nouvelles, confie-t-il en larmes à des journalistes du *Monde* qu'il est allé voir le lendemain de sa mort, dès l'aurore. Certains politiques, professeurs de vertu, feraient mieux de se taire aujourd'hui. Ils se reconnaîtront...

A l'Elysée et rue de Rivoli, ces mots, publiés, claquent comme des gifles. Que l'on s'efforcera de lui faire payer... pas trop tôt, mais pas trop tard : avant l'été ! Ce sera l'affaire « Pathé-cinéma », véritable règlement de comptes politico-financier en forme de western.

Au moment de l'absoute, du « Notre-Père » et de la Prière pour le pardon des péchés « des Vivants et des Morts », les quelque deux cents personnes présentes autour de la dépouille mortelle, certaines venues de l'étranger, partagent la même ferveur. Et les têtes s'inclinent. Sauf celle de Max Théret... qui est ailleurs. Malade! Au bord des larmes, Armand Mestral interprète seul un cantique.

Sur le parvis de l'église, le président de la République prend place, aux côtés de Jacqueline Pelat et de ses deux fils, dans la voiture familiale, une grosse Mercedes, or métallisé. A la suite du corbillard, couvert de fleurs et de couronnes, le véhicule présidentiel précède le cortège qui rejoint le cimetière, à l'extrémité du village. Ses habitants, contenus depuis près de deux heures par la maréchaussée, se pressent pour pouvoir distinguer la silhouette du chef de l'Etat. En vain. Après la messe, l'inhumation a lieu, elle aussi, portes fermées, hors de la portée des regards, des caméras et des appareils de photo. La cérémonie est brève. François Mitterrand repart très vite rejoindre son hélicoptère. Il reste sur la tombe, à côté du petit coussin de gerberas et de roses rouges parsemé de lys jaunes de « Danielle et François Mitterrand », la gerbe déposée par « les anciens de Vibrachoc », celle d'Air France, de loin la plus monumentale, et bien d'autres évocatrices des amitiés et de la vie peu ordinaire de Roger-Patrice Pelat.

Avec cette mise en terre, le rideau tombe sur l'acte le plus dramatique de l'affaire Pechiney-Triangle, authentique tragédie dont on pressent, comme le plus souvent en France, qu'on n'en connaîtra jamais tous les secrets.

La mort de l'ami du Président intervient comme à point nommé pour arrêter le tumulte! La classe politique, toutes tendances confondues, s'en trouve soulagée. La gauche socialiste, en raison de la chance qui lui est offerte de désamorcer une bombe qui menaçait de devenir dévastatrice. La droite, parce qu'elle n'aura pas à prendre parti — elle qui a toujours éprouvé une profonde aversion pour les « scandales » — dans un déballage risquant de déboucher sur la mise en cause de la moralité de tout le personnel politique.

Du même coup, les journaux — dont ces mêmes politiciens, quelques jours auparavant, vantaient le rôle pour faire avancer la vérité — se retrouvent, eux, au banc des accusés. On ose évoquer Roger Salengro, ministre de l'Intérieur socialiste du gouvernement Léon Blum, suicidé le 17 novembre 1936, à la suite d'une violente campagne de la presse d'extrême droite, elle réellement calomnieuse.

« J'ai honte pour ma profession », écrit même Christine Clerc, une collaboratrice du *Figaro,* souvent reçue chez les Pelat. Cri du cœur ! Mais la journaliste est contredite dès le lendemain, par Max Clos, un des responsables et ardent éditorialiste de ce quotidien. *Le Figaro* a pris, il est vrai, une part active et très sérieuse aux investigations de la presse.

Après un démarrage spectaculaire et des inculpations en chaîne, la justice marque également le pas. Faute de nouveaux rebondissements, l'affaire Pechiney quitte la scène médiatique. Pendant plusieurs semaines, le dossier demeure « tabou ». On n'en entend plus parler que de façon épisodique, furtive.

Pourtant, jamais depuis des lustres un pouvoir ne s'est retrouvé, à Paris, confronté à une telle vague de questions, de soupçons et finalement d'accusations se rapportant à une affaire financière conclue sous l'œil et la responsabilité des dirigeants de l'Etat... Il faut pour cela remonter à la faillite de la banque Oustric, qui, en 1930, amène la comparution en Haute Cour du Garde des Sceaux. Ou à la déconfiture de la Compagnie de l'Aéropostale à laquelle est mêlé, en 1931, le ministre des Finances. Ou encore à l'affaire du beau Sacha Stavisky, escroc longtemps couvert par de louches complicités et dont le suicide, lors de son arrestation en 1933, est loin de convaincre une opinion publique persuadée qu'il a été tué pour qu'il ne révèle pas les noms de ses protecteurs. Ou enfin, à l'affaire du canal de Panama et, plus tard, sous la IVe République, à celle du trafic des piastres ou celle des vins... roses.

Moins spectaculaire par ses montants (des plus-values illicites pour plus de 100 millions de francs) qu'une autre opération comme le raid récent et tout aussi scandaleux de Georges Pébereau sur la Société générale (là, les bénéfices en jeu flirtent avec le milliard de francs), l'affaire Pechiney-Triangle est néanmoins exemplaire. Elle a permis de mettre au jour des mécanismes et des réseaux dont on soupçonnait depuis longtemps l'existence. Mais qui avaient bénéficié, jusque-là, d'une totale impunité.

Ainsi, des personnages touchant les plus hauts sommets de l'Etat ont usé de leurs relations pour s'enrichir personnellement, ou pour financer leurs amis politiques. A moins que ceux-ci n'aient choisi la lointaine bourse de New York pour s'acquitter d'une dette envers leurs bailleurs de fonds officieux, si ce n'est officiels.

Oui, deux des plus proches « amis » du président de la République, financiers du pouvoir socialiste, ont eu la maladresse de se faire prendre, avec d'autres comparses ou « suiveurs », dans le plus implacable des pièges, celui de Wall Street et de ses gendarmes incorruptibles... sans lesquels rien n'aurait jamais été dévoilé.

L'affaire Pechiney-Triangle apparaît aussi comme l'ultime illustration de « l'affairisme » d'un régime pourtant volontiers moralisateur. Scandales Aletti-Cogema, Pechiney, Société générale, Pathé-Cinéma... souvent les mêmes acteurs, avec les mêmes méthodes et les mêmes complicités, tirent les ficelles. Bref, la parfaite image du dévoiement que peut engendrer le système de « l'économie mixte », chère aux théoriciens socialistes, quand l'Etat sort de ses prérogatives et se mêle de faire du « business ». Avec les années, les mauvaises habitudes se sont amplifiées. Car il est plus difficile d'y renoncer que de ne pas les prendre. Cela ressort, avec éclat, de deux numéros spéciaux du *Quotidien de Paris* dans lesquels, les 6 et 7 mai 1988, avant la réélection de François Mitterrand à la Présidence de la République, je faisais l'inventaire et révélais « Les Affaires du PS », tout en dressant les portraits des « Hommes d'argent du Président ». Leurs usages, en infraction flagrante avec la prétendue « morale » mitterrandienne, choquent de plus en plus les observateurs, même s'il est vrai que l'opinion, désabusée, les considère avec indifférence et comme de simples incidents de parcours.

Dans les palais gouvernementaux, bien avant la mort de Pelat, l'heure des règlements de comptes a néanmoins sonné : sous l'œil ravi des « rocardiens » — heureux de voir le mitterrandien Pierre Bérégovoy empêtré une fois de plus dans un scandale —, la rue de Rivoli est alors au centre de toutes les attaques ; banquiers, industriels et même certains hauts fonctionnaires multiplient les confidences de nature à gêner le ministre des Finances.

Alain Boublil, le directeur de cabinet de Pierre Bérégovoy, n'appartient pas, c'est vrai, au « sérail ». Grand ordonnateur de l'offensive du socialisant Georges Pébereau sur la Société générale — la première banque privée française dont le gouvernement veut modifier le bloc de contrôle pour y placer ses amis —, il a beaucoup irrité les communautés politiques, bancaires et d'affaires. Car il n'a pas hésité à mobiliser les gros moyens financiers de l'Etat (la Caisse des dépôts et consignations, Thomson-CSF et la compagnie d'assurances GAN) pour appuyer des intérêts privés. Ceux-ci usant — comme certains des initiés de l'affaire Triangle — de discrets relais aménagés dans des paradis fiscaux, selon les vieux usages propres au capitalisme sauvage.

Déjà largement cité dans le scandale de la Société générale, intervenu en même temps que celui des achats massifs d'actions Triangle à Wall Street, Boublil est devenu un « fusible » dont son ministre peut aisément se servir, pour se protéger. Et le fusible, bien sûr, a sauté.

L'affaire ayant pris l'ampleur que l'on sait, la « vendetta » gagne les rangs des socialistes. Certains jeunes loups voient là l'occasion d'éliminer la « vieille garde » mitterrandienne dont Roger-Patrice Pelat et Max Théret sont deux des figures de proue. Le ministre de l'Intérieur, Pierre Joxe, par exemple, est soupçonné en raison du jeu trouble de ses services de police qui auraient laissé filer, entre les mains de journalistes amis, une information accablante visant Roger-Patrice Pelat. Information selon laquelle l'ami de François Mitterrand aurait acheté 40 000 autres actions Triangle en Suisse... en plus des 10 000 acquises depuis la France.

Scénario connu. Joxe l'a rodé, en août 1985, lors de l'affaire du *Rainbow Warrior*, navire de l'organisation écologiste Greenpeace coulé par les services secrets français dans le port d'Auckland, en Nouvelle-Zélande, en raison de ses campagnes répétées contre le programme français d'explosions nucléaires à Mururoa, dans le Pacifique. Un énorme scandale diplomatique touche alors de plein fouet le gouvernement de Laurent Fabius qui a donné l'ordre de destruction du bateau sur ce territoire étranger. Tandis que, à l'instar de son Premier ministre de l'époque, le président Mitterrand nie, déjà contre toute vérité, avoir été informé de la préparation et de l'exécution de ce sabotage, dans lequel un photographe ami de Greenpeace a été tué, on va vite découvrir le rôle étrange du ministère de l'Intérieur : une série de fuites policières, en France, est à l'origine de l'identification et de l'arrestation des agents secrets français par les Néo-Zélandais. Les mêmes fuites, savamment distillées auprès des mêmes journalistes que dans la présente affaire Pechiney-Triangle, ont abouti finalement à la mise en cause de Charles Hernu, ministre de la Défense, auquel on demande déjà de jouer les fusibles. C'est ainsi que ce très cher et ancien compagnon du Président est obligé de démissionner.

Curieusement, peu remarquent la similitude de ces deux événements séparés par un intervalle de trois années. Hernu hier, Pelat aujourd'hui. Les amis existent aussi pour être sacrifiés, au nom d'un nouveau concept paraconstitutionnel faisant de l'irresponsabilité l'apanage de la fonction présidentielle.

Mais le souffle de l'affaire Pechiney ne retombe pas malgré la volonté du pouvoir politique. Au nom du pouvoir judiciaire, le juge Edith Boizette a toutefois bien du mal à « crapahuter » dans les maquis des paradis fiscaux : en Suisse, au Luxembourg et dans les Caraïbes. Confrontée à d'opaques « secrets bancaires », la marge de manœuvre de la justice française est étroite. Parviendra-t-elle à débusquer tous les coupables, et notamment ceux qui ont été les grands initiateurs de « l'affaire » ? Pas sûr ! Mais une épée de Damoclès menace : la Securities and Exchange Commission (SEC). Organisme de contrôle des marchés boursiers américains, dont les enquêteurs ont la réputation et les moyens d'aller toujours jusqu'au bout de leurs investigations, la SEC peut, à tout moment et en toute indépendance, garantie par la loi des Etats-Unis, révéler au grand jour — ce qu'elle fera tôt ou tard — les noms et le rôle exact de ceux qui, dans les allées du pouvoir, à Paris, sont tombés dans « le piège de Wall Street ».

Fait à Paris, dans la nuit du 4 août 1989
Jean Montaldo

P.S. Les auteurs de ce livre, François Labrouillère (journaliste au *Quotidien de Paris*) et Gilles Sengès (passé récemment du *Quotidien* aux *Échos*) ont très loyalement offert à chacun des principaux acteurs de l'affaire Pechiney-Triangle, conformément à l'éthique de leur profession, et à notre demande, la possibilité de s'expliquer dans le cadre de cet ouvrage.

Ont accepté de les recevoir ou de leur répondre :

Jean Gandois, Max Théret, Robert Reiplinger, Samir Traboulsi, Ricardo Zavala, les charges d'agent de change Magnin et Ferri, les représentants de la COB (lors de rencontres informelles), Bertrand Godbille, les sociétés financières suisses Socofinance, Unigestion, Crédit Suisse et Banque Privée.

Ont décliné leur offre :

Alain Boublil, Pierre-Alain Marsan, Pierre-Nicolas Rossier (directeur de la société suisse Experta Treuhand), Roger-Patrice Pelat et ses fils, Olivier et Patrice, l'International Discount Bank and Trust de Anguilla...

1.

La « très grande et très bonne nouvelle pour la France »

Vendredi 18 novembre 1988, 15 h 50 à Wall Street : au New York Stock Exchange, les ordinateurs géants qui surveillent le plus grand marché boursier du monde sont en alerte. Comme les jours précédents, ils signalent (par des « bip-bip » stridents et des « flashs » clignotants) des volumes d'échanges anormalement élevés sur les actions de la société Triangle Industrie cotée sur la NASDAQ[1] ou « Over the counter », le hors-cote des Etats-Unis d'Amérique.

Samedi 19 novembre, 11 h 30 à Marly-le-Roi, près de Paris : menton haut, sourire triomphant, Michel Rocard, premier ministre du gouvernement de François Mitterrand, assaisonne son discours, lors d'une petite manifestation de banlieue, en lâchant quelques mots chargés de mystère et destinés à enflammer les médias et les milieux d'affaires durant tout ce week-end d'automne. Il annonce pour bientôt, et sans rien dire de plus, « une très grande et très bonne nouvelle économique pour la France ».

Dimanche 20 novembre 1988, 10 heures locales à New York : au terme de trois mois de négociations

1. National Association of Securities Dealers Automated Quotation.

ardues et un dernier marathon de vingt-cinq heures entre Paris, Bruxelles et l'île de Manhattan, sans même prendre le temps de manger et de dormir, le Français Jean Gandois, P-DG du groupe nationalisé Pechiney, signe avec l'Américain Nelson Peltz le rachat de la firme Triangle qui contrôle la société American National Can (ANC) spécialisée dans l'emballage. L'accord prévoit que le lendemain, lundi, à l'ouverture de Wall Street, l'entreprise publique française lancera une offre publique d'achat (OPA), au prix de 56 dollars l'action, sur la totalité des titres composant le capital social de Triangle Industries Incorporated. Durant toute la dernière semaine, ses cours ont continué de fluctuer entre 8,5 et 10,75 dollars, la précédente clôture (du vendredi 18 novembre) étant intervenue au prix de 10,375 dollars. Accord magique, incroyable coup de bourse consistant à faire grimper de 45,625 dollars (soit 340 %) une action dont la sous-évaluation apparaît un peu louche. Toujours est-il que l'opération coûte plus de 1 milliard de dollars (environ 6 milliards de francs) à Pechiney. Wall Street n'en revient pas ! Mais ce rachat rapporte à l'entreprise française de devenir « le numéro un mondial » de l'emballage.

Lundi 21 novembre, 15 heures au 31 rue Balzac à Paris, le siège de Pechiney : à l'exception d'une poignée d'initiés, personne en France ne connaît encore le nom de Triangle, ni celui de sa filiale américaine American National Can (ANC). En ce début d'après-midi, au sous-sol de cet immeuble un peu triste à proximité des Champs-Elysées, Jean Gandois, le teint blafard, les traits creusés par toutes ces nuits sans sommeil, aborde la dernière ligne droite de sa course éreintante. Malgré la fatigue, le P-DG du champion français de l'aluminium ne peut dissimuler sa joie. Dans sa serviette l'accord tout frais. Signé. C'est à lui qu'il revient de dévoiler à la presse la nature de la « très grande et très bonne nouvelle économique pour la France » annoncée samedi par Michel Rocard. Depuis lors, les journaux, les radios et les télévisions ont tenté, avec plus ou moins de succès, de percer le secret de son énigmatique annonce dont on devinait qu'elle était destinée à créer l'événement... en enflammant les imaginations. S'agirait-il de l'obtention par la France du mirifique contrat du TGV espagnol (qui sera effectivement acquis quelques jours plus tard) ?

Avancée sur les ondes, cette hypothèse a fait sourire les « initiés » qui, entre le 14 et 18 novembre, se sont partagé les 228 770 actions Triangle achetées à Wall Street, sans qu'ils se soient même préoccupés de savoir que cette fringale anormale allait forcément alerter les responsables de la NASDAQ, chargée d'enregistrer toutes les transactions boursières. Stupide imprudence qui leur coûtera cher et qui atteindra la réputation internationale du gouvernement de la France... incapable d'empêcher ses amis politiques (et d'affaires) de spéculer, pour gagner facilement des millions de dollars et de francs grâce à des informations confidentielles obtenues auprès des dirigeants de l'Etat. Or si, justement, Rocard a voulu exploiter, depuis Marly-le-Roi, l'accord imminent entre Pechiney et Triangle, n'était-ce pas parce qu'il venait de passer des moments difficiles et qu'il lui fallait, impérativement, tenter de redorer le blason de son gouvernement? En plus d'un climat social perturbé dans les postes et les hôpitaux, sa jeune équipe était — c'est vrai — confrontée à toute une série « d'affaires » :

- en bourse de Paris, avec l'offensive (voulue par le président de la République et le ministre d'Etat, ministre de l'Economie, des Finances et du Budget) sur la Société générale, la grande banque privatisée le 15 juin 1987 par le gouvernement de Jacques Chirac et son ministre des Finances Edouard Balladur ;

• au Palais de Justice de Paris, avec l'inadmissible affront fait au juge d'instruction Gilles Boulouque, inculpé par un autre magistrat de « violation du secret de l'instruction », à la demande d'un des plus dangereux et des plus fanatiques poseurs de bombes que ce spécialiste de la lutte antiterroriste avait fait arrêter et incarcérer !

Le locataire de l'hôtel Matignon n'a pas imaginé (mais comment l'aurait-il pu ?) que son intervention impromptue, destinée à flatter l'image du gouvernement, aurait pour effet, contraire, de l'impliquer directement dans un immense scandale politico-financier, débordant largement les frontières hexagonales.

Dans son numéro du samedi, avant même le coup d'éclat de Rocard, *Le Figaro* a déjà vendu la mèche. Il annonce, en pages économiques, l'acquisition possible par Pechiney d'une grande firme américaine spécialisée dans l'emballage. Quand, donc, ce lundi 21 novembre, en début d'après-midi, il se retrouve face à une foule de journalistes micros tendus, de photographes qui le bombardent de flashs, des cameramen de toutes les chaînes de télévision, Jean Gandois s'efforce de rester sobre, discret. Le matin, la plupart des journaux ont éventé ce qu'il s'apprête à dire. Certains ont même révélé le projet, complémentaire, de construction par Pechiney d'une très grosse usine d'aluminium à Dunkerque.

En cet instant qu'il veut solennel, Jean Gandois est le digne représentant d'un groupe industriel dont les conférences de presse donnent toujours lieu à des commentaires sans fioritures ni effets de manche. Costume sombre, chemise bleu ciel, cravate austère, le P-DG de Pechiney est le contraire de ces hommes d'affaires de la nouvelle génération, style Bernard Tapie, qui mettent en scène leurs apparitions publiques avec la coquetterie des stars du show-business et l'esbroufe des nouveaux riches... Il est un vrai industriel. Et cela se voit. Un peu ému, il lui faut quelques minutes pour s'acclimater à la température de la salle. Les flashs continuent de crépiter. Ils éblouissent ses yeux rougis par l'épuisement. Courtoisement, il demande qu'on le laisse à ses déclarations.

— Mesdames, messieurs, j'ai deux nouvelles fondamentales à vous annoncer.

Il parle d'une voix lente et posée, jetant de temps à autre un regard furtif sur un texte préparé. Il entre tout de suite dans le vif du sujet, détachant chacun de ses mots comme pour mieux faire durer le suspense :

— La première, c'est qu'en association avec Electricité de France, Pechiney va réaliser à Dunkerque la construction d'une nouvelle usine d'aluminium. La seconde nouvelle, c'est que j'ai signé, hier à New York, des accords qui vont permettre à Pechiney de devenir le numéro un de l'emballage.

Le premier événement justifie à lui seul le remue-ménage médiatique du week-end. La future « aluminerie » (selon l'expression imagée que les Français ont empruntée aux Québécois) coûtera 5 milliards de francs. « L'un des plus gros investissements de ces dernières années, en France », assure Jean Gandois :

— Prévue pour produire, fin 1991, 200 000 tonnes d'aluminium par an — la taille optimale d'une usine d'électrolyse à l'heure actuelle —, elle renforcera d'environ 10 % la capacité de production de Pechiney.

La future implantation à Dunkerque marque aussi le

retour du groupe nationalisé dans l'Hexagone. Jean Gandois en est manifestement tout fier :

— L'aluminium, c'est de la technologie, du courant électrique et de l'argent.

Pour sa fabrication, l'énergie électrique représente, à elle seule, un tiers du prix de revient. Jusqu'à présent, les prix imposés par Electricité de France étaient prohibitifs. En conséquence, Pechiney avait dû se résoudre, ces vingt dernières années, à exiler ses usines en Grèce, en Australie ou au Canada, notamment : partout où on lui consentait des tarifs abordables, permettant à sa production de demeurer concurrentielle sur le marché international.

Depuis 1966, avec l'ouverture d'une unité à Neuf-Brisach, en Alsace, le géant français n'avait plus rien entrepris sur le territoire national. Grâce à sa nouvelle association avec EDF, qui lui fournira, à Dunkerque, l'énergie surabondante de ses centrales nucléaires, à un prix particulièrement avantageux, il pourra bientôt gagner, à partir de la France, d'importantes parts de marchés. En échange de ce cadeau, EDF participera, à hauteur de 49 %, à l'exploitation (et donc aux profits) de la future usine. Ce « partenariat » lui permettra surtout d'écouler 280 millions de mégawatts/heure, l'équivalent d'un tiers de la production d'une tranche nucléaire.

Un mariage cousu main. Jean Gandois l'a préparé, depuis six mois, avec Pierre Delaporte, le président d'EDF, qu'il tutoie depuis l'heureux temps de leurs études à Polytechnique. En réalité, certains spécialistes avaient eu vent de ce qui se tramait. *La Tribune de l'Expansion*, le très sérieux journal économique de Jean Boissonnat, a révélé, dès le 16 septembre 1988, les grandes lignes du projet. Cette fuite avait irrité la direction de Pechiney. Dans l'entreprise, certains prétendent aujourd'hui qu'une rapide enquête avait permis d'établir que « l'indiscrétion émanait d'un palais gouvernemental ». Déjà !

Cet incident ne serait pas sans importance : quand, dans quelques jours, le scandale « Triangle » éclatera dans la presse, plusieurs dirigeants de Pechiney évoqueront, entre eux, l'article de Jacques Jublin qui, deux mois auparavant, s'étalait sur toute la première page de *La Tribune de l'Expansion,* sous le titre : « Un retour spectaculaire : Pechiney veut créer une puissante unité d'aluminium en France. » Avec, en illustration, le portrait de Jean Gandois, finement croqué au fusain. Ce qui n'avait fait qu'ajouter un plus fort impact à une conclusion indiquant, à mots à peine couverts, que le secret des négociations en cours, avec le gouvernement et EDF, n'était que de polichinelle.

Jean Gandois figure avec Jacques Calvet, le président de Peugeot, et Raymond Lévy, le sauveur de Renault, dans le petit groupe des grands « managers » qui, depuis quelques années, permettent enfin à l'industrie française de sortir de sa léthargie. Chacun sait qu'il n'est pas homme à accepter, dans son entourage, des collaborateurs indiscrets, ignorant la règle sacro-sainte de la confidentialité, propre au monde de la grande industrie et des affaires internationales.

Ce 21 novembre, donc, dans la seconde partie de son exposé, il en vient à la vraie raison de sa réunion de presse. Ce qu'il dit explique la déclaration enthousiaste de Michel Rocard : Pechiney vient de lancer, il y a quelques minutes à New York, une OPA sur la totalité des actions de la société Triangle, propriétaire d'ANC. Après des mois de négociations difficiles, ses propriétaires, Nelson Peltz et Peter May, lui ont cédé, la veille, dans les bureaux d'un grand cabinet d'avocats de New York, les 66,3 % du capital en leur possession. Coût exact pour Pechiney : 1,033 milliard de dollars (soit un peu plus de 6 milliards de francs lourds) pour le seul achat des titres, en et hors bourse. Chiffre déjà rondelet, auquel il faut ajouter les 2,4 milliards de dollars de dettes de l'entreprise (soit 14 milliards de francs environ). La note totale, la vraie, s'élève à 3,433 milliards de dollars. Ou, si l'on préfère, à 25 milliards de francs français... lourds.

Sur un ton monocorde, Jean Gandois dépeint minutieusement les traits de la nouvelle fiancée de Pechiney. Filiale à 100 % de Triangle, ANC est issu du rapprochement, en 1986, des deux firmes American Can et National Can. Avec 26 milliards de francs de chiffre d'affaires (la moitié des 50 milliards réalisés par Pechiney), 111 usines et 23 000 personnes, l'entreprise de Chicago est le champion mondial des « cans », ces petites boîtes en « alu » léger, de plus en plus utilisées, surtout aux Etats-Unis, par les fabricants de bières et de sodas. 21 milliards de « cans » (le quart des ventes dans le monde) sortent tous les ans de ses chaînes et alimentent les cinq continents. A elles seules, elles assurent à ANC 56 % de son chiffre d'affaires. Sa clientèle comprend des noms aussi prestigieux que Coca-Cola, Pepsi, ou les grandes marques américaines de bière, telle Anheuser-Bush. ANC est également le numéro deux dans le monde d'un produit banal, mais lucratif : les boîtes de conserve en fer-blanc (22 % de ses ventes). La firme a su aussi se diversifier en s'attaquant au marché des emballages en verre (12 % de son chiffre d'affaires) dont elle est le troisième fabricant aux Etats-Unis. Et à celui, très prometteur, des emballages en plastique (10 % de son activité).

— Notre acquisition est une firme à la pointe de la technologie, insiste Jean Gandois.

La firme est effectivement détentrice de centaines de brevets, utilisés aux quatres coins du globe, y compris par ses concurrents. Son laboratoire de recherches, dans l'Illinois, est à l'origine, par exemple, de la boîte en plastique multicouches thermoformé, déjà célèbre sous le nom d' « Omni ». Elle connaît un grand succès aux USA, en raison de sa possible utilisation dans les fours à micro-ondes. Une invention qui garantit à ANC de prometteuses exploitations pour de nombreuses années. Les chercheurs du groupe américain ont aussi découvert le « glaminate », qui fait un boom dans l'industrie du dentifrice. On leur doit encore la « gamma bottle », un flacon léger et incassable, déjà adopté par Heinz, le roi du ketchup, l'enfant chéri des fast-foods et des teen-agers américains.

Comment un groupe français peu présent dans ce secteur, et qui plus est nationalisé, a-t-il pu penser s'offrir ce géant ? Jean Gandois l'explique :

— J'étais sur la piste depuis exactement le 28 juillet 1988. Mais nos premiers contacts sont plus anciens. Nelson Peltz, qui séjourne souvent en France, est venu me voir en août 1987. Il m'a demandé : « Votre filiale d'emballage Cebal est-elle à vendre ? » Je lui ai répondu : « No, Cebal is not for sale. » Il est revenu me voir, le 28 juillet dernier, pour me reposer la même question. Je lui ai retourné la proposition. « Is ANC for sale ? (ANC est-il à vendre ?) — Maybe ! (Peut-être !) », m'a-t-il répondu. C'est ainsi que les négociations ont débuté. Car, en affaires comme en politique, tout est toujours négociable.

Encore tout surpris que la transaction ait pu aboutir, le P-DG est intarissable sur l'intérêt du « deal » pour son entreprise :

— Aux côtés de l'aluminium qui est le cœur et la culture de notre groupe, l'emballage devient le deuxième grand axe prioritaire de Pechiney.

Sur un écran, un peu comme dans une salle d'état-major militaire, des chiffres et des tableaux viennent en cascade illustrer les propos du vainqueur. On passe à la grande stratégie : oui, avec le rachat d'ANC, via Triangle, Pechiney atteint d'un coup la « taille mondiale ». Le groupe est déjà présent dans l'emballage par l'intermédiaire de sa petite filiale Cebal. Mais celle-ci était beaucoup trop isolée (3,5 milliards de chiffre d'affaires) pour pouvoir espérer jouer un rôle de premier plan. Jean Gandois confirme d'ailleurs qu'il a envisagé, en 1987, de s'associer à son concurrent Carnaud, le brillant groupe français de ce secteur. Des négociations avaient été engagées à l'époque avec Jean-Marie Descarpentries, son entreprenant patron. Sans que les deux P-DG aient réussi à se mettre d'accord sur leur poids et leurs pouvoirs respectifs. Depuis, Carnaud s'est finalement « marié » à l'anglais Metal Box, donnant naissance, il y a seulement quelques semaines, au nouvel ensemble « CMB Packaging », classé numéro un dans cette spécialité industrielle. Mais grâce au nouveau tandem ANC-Cebal, Pechiney va, avec 30 milliards de francs de chiffre d'affaires dans l'emballage, se propulser sur la plus haute marche du podium. CMB Packaging et ses 21 milliards sont enfoncés.

Avec l'arrivée d'ANC, l'aluminium ne représentera plus qu'un petit tiers (32 %) des ventes de Pechiney. L'emballage, avec 49 %, sera là pour faire contrepoids. Une véritable « assurance tous risques ». Si les cours de l'aluminium s'effondrent, ce sera la branche emballage, grosse consommatrice de ce métal, qui en profitera. Et réciproquement. Mais le groupe ne pourra plus être menacé par les brusques incartades du prix de l' « alu » sur le marché international et très spéculatif des matières premières.

Exemplaire d'un point de vue industriel, l'accord a été plus délicat à mettre au point sur le plan financier. Jean Gandois a dû déployer tous ses talents de diplomate et d'ingénieur. Comment Pechiney, qu'il présente comme un groupe « pauvre », pourra-t-il trouver les 25 milliards qui lui sont nécessaires ? Ne sort-il pas d'une pénible période de restructuration ? Son endettement n'est-il pas déjà de 17 milliards ? Et ne réclame-t-il pas depuis des mois à son unique actionnaire, l'Etat, les 5 milliards de capitaux frais dont l'entreprise nationale a besoin pour assainir sa situation ?

Certes, si Pechiney était une firme privée, elle pourrait aisément faire appel, en bourse, au soutien de ses actionnaires, au même titre que les Michelin, Air Liquide et autres Valéo. Elle n'a pas davantage l'espoir de voir bientôt une fraction, même partielle, de son capital ouverte au public. Avec l'échec de Jacques Chirac à la dernière élection présidentielle de mai 1988, le programme de privatisations a été stoppé net. A l'Elysée, François Mitterrand ne veut plus en entendre parler.

Ces 25 milliards, Jean Gandois les a pourtant trouvés. Le schéma qu'il esquisse devant nous est digne, en définitive, des grands « raiders » américains, tant décriés par les preux chevaliers du capitalisme traditionnel. Ces milliards, il va les réunir en utilisant toutes les astuces des « mécanos » de la finance :

• pour l'usine de Dunkerque, EDF est mise à contribution en apportant, en plus de son électricité soldée, 49 % des 500 millions nécessaires à l'exploitation. Et, sur les 4,5 milliards prévus pour la construction des installations, 3 milliards vont être empruntés et 1,5 milliard sera récolté auprès d'un « cocktail d'investisseurs » réunis en société ;

- pour le rachat de Triangle-ANC, la pièce-pivot du dispositif débouche sur une petite entorse à la belle morale mitterrandienne : le groupe va se doter d'une nouvelle filiale, Pechiney International, dans le seul but de vendre du « papier » (c'est-à-dire ses actions) à la bourse de Paris. Sans que l'Etat socialiste puisse être accusé, sur sa gauche, de faire de la « privatisation rampante ». Car, en réalité, ces titres ne donneront aucun pouvoir à leurs détenteurs. Sauf celui de les acquérir et de toucher d'éventuels dividendes. Pechiney International regroupera tous les actifs du groupe dans l'emballage, avec bien entendu ANC et Cebal, ainsi que ceux situés à l'étranger, avec en particulier son joyau, la filiale américaine Howmet, fabricant d'ailettes pour les turbines d'avions. En cédant au public une partie minoritaire de cette société, 4 milliards de francs devraient être engrangés. S'y ajouteront : 1 milliard, produit de la vente en bourse de nouveaux « certificats d'investissement », sortes d'actions sans droit de vote ; 1 à 3 autres milliards seront le fruit de la cession du siège social de la rue Balzac ; plus 1 milliard de dotation en capital consenti par Pierre Bérégovoy, le ministre de l'Economie et des Finances, une heure seulement avant la conférence de presse.

Il restera ensuite à rembourser une dizaine d'autres petits milliards... au titre des dettes laissées par les vendeurs américains.

En résumé, Pechiney se sera « offert » une entreprise américaine évaluée à près de 20 milliards de francs, en ne sortant de ses propres caisses qu'à peine 1,2 milliard « cash ».

Les méthodes de Nelson Peltz et Peter May ont

manifestement inspiré Michel Rocard, Pierre Bérégovoy et Jean Gandois. De la même manière que les deux « raiders » de Wall Street se sont emparés de Triangle, sans sortir un dollar de leur poche, et seulement par des emprunts, l'Etat français s'endette à son tour, chez Pechiney, pour leur racheter la même affaire. Il se met ainsi au diapason des « prédateurs » américains.

— La différence entre le duo Peltz-May et le tandem Pechiney-Etat français n'est pas si grande qu'elle y paraît, nous dit ironiquement un broker (agent de change) de New York. D'un côté, deux personnes privées se sont surchargées d'emprunts pour lancer une opération de commando à Wall Street... et la réussir. De l'autre, une entreprise nationalisée utilise à peu près les mêmes méthodes, pour arriver au même résultat.

Pechiney fera-t-il avec Triangle-ANC une aussi belle affaire que Nelson Peltz et Peter May ? En moins de quatre ans — en ayant, il est vrai, préservé leur outil industriel, et en l'ayant même amélioré —, ils ont réalisé un substantiel profit de 834 millions de dollars : quelque 5 milliards de francs. Cependant, nul ne critiquera vraiment l'opération : car le choix de Pechiney répond à une logique indiscutable. Et la firme française n'a pas à se soucier des bénéfices empochés par les vendeurs. Qu'ils appartiennent, ou non, au petit monde des corsaires de Wall Street, là n'est pas son problème. La presse est d'ailleurs de cet avis. Les titres des journaux sont élogieux. Le rachat d'un géant américain par une entreprise française du secteur public : l'opération n'est-elle pas chargée de symboles ? Surtout pour un gouvernement socialiste. Toutes les conditions sont donc réunies pour saluer, comme il se doit, le retour de l'industrie lourde dans l'Hexagone et remettre au goût du jour le concept, pourtant un peu démodé, des « entreprises nationalisées, fer de lance de l'économie française ».

Jamais Jean Gandois n'avait connu pareille fête. Il se retrouve, d'un coup, sur le devant de la scène des affaires. Cette revanche, il l'attendait depuis longtemps. Depuis le 18 juin 1982. Le jour où il avait remis sa démission de P-DG d'une autre société publique, Rhône-Poulenc. Il était alors en conflit ouvert avec le premier ministre socialiste, Pierre Mauroy, après la vague des nationalisations ayant entraîné Rhône-Poulenc, comme d'ailleurs Pechiney, dans le giron de l'Etat. Jean Gandois lui avait exprimé par écrit « les réserves que lui inspirait sa politique économique et sociale ». Il parlait en expert. Ne lui devait-on pas le redressement spectaculaire de Rhône-Poulenc ? Raison pour laquelle le nouveau gouvernement issu de l'élection d'une nouvelle majorité présidentielle, socialo-communiste, l'avait d'abord maintenu dans ses fonctions. Les termes de sa lettre motivant sa décision de partir étaient sans équivoque :

« J'estime que mes convictions profondes risquent d'être un obstacle à la politique que le nouvel actionnaire [de Rhône-Poulenc] désire suivre. Il serait malhonnête de ma part et contraire à la conception que j'ai de mes responsabilités, de m'associer à des orientations fondamentales auxquelles je n'adhère pas. »

Les socialistes et leurs partenaires communistes ne le retinrent pas. Arrivé quelques jours plus tard au ministère de l'Industrie, à la place de Pierre Dreyfus, Jean-Pierre Chevènement se signalait par une petite phrase, bien dans le ton de toutes celles qui, en ce début de l'été 1982, contribuèrent grandement à la déconfiture du gouvernement Mauroy :

— M. Gandois n'était pas motivé. La République a besoin de gens motivés.

Cette passe d'armes avec le pouvoir socialo-communiste illustre la nature du personnage. Limousin d'origines modestes, Jean Gandois est le fils d'un receveur-percepteur de la Haute-Vienne. Né en 1930, il a réussi à se hisser aux plus hautes fonctions de l'industrie française sans jamais abandonner son franc-parler. Ni se résoudre à revêtir le costume du « technocrate », tellement à la mode pendant les « trente glorieuses » de l'après-guerre. L'homme a toujours conservé une image un peu à part, faite d'un mélange d'indépendance, de ténacité et de perspicacité. Polytechnicien sorti du prestigieux corps des Ponts-et-Chaussées, il débute sa carrière au milieu des années 50, en faisant un tour de piste outre-mer. D'abord à la direction des travaux publics de la Guinée française. Puis, pendant deux ans, en Amérique du Sud, comme chargé de mission au Pérou et au Brésil. On l'apprécie pour sa culture et sa connaissance des langues : il parle couramment l'anglais, l'allemand, le portugais et l'espagnol. D'où son aptitude à s'adapter à toutes les situations, dans tous les pays. Qualité rarissime en France.

Les « maîtres de forges » lui font bientôt découvrir l'industrie lourde, où il effectuera le reste de son tracé. En 1961, il entre chez les « Wendel », les empereurs de la sidérurgie lorraine. Travailleur acharné, homme de pouvoir et d'organisation, il gravit promptement les échelons de la hiérarchie. En janvier 1970, il est nommé directeur général adjoint du groupe issu de la fusion Wendel-Sidelor. Avant d'en prendre la tête trois ans plus tard. C'est là, en 1976, que Renault Gillet, le puissant P-DG de Rhône-Poulenc, vient le chercher pour en faire son dauphin. Le numéro un français de la chimie a très mal supporté la crise des textiles synthétiques, puis le premier choc pétrolier. Groupe vieilli, conglomérat épars et sans logique industrielle, Rhône

Poulenc ne doit sa survie qu'au soutien des banques. Cette fois encore, tout réussit à Jean Gandois, vite devenu le P-DG. Il taille dans le vif, colmate les brèches, dynamise les troupes... En l'espace d'à peine deux ans, il parvient miraculeusement à redresser la situation. Dès 1979, à la surprise générale, Rhône-Poulenc renoue avec les bénéfices. Gandois a gagné ses galons de grand patron. Cependant, le second choc pétrolier, quelques mois plus tard, met à mal cette trajectoire trop parfaite. La firme chimique replonge dans le rouge. Mais le P-DG ne se décourage pas. Il fait le ménage dans le groupe, le recentre sur la chimie fine, coupe dans les effectifs. Il devient le précurseur d'une stratégie qui connaîtra ses heures de gloire, quelques années plus tard, quand viendra la « rigueur », utilisant autant que possible les reconversions professionnelles, les mutations ou les retraites anticipées. Sans jamais omettre d'expliquer le pourquoi de ses décisions. Un autre de ses traits de caractère ?

— Jean Gandois peut paraître très dur et cassant, témoigne un de ses proches amis. Cependant, il possède d'indéniables qualités de cœur.

Lorsqu'il passe le relais à son successeur socialiste, Loïk Le Floch-Prigent — vite surnommé « Pink Floch » par ses cadres, allusion au flamant rose —, Gandois s'est fait une réputation d'homme à poigne, de patron de choc n'hésitant pas à « dégraisser » quand les circonstances l'exigent. Il est la bête noire du parti communiste et de la CGT, imperméables à toute idée de modernisation, ou de simple rationalisation. Loïk Le Floch-Prigent n'en tirera pas moins les bénéfices de sa gestion, l'entreprise étant assainie, prête à reprendre sa place parmi les grands mondiaux de la chimie.

Malgré ses états de service remarquables, Jean Gandois ne retrouve pas un poste à sa mesure. Après quelques mois de traversée du désert, l'ex-P-DG s'exile en Belgique où le gouvernement du roi Baudouin l'appelle pour restructurer le groupe sidérurgique Cockerill-Sambre. Réorganisation, suppression des activités déficitaires, mobilisation du personnel... Jean Gandois sait faire. Il applique ses recettes. Et il remet Cockerill-Sambre sur les rails.

Décembre 1985 : les autorités belges le voient, avec un infini regret, reprendre le train de Paris. Dans six mois, il sera nommé par le nouveau gouvernement de Jacques Chirac à la tête de Pechiney. Mais il n'oublie pas l'accueil chaleureux de Bruxelles, aux heures peut-être les plus pénibles de sa carrière. Au début de 1987, il effectuera un « come back » inattendu en Belgique... chez Cockerill-Sambre, cumulant cette présidence et celle de Pechiney, avec l'autorisation du nouveau gouvernement français, soucieux de préserver de bonnes relations avec son partenaire du Nord.

Ce retour en Belgique est, en plus, le résultat d'un étonnant chassé-croisé. En novembre 1986, le P-DG de Renault, Georges Besse (lui-même prédécesseur de Jean Gandois chez Pechiney) a disparu tragiquement. Victime, devant son domicile parisien, des balles des tueurs du groupe terroriste Action Directe. Les candidats à sa succession ne sont pas légion. Rares sont les managers de cette envergure capables de continuer une action toute consacrée à sortir Renault de l'ornière. Jean Gandois fait partie de cette élite. « Mais on ne déshabille pas Pierre pour habiller Paul », font valoir les pouvoirs publics. On estime, en haut lieu, que le P-DG peut difficilement quitter Pechiney six mois seulement après y avoir été appelé. On murmure qu'il est aussi victime de l'impitoyable guerre des clans qui affecte si durement, et depuis toujours, les corps des grands commis de l'Etat. Gandois appartient au corps des Ponts et Chaussées ; Raymond Lévy, le brillant candidat du ministre libéral de l'Industrie, Alain Madelin, fait partie du puissant corps des Mines. Par un curieux hasard, Lévy préside aux destinées de Cockerill-Sambre depuis le départ de Gandois, fin 1985 ; pour le récupérer, Madelin doit débourser une petite fortune. Car le gouvernement belge accepte assez mal l'annonce de ce second et nouveau débauchage. Après plusieurs semaines de discussions, un bon compromis est trouvé. Tout en restant chez Pechiney, Gandois revient prendre la présidence de Cockerill-Sambre à la place de Lévy, qui intègre Renault.

A Paris, Jean Gandois accomplit un travail forcené. Au milieu de 1986, Pechiney — la PME des nationalisées, comme l'appellent ses détracteurs, malgré ses 34 milliards de francs de chiffre d'affaires — n'a pas encore terminé sa mue. Certes, la situation s'est bien améliorée, sous l'impulsion de Georges Besse, puis de Bernard Pache. Véritables gouffres financiers, les secteurs chimiques et aciers ont été cédés. Gandois continue le recentrage des activités dans l'aluminium. Il ouvre de nouvelles usines dans des pays à électricité bon marché. En France, les effectifs sont réduits, les usines fermées ou modernisées. Les 3 milliards de francs de pertes de 1982 ne sont plus qu'un mauvais souvenir. A l'exception d'un exercice 1986 difficile, Pechiney recommence progressivement à gagner de l'argent. Le groupe a encore un point faible : il dépend trop de l'aluminium, dont les cours, accentués par les fluctuations du dollar, peuvent varier fortement d'une année à l'autre. Comment faire pour rompre avec cette « tyrannie » ?

En avril 1988, Jean Gandois laisse entrevoir des acquisitions dans les secteurs de l'emballage et des matériaux nouveaux :

— La situation est redressée, nous sommes sur la ligne de départ.

Six mois plus tard, la promesse est tenue. En signant avec Triangle un accord « idéal », le P-DG montre à tous, en particulier à son unique actionnaire, l'Etat, qu'il est toujours un capitaine d'industrie hors du commun.

L'homme des coups durs, celui qui a passé sa vie à restructurer et à fermer des usines, peut enfin profiter de ses efforts et annoncer une heureuse nouvelle. Ironie des affaires pour le P-DG qui a courageusement refusé les nationalisations de 1981 : c'est un groupe public, sous un gouvernement socialiste, qui lui permet de revenir sur le devant de la scène, sans rien renier de ce pourquoi il a toujours milité. Une opération de la même ampleur aurait-elle été possible si Pechiney avait été privatisé ? Jean Gandois répond, en parfait diplomate :

— Je n'ai ni la réputation, ni l'habitude, de gérer une entreprise publique autrement qu'une entreprise privée.

Aux journalistes rassemblés devant lui, le P-DG de Pechiney ne raconte pas le parcours du combattant épuisant qu'il a dû effectuer pour décrocher le visa des pouvoirs publics. Contrainte à laquelle ne peut échapper le responsable d'une société nationalisée. Huit jours avant l'accord final, le samedi 12 novembre, Jean Gandois est encore dans un hôtel de Palm Beach, en Floride, discutant ferme avec les propriétaires américains de Triangle. Lorsqu'il sent que les discussions sont sur le point d'aboutir, il revient à Paris. Il lui faut le feu vert du gouvernement et une lettre de crédit de sa banque, la BNP, elle aussi nationalisée... et présidée par René Thomas, un ami personnel de François Mitterrand et surtout de sa collaboratrice à l'Elysée, Laurence Soudet (plus tard entendue par la COB).

Le dimanche 13, de retour à son domicile, il travaille très tard à la préparation des arguments qu'il doit développer pour emporter la décision de ses autorités de tutelle et donc les convaincre du bien-fondé du rachat d'ANC. Impatient, il téléphone le lendemain matin, dès 8 heures, à Alain Boublil, le directeur de cabinet du ministre de l'Economie et des Finances :

— Voilà, j'ai besoin de voir Pierre Bérégovoy, seul, pour une affaire de la plus grande importance. Dans la journée.

Commence alors une course folle. Le P-DG de Pechiney la raconte en détail au *Figaro* qui en fait un remarquable compte rendu dans son numéro du 30 janvier 1989. Deux heures après, Boublil l'a rappelé : rendez-vous est pris avec le ministre, à 18 h 30. Avant cette rencontre, Jean Gandois se rend rue de Grenelle, à l'Industrie. Il profite d'une réunion prévue de longue date pour rencontrer le ministre Roger Fauroux. Ancien patron du groupe Saint-Gobain et ex-directeur de l'ENA, Fauroux appartient maintenant au gouvernement Rocard, au titre de « représentant de la société civile », par opposition à la société politique. Se connaissant bien, étant tous deux industriels, les deux hommes se parlent « sept minutes ». Entre deux portes.

— Roger, il faudrait que vous désigniez deux personnes de votre ministère pour s'occuper de mon affaire. Il faut que dans la semaine, j'aie la réponse. Sinon, c'est foutu.

Nelson Peltz veut vendre Triangle (et American National Can) avant la fin de l'année. Car les Etats-Unis s'apprêtent à changer leur fiscalité sur les plus-values boursières. Or, Peltz et son associé Peter May seraient trop fortement taxés si la vente était reportée en 1989. L'affaire est, pour eux, une question de jours. Le ministre de l'Industrie demande à Jean Gandois de revenir le voir le lendemain, mardi, à 17 heures.

A midi, ce lundi, le P-DG de Pechiney rencontre Antoine Riboud, le patron de BSN qui siège aussi à son conseil d'administration :

— Antoine, voilà l'affaire. Je veux que vous me disiez si vous partagez le jugement que j'ai à la fois sur l'intérêt stratégique de l'opération et sur son prix.

Après trois quarts d'heure d'entretien, Riboud se déclare enthousiaste. Et Gandois en profite pour lui demander un service :

— Vous êtes un ami personnel de Michel Rocard, est-ce que vous pouvez m'obtenir un contact personnel dans la journée ?

Cela ne pouvait pas mieux tomber. Le P-DG de BSN déjeune, justement ce jour-là, avec le Premier ministre... En début d'après-midi, le message a été transmis, et Jean-François Vincensini, un conseiller technique du chef du gouvernement, appelle le patron de Pechiney :

— Il faut que je vous voie tout de suite. Pouvez-vous m'expliquer le truc en détail ?

A 15 h 30, Jean Gandois se rend à l'hôtel Matignon. Et, trois heures après, il converse, en tête à tête, avec Pierre Bérégovoy. Alain Boublil et Pierre Fernandez (un des conseillers du ministre des Finances) sont ausssitôt chargés de finir l'étude du dossier.

Le mardi 15 novembre, dans l'après-midi, Matignon rappelle : Jean-François Vincensini et Alain Prestat, un autre conseiller technique de Michel Rocard, veulent de plus amples informations. Gandois leur fait passer des notes plus détaillées. Mais « codées » (sans beaucoup d'imagination) : Triangle devient « Circle » ; Pechiney « Prisma » et American National Can « Anchor ».

L'Elysée, aussi, s'intéresse de près à l'affaire. Quoi que prétende plus tard François Mitterrand. Au téléphone, Didier Oury, chargé de mission du président de la République, ne semble pas très content :

— J'apprends que le Premier ministre doit parler d'une question industrielle très importante au Président demain matin concernant Pechiney. Je suis conseiller industriel à l'Elysée, je veux qu'on en parle avant.

Tout comme Jean-François Vincensini, Alain Prestat, Pierre Bérégovoy, Alain Boublil, Pierre Fernandez, Roger Fauroux et ses deux collaborateurs, Jean-Pierre Jouyet et Alain Maes, l'homme du président de la République a droit à la même note « confidentielle ». Du côté de Pechiney, c'est Jean-Louis Vinciguerra, son directeur financier, et Jean-Martin Folz, le directeur général, qui se partagent (avec le P-DG) la tâche de l'explication de texte.

Reste le problème financier. Il sera vraiment réglé le mercredi 16 novembre. Il faut au groupe un « billet à ordre » de 830 millions de dollars : près de 5 milliards de francs ! Jean Gandois a un déjeuner prévu avec René Thomas, le président de sa banque, la BNP. Il le rencontre, seul, un court moment, un peu avant.

Le P-DG — qui, décidément, règle tout en « sept minutes » — lui expose son affaire dans cet exact laps de temps :

— J'ai besoin de votre garantie pour un milliard de dollars sur dix ans.

— D'accord, lui répond d'emblée le banquier ami de Mitterrand, avec une rapidité indiquant bien que les plus hautes autorités de l'Etat vont finalement lui donner leur aval.

Gandois et Thomas passent ensuite dans la salle à manger. Et après le déjeuner, Jean-Louis Vinciguerra et un adjoint du patron de la BNP rédigent un contrat en bonne et due forme.

Le 17 novembre, silence radio. Jean Gandois n'a

aucun écho de ce que se sont dit François Mitterrand et Michel Rocard, la veille, juste avant le Conseil des ministres. Il ne sait pas davantage, comme l'affirmera le journal *Libération,* que le président de la République s'est, un moment, opposé à l'opération :

— J'ai déjà dit non au début du mois d'août, a-t-il rétorqué à son Premier ministre, tout éberlué.

Mais, par la suite, on s'est rendu compte que le chef de l'Etat a fait une confusion avec la vente d'Uniroyal Chemicals (autre propriété de Nelson Peltz) au groupe nationalisé Rhône-Poulenc. Le projet lui avait été soumis durant l'été 1988. Et il l'avait refusé pour d'obscures raisons.

Alors que du côté de Matignon et du ministère de l'Economie et des Finances on tente de recoller les morceaux avec le « château », le patron de Pechiney se retrouve tout à coup dans l'incertitude la plus totale. Il n'en décide pas moins de convoquer son conseil d'administration pour le lendemain soir, à 19 heures. Sans ordre du jour. « Pour une question très urgente et très importante », répond-il à ceux de ses dix-huit administrateurs, industriels, syndicalistes et hauts fonctionnaires qui veulent connaître l'ordre du jour.

— J'ai passé la journée de jeudi et de vendredi à me faire engueuler sur tous les tons, raconte-t-il au *Figaro.*

La grogne a surtout gagné les rangs des fonctionnaires représentant l'Etat :

— Nous ne pouvons pas assister à un conseil sans avoir rendu compte à notre ministre de la question dont il s'agit.

— Désolé, je ne peux pas vous le dire.

— C'est inadmissible, inacceptable.

Jusqu'à la dernière minute — et cela plaidera très

vite en sa faveur —, Jean Gandois applique à la lettre la règle du secret ! Industriel, il est aussi un financier qui connaît le monde de la bourse et de la spéculation.

Le P-DG de Pechiney arrive néanmoins à calmer ces récriminations : le jeudi 17, il part en Belgique, pour présider le conseil d'administration de Cockerill-Sambre. Et il doit intervenir aussi, le lendemain, à un colloque sur la recherche scientifique. Puis, le silence gouvernemental devenant inquiétant, il fait changer l'heure de son exposé pour rentrer plus rapidement à Paris, le vendredi en fin de matinée.

Alors commence une attente qui lui semble interminable. Il finit par appeler Roger Fauroux. Réponse du ministre :

— En ce qui me concerne, c'est OK. Mais c'est une décision du gouvernement. Seul le Premier ministre a le pouvoir de vous la faire connaître.

Il téléphone ensuite chez Pierre Bérégovoy. Même discours :

— Pour nous, c'est d'accord. Mais seul le Premier ministre peut donner le feu vert.

Le patron d'un des plus grands groupes nationalisés français se retrouve ainsi dans la peau d'un bachelier attendant les résultats de son oral. Sa famille le voit soucieux. Les questions qu'il pose indiquent à ses collaborateurs que, sans doute, il cherche ce qui a bien pu déplaire à ses examinateurs pour qu'ils mettent autant de temps à se prononcer.

La délivrance intervient aux alentours de 14 h 30. Ce vendredi. Jean Gandois ne se souvient plus exactement quand Michel Rocard, en personne, lui a téléphoné, comme souvent grandiloquent :

— Le gouvernement est d'accord. Bravo, c'est une grande affaire. Allez-y ! Essayez de conclure, si vous jugez que c'est bien, et je suis avec vous. Mes vœux vous accompagnent.

La réunion du conseil d'administration, le soir même, n'a plus été qu'une formalité. Le P-DG a tout de même pris la peine d'exposer son affaire d'une manière détaillée. A 20 h 30, lors du vote, il a recueilli quinze voix « pour », une « contre » (un syndicaliste ?) et deux abstentions.

Le samedi 19 novembre, alors que Michel Rocard vient de brûler les étapes en annonçant sa « très grande et très bonne nouvelle économique pour la France », Jean Gandois en est encore à se débattre avec les horaires d'avions. Le Concorde a deux heures de retard. Il lui faut sauter dans un gros 747 arrivant à 12 h 45 à New York. Sept heures de vol avant de boucler les négociations !

Depuis la veille, ses adjoints, Jean-Louis Vinciguerra, Jean-Pierre Ergas et Jean-Martin Folz sont déjà sur place pour examiner les derniers points litigieux. Les bureaux du cabinet d'avocats Shearman-Sterling, dans un grand « building » de Manhattan, servent de quartier général. Des bataillons de secrétaires et de lawyers (avocats), une quinzaine pour Pechiney, un peu moins côté Triangle, se relayent jour et nuit. Dès son arrivée, le samedi après-midi, Jean Gandois prend la direction des opérations. Les deux propriétaires américains de Triangle n'apparaissent qu'épisodiquement. Seulement quand leurs avocats semblent dans l'embarras. A côté d'un Peter May, grand gaillard que rien ne semble jamais émouvoir, Nelson Peltz, personnage jusqu'ici implacable dans les discussions, laisse paraître sa sensibilité. « *It's my baby ! It's my baby !* », s'exclame-t-il, troublé, lorsqu'il voit son « bébé » sur le point de passer en d'autres mains. Mais ne s'agissait-il pas, plutôt, du dernier acte d'un formidable numéro d'acteur ?

Après une nouvelle nuit de veille, la signature de l'accord final intervient le dimanche 20 novembre, à 10 heures du matin. Sans aucun protocole, dans une salle de réunion. Jean Gandois raconte :

— Quand tout a été réglé et qu'il restait seulement quelques points matériels à remettre en forme, à retaper, etc., et qu'une heure après, j'allais pouvoir signer, je ne me suis pas senti très bien. Je me suis rendu compte alors que cela faisait vingt-cinq heures que je n'avais pas mangé. Et bien sûr, je n'avais pas dormi non plus.

Epilogue de près de trois mois de négociations serrées, chacune des deux parties paraphe les épais documents, plusieurs centaines de pages. Le premier contrat officialise la vente à Pechiney des 66,3 % détenus par Peltz et May dans Triangle. Le second, la revente immédiate, aux deux anciens propriétaires, de tout ce qui n'est pas American National Can. Avant de monter dans le Concorde pour regagner très vite Paris, Jean Gandois signe également les accords qui vont permettre à Pechiney de lancer, dès le lendemain, une OPA à Wall Street sur les 23,7 % des titres Triangle entre les mains des actionnaires minoritaires : le public. Pendant ce temps, en France, la curiosité a atteint son paroxysme. Devancé par le Premier ministre, Roger Fauroux, lui-même, téléphone à New York pour savoir s'il ne pourrait pas lever une partie du voile, le dimanche soir, à la télévision. Jean Gandois s'y oppose :

— Surtout pas ! Cela risquerait de tout faire capoter.

Le ministre de l'Industrie veut malgré tout obtenir sa part du show médiatique. Interviewé à 20 heures, au journal d'Antenne 2, il fait monter d'un cran le suspense en lâchant ce qui est désormais un secret de polichinelle :

— L'accord concerne Pechiney.

Ce lundi 21 novembre, dans la matinée, Jean Gandois réapparaît enfin au siège de la rue Balzac. Il lui appartient de donner la primeur de l'information complète aux cadres de son groupe ; l'un d'eux se souvient :

— Ce fut un moment très fort. Plein d'émotion. Beaucoup d'entre nous se sont rendu compte, pour la première fois, combien ce patron, souvent froid et distant, est attaché au groupe.

Le reste de la journée passe avec la conférence de presse et la tournée des télévisions nationales. Homme du jour, Jean Gandois est au journal de 20 heures d'Antenne 2, puis à 22 h 30, dans celui de FR3. A la sortie du studio, quand l'un de ses adjoints le raccompagne à son domicile, il est épuisé, mais c'est un homme heureux. Moins toutefois que ceux qui, « initiés » sous les lambris des palais nationaux à Paris, viennent de gagner de gros paquets de millions à Wall Street en exploitant les fruits de son acharnement... qui a fait passer l'action Triangle de 10 à 56 dollars, en l'espace d'un petit week-end d'automne.

2.

Au nom de la loi des Etats-Unis

Le bonheur de Jean Gandois sera de courte durée. Le 16 novembre, alors qu'il continue sa tournée des ministères pour convaincre ses autorités de tutelle de lui donner leur aval, un premier signal d'alarme retentit à New York. Les puissants ordinateurs du Stock Watch qui surveillent l'activité de la NASDAQ détectent des mouvements suspects autour de l'action Triangle. D'ordinaire, 5 000 à 10 000 titres de la société mère d'American National Can s'échangent chaque jour. Or, les transactions sont en train de gonfler de manière étonnante. Ce mercredi 16 novembre, elles connaissent une poussée de fièvre avec un volume supérieur à 120 000 titres qui se stabilise à 50 000 les deux jours suivants.

Ces anomalies ne peuvent échapper au système informatique de contrôle de la NASDAQ. Chaque valeur y est identifiée avec l'évolution de son cours, son volume d'échange moyen. L'action Triangle ne peut faire des siennes sans que l'événement soit remarqué. Ce que, normalement, tout investisseur sérieux — américain ou pas — ne devrait ignorer. Conséquence : une enquête de routine est aussitôt déclenchée. Il s'agit de savoir, d'abord, si une nouvelle en provenance de la société (annonce de résultats, entrée d'un actionnaire extérieur) peut expliquer le phénomène. On se rend vite à l'évidence que tel n'est pas le cas.

Depuis le début des négociations avec les Français, les propriétaires d'American National Can ont tout fait pour ne pas éveiller l'attention de Wall Street, menaçant même de stopper les pourparlers à la moindre fuite. Samir Traboulsi, l'homme d'affaires libanais qui conseille Nelson Peltz pour ses dossiers européens, nous raconte :

— Pendant des mois, nous avions réussi à garder le secret. Au fur et à mesure qu'un accord se dessinait, nous comptions les jours, en nous disant que chaque moment qui passait éloignait le danger. Quand nous avons vu le volume des transactions grossir soudainement, nous sommes restés interloqués. Nous nous sommes demandé qui pouvaient bien être ces fous qui menaçaient de tout gâcher.

Une inquiétude partagée pour d'autres motifs par Yves-André Istel, le directeur français de la banque d'affaires Wasserstein-Perella, l'un des négociateurs choisis par Pechiney pour le rachat de Triangle-ANC :

— Nous avons craint que cela influe sur le prix définitif de la transaction, le cours de l'action n'étant pas encore fixé pour l'accord final aboutissant à l'OPA de Pechiney.

Curieusement, malgré ce subit afflux de demandes, le prix du titre Triangle ne varie guère. Durant ces trois séances agitées, il ne progresse, au bout du compte, que d'environ 2 points en fluctuant de 8 à 10 dollars. Pour contenir la hausse, il semble que des ordres de vente sont opportunément venus pour équilibrer — c'est-à-dire satisfaire — les achats. Si tel n'avait pas été le cas, le cours de Triangle aurait grimpé bien au-delà de 10 dollars... Ce qui n'était pas le but recherché, dans la mesure où cette hausse aurait réduit d'autant la plus-value escomptée par les « initiés ».

Au début, les agents du Stock Watch n'envisagent pas ce scénario... fort connu, souvent utilisé pour rémunérer, hors comptabilité et dans le plus parfait anonymat, de précieux intermédiaires. Ils se contentent de noter les mouvements suspects, puis poussent plus loin leurs investigations, en déclenchant l'Intermarket Surveillance Information System (ISIS), le réseau qui relie les neuf places boursières américaines et permet de retrouver les traces de tous les opérateurs, voire des maisons de courtage. Dès lors, celles-ci sont contraintes de donner les noms de leurs clients. Il suffit ensuite au contrôleur du Stock Watch de se brancher sur la banque de données, l'Automated Search and Match System (ASAM). Là, sont mis en fiches quelque 75 000 sociétés et le curriculum vitae de 500 000 dirigeants, cadres d'entreprise, banquiers, avocats et autres professionnels de la bourse. D'ordinaire, ces vérifications ne prennent que quelques heures au plus. Mais, surprise, dans le cas de Triangle, une bonne partie des achats recensés provient de l'étranger. L'homme du Stock Watch le signale aussitôt :

— Il y a du délit d'initié dans l'air.

En d'autres termes, cela signifie, dans son esprit, que quelqu'un a été mis au courant d'une opération avant qu'elle ne soit rendue publique et a pris position sur le marché en achetant des titres à bas prix. Dans le but de les revendre après la publication de la nouvelle et de réaliser de substantiels profits.

Conformément à la loi et à la procédure, le dossier est rapidement transmis aux enquêteurs de la Securities and Exchange Commission, la célèbre SEC qui fait trembler Wall Street. Et qui, maintenant, va effrayer, à Paris, l'Etat socialiste.

Au 405 de la 5e Rue, à Washington, dans l'immeuble sans charme où siège le gendarme de la bourse américaine, on ne plaisante pas avec l'*insider trading* (le délit d'initié). On considère comme un crime l'utilisation d'une information privilégiée sur les marchés financiers. La mission de cet organisme, créé en 1934 par le Congrès, au lendemain du krach boursier de 1929 — Joseph Kennedy, le père de John, qui a déjà bâti une bonne partie de sa fortune en spéculant à Wall Street, en sera le premier président —, est de rendre l'information la plus transparente possible. Gare à ceux qui transgressent la loi ! La SEC qui n'a de compte à rendre qu'au Congrès (même si les cinq commissaires qui la dirigent sont nommés pour des périodes de cinq ans par le président des Etats-Unis) dispose d'un certain nombre d'armes pour traquer les investisseurs indélicats. S'il est jugé aujourd'hui insuffisant, son budget annuel avoisine les 800 millions de francs dont plus de 700 millions proviennent des amendes infligées. Tous les coups sont bons pour ses 2 000 collaborateurs, sa cinquantaine d'enquêteurs, anciens avocats d'affaires et professionnels des marchés, passés de l'autre côté de la barrière, qui se trouvent répartis entre la capitale et les neuf principales villes américaines.

Au fil des affaires qui ont déjà secoué Wall Street, la Securities and Exchange Commission n'a cessé de voir ses pouvoirs élargis. Elle peut maintenant suspendre ou radier les intermédiaires financiers que seule elle peut nommer. Ses moyens d'investigation sont presque sans limites : accès aux relevés de banques et de cartes de crédit, écoutes des communications téléphoniques..., sans parler des pressions morales et de ses pouvoirs de sanction. Légende ou réalité, la petite histoire, colportée sur toute la planète au sein des milieux financiers, veut que pour faire avouer Ivan Boesky, l'un des

« rois » de la bourse new-yorkaise, soupçonné de nombreux délits d'initié en 1986, les enquêteurs de la SEC lui aient fait visiter, avant tout interrogatoire, deux établissements pénitentiaires. Le premier avait un petit air d'Alcatraz (l'ancien bagne au centre de la baie de San Francisco), car habité par une épouvantable bande d'assassins soumis à un impitoyable régime carcéral. Le second ressemblait à une sorte d'hôtel quatre étoiles, avec courts de tennis, salles de sport, et tous les agréments de l'*american way of life*, la douce vie américaine. L'homme a tout de suite compris les termes de la négociation qui lui était proposée. « Ivan le magnifique » a accepté de coopérer et de dénoncer ses principaux complices. Sa condamnation a été ramenée à trois ans et son amende atténuée. Elle atteindra cependant la coquette somme de 100 millions de dollars, environ 700 millions de nos francs lourds.

Un montant largement dépassé, début 1989, avec la banque d'affaires Drexel-Burnham-Lambert. Les policiers de la finance américaine, après deux ans d'enquête ayant mobilisé une vingtaine de personnes à plein temps, lui ont imposé le règlement de 650 millions de dollars (près de 4,5 milliards de francs) pour éviter une longue et coûteuse procédure. Dans la foulée, la Securities and Exchange Commission a obtenu le licenciement, sans indemnités, de Michael Milken. Cet « enfant terrible » de DBL avait gagné, en 1987, 9 millions de francs lourds par jour. Entre 1985 et 1987, il avait reçu 1 milliard de dollars de commission ! Soit le montant astronomique de 7 milliards de nos nouveaux francs. Milken se trouvait depuis longtemps dans le collimateur de la SEC. Soupçonné, lui aussi, d'*insider trading*, manipulations de cours, fraude fiscale et, surtout, d'avoir été l'un des principaux responsables du krach du 19 octobre 1987. Avec ses *junk bonds*, des obligations « pourries », sortes d'emprunts à hauts risques et à rendements élevés, on lui reproche d'avoir permis de nourrir en argent frais les raiders de Wall Street, dont justement Nelson Peltz et Peter May, pour lancer leurs OPA. On l'accuse, aussi, d'avoir fragilisé les entreprises américaines en les poussant à s'endetter. Aujourd'hui, Milken risque 520 années de prison et plus de 1 milliard de dollars d'amendes : 7 milliards de francs !

Griefs sans doute excessifs : l'effondrement des marchés boursiers, le 19 octobre 1987, a résulté autant de la création des nouveaux instruments financiers, tels que les *junk bonds,* que de l'informatisation outrancière des transactions. Dans ce monde où l'homme n'intervient plus, les décisions d'achats et de ventes sont prises par des ordinateurs répondant automatiquement à des programmes enregistrés. Des « logiciels » sans verrou de sécurité... pour enrayer une hausse et, surtout, une chute accidentelle des cours. Un monstre est né, à l'image de la machine infernale du docteur Folamour incapable à maîtriser. Lors du krach, ne fallut-il pas, pour stopper la baisse vertigineuse de toutes les valeurs à New York, couper tout simplement l'électricité de ces ordinateurs devenus fous ?

Quoi qu'il en soit, si elle peut engager des poursuites disciplinaires, pénales et administratives, la SEC accepte souvent de transiger. A ses prix. La fourniture d'informations, le *plea bargaining,* vaut des réductions de peines. Ses arguments sont devenus plus frappants encore depuis la loi du 15 septembre 1988 : elle a porté de 5 à 10 années de prison et à une amende pouvant aller jusqu'à trois fois le montant des gains illicites, les sanctions en cas de délit d'initié.

Trouver des preuves pour étayer un dossier n'est

pas compliqué chez ces agents très spéciaux. Un enregistrement, un ordre griffonné à la main suffisent. Même les paradis fiscaux n'ont pas de secret pour eux.

Avocat d'affaires, auteur de plusieurs guides sur le sujet, Edouard Chambost est un spécialiste que les initiés de l'affaire « Pechiney-Triangle » auraient bien été inspirés de lire [1] avant de commettre l'irréparable. Il nous confirme :

— Les autorités américaines ont réussi à imposer aux Suisses un traité unilatéral qui entraîne la levée du secret bancaire dans les opérations de délits d'initiés commises aux Etats-Unis depuis le territoire helvétique.

Ainsi, la première fois où un établissement suisse a fait la sourde oreille, les Américains lui ont « délicatement » fait comprendre que s'il voulait récupérer ses avoirs bloqués outre-Atlantique, il valait mieux pour lui qu'il leur ouvre ses coffres... et ses comptes.

Certes, il n'y a pas d'accord de coopération entre la Securities and Exchange Commission et la Commission des opérations de bourse française. Mais lorsqu'il hérite de l'affaire Triangle en ces derniers jours de novembre 1988, Michael D. Mann, le chargé des affaires internationales, n'est pas inquiet. A 35 ans, cet ancien avocat, diplômé de l'Hampshire College et de l'Antioch School of Law, totalise plus de sept ans d'expérience à la SEC. Il connaît bien ses homologues français et, notamment, l'ex-juge d'instruction Jean-Pierre Michau, avec lequel il a eu l'occasion de travailler sur plusieurs affaires lorsque ce dernier, encore dans la magistrature, traitait à Paris des dossiers « sensibles ».

1. Edouard Chambost, *Le guide des paradis fiscaux face à 1992*, Editions Sand.

Petit, enrobé, le visage poupin cerclé de lunettes Ray Ban, Michael Mann paraît plus vieux que son âge. Il est alors présenté par certains journaux américains — dont le très libéral *Wall Street Journal* — comme l'un de ces « jeunes radicaux qui courent à travers le monde et déstabilisent les gouvernements amis ». Référence, évidemment, à celui de Michel Rocard, présidé par François Mitterrand. Michael Mann balaie l'accusation de la main. Il suit seulement ses idées, qui l'ont amené naguère à faire campagne, auprès d'un sénateur démocrate, contre la fabrication du bombardier B-1 et à militer dans un mouvement pour la paix. Avec sa mère. Son salaire est cinq fois moins élevé que s'il était resté dans le secteur privé. Les rémunérations annuelles, à la SEC, varient entre 30 000 dollars, pour les débutants, et 80 000 en haut de l'échelle. Lui se sent surtout investi d'une mission. L'ancien étudiant en droit a trouvé sa voie le jour où un ancien président de la SEC est venu faire un cours dans son université. De là est venue son ambition d'appartenir au clan de ces « héros » dont le « job » est de surveiller le plus grand des marchés boursiers du monde et de pourchasser les « initiés ». Peu importe les profits réalisés par ceux qu'il traque. Ce qu'il cherche ? Faire des exemples pour décourager ceux qui pourraient être tentés de commettre des délits de ce type. Peu importe les délais : le temps ne lui est pas compté. Aux journalistes français qui défilent dans son modeste bureau où trône, au milieu de papiers épars, un vieil ordinateur, le directeur des affaires internationales de la SEC refuse de commenter l'enquête sur Triangle. Mais il s'étend volontiers sur son premier dossier : une OPA sur la compagnie de chemin de fer Santa Fe Railroads. Après trois ans d'investigations via la Suisse (qui mit deux ans avant de répondre à sa demande d'entraide judiciaire), il est arrivé à retrouver, derrière nombre d'hommes de paille, tous les acheteurs qui avaient profité d'une information privilégiée avant le lancement de l'offre publique d'achat... Depuis cette affaire, il passe pour l'un des meilleurs spécialistes américains du secret bancaire dans le monde.

A peine en charge du dossier Triangle, Michael Mann ne traîne pas : il prévient la COB... par téléphone :

— Des opérations anormales ont été effectuées depuis la France, à la veille de l'annonce de l'opération de Pechiney. Une enquête s'impose.

Il confirmera sa demande par télex, le 8 décembre 1988. Faute de pouvoir se référer à un accord d'entraide, toujours en cours de négociation entre Paris et Washington, il souligne que l'un des éléments constitutifs du « délit » se trouve sur le territoire français et relève donc de ses autorités. Le 9 décembre, Jean Gandois est averti de l'enquête de la SEC par son cabinet d'avocats, Shearman and Sterling, qui, à New York, a reçu un *formal order of investigation.* Ce n'est que cinq jours après que les enquêteurs de la COB entament leurs recherches. Les Américains, eux, ont déjà débroussaillé quelques pistes. La première mène aux bureaux parisiens de Drexel-Burnham-Lambert dans un immeuble cossu de l'avenue George-V. C'est là qu'a été passé un ordre d'achat de 5 000 titres. A l'autre bout de la chaîne, « DBL », à New York — qui connaît bien Triangle pour en être le spécialiste et en assurer la cotation — n'a pas hésité à « donner » son client dès que les mouvements suspects ont été repérés par ses collaborateurs. Il est vrai que la banque d'affaires américaine a déjà suffisamment de soucis avec l'affaire Milken ! Depuis plusieurs mois, des enquêteurs de la SEC campent dans ses locaux pour éplucher ses comptes. Mieux valait prendre les devants.

Les Américains observant la sacro-sainte règle de la

confidentialité jusqu'au terme de leurs recherches, un inspecteur de la COB accepte, lui, de nous recevoir. Mais il demande de ne pas être nommément cité. En raison de son devoir de réserve :

— Je dois vous avouer que nous n'avons pas eu à ratisser trop large pour identifier à Paris les sociétés de bourse concernées. La Securities and Exchange Commission nous a tout de suite fourni les noms des établissements français par lesquels ont été passées un certain nombre des transaction délictuelles.

Résultat : la COB se convainc en quelques heures de la réalité des accusations américaines. Pourtant, tour Mirabeau, on ne semble pas très pressé de se saisir officiellement du dossier. Mais la SEC insiste : elle veut savoir qui se cache derrière les ordres d'achat français. Sa curiosité devient gênante. Pour ne pas dire angoissante.

Au siège de la COB — deux étages d'un bâtiment ultramoderne sur la rive gauche de la Seine, face au pont Mirabeau —, on pressent ce que cette affaire implique. Un inspecteur explique :

— En haut lieu, dans l'entourage des négociateurs, une ou plusieurs personnes ont dû profiter d'une information confidentielle pour réaliser un gros et facile coup de bourse. Elles savaient que l'action Triangle allait bondir lors de l'OPA de Pechiney.

A Washington, en tout cas, Michael Mann s'impatiente. Et ne plaisante pas. La SEC a déjà menacé Paris : si Pechiney veut prendre possession de ses nouveaux intérêts outre-Atlantique, Jean Gandois doit coopérer. Ce que fait le P-DG en rencontrant, longuement, les enquêteurs américains lors d'un voyage aux Etats-Unis, au mois de février 1989. Il est interrogé huit heures d'affilée : le premier jour dans une ambiance assez lourde où la SEC remonte deux ans en arrière dans son emploi du temps ; le lendemain, la matinée est beaucoup plus détendue. A la fin de l'audition, les Américains sont pratiquement convaincus de l'innocence des dirigeants du groupe nationalisé. Ils annulent les rendez-vous pris avec Jean-Louis Vinciguerra et Jean-Pierre Ergas, deux des principaux collaborateurs de Jean Gandois. A New York, le conseiller de Pechiney, Yves-André Istel, le banquier d'affaires de chez Wasserstein-Perella, a fait aussi, dès le début, tout son possible pour répondre à la curiosité des enquêteurs. Et il les a apparemment persuadés de la parfaite respectabilité des gens de chez Pechiney.

Chasseurs patients et infatigables, les agents de la SEC maintiennent constamment la pression, passant de nombreux coups de téléphone à Paris : à des banquiers et à des agents de change. Lorsque l'affaire éclate, ils s'adressent même à quelques journalistes français de leur connaissance. Pascal Henry, de l'hebdomadaire financier *La Vie française*, est appelé plusieurs fois. Il nous raconte :

— Cela prenait la forme d'une multiconférence. Je me retrouvais avec plusieurs interlocuteurs au bout du fil. Ils se présentaient les uns après les autres, d'une manière très officielle. J'ai notamment parlé avec Lise Lustgarten, l'une des adjointes de Michael Mann, et Joseph Mari. Ils étaient très intéressés par ce qui se passait en France et par les réactions politiques. Mais quand je leur posais des questions à mon tour, j'avais droit à un éternel « *No comment* ».

Ce refus de donner la moindre indication sera opposé à tous les journalistes français qui appelleront le siège de la SEC, à Washington. Si le mystère continue de planer longtemps sur la présence, à Paris, d'enquêteurs américains — ce que la COB qualifie de « rumeur extraordinaire » — et sur l'éventuelle assistance du FBI et de la CIA, une chose est certaine : le chargé des affaires internationales de la Securities and Exchange Commission tient ligne ouverte avec Jean-Pierre Michau. Les deux super-gendarmes de Wall Street et du palais Brongniart se rencontreront à plusieurs reprises. Aux Etats-Unis mais aussi à Paris, en février 1989, à l'occasion d'un « symposium » d'Interpol sur la délinquance financière.

Pour l'heure, en cette première semaine de décembre 1988, la COB ne sait pas trop quelles suites donner à la demande américaine. Saisir son Collège pour demander une enquête approfondie ou tenter d'escamoter le dossier ? Un article de *L'Express* va régler ce problème de conscience. Le mardi 13 décembre, en fin d'après-midi, alors que l'influent hebdomadaire s'apprête à « boucler » son numéro, Eric Dadier, rédacteur en chef adjoint du service économique, apprend que la SEC enquête sur le rachat d'American National Can par Pechiney :

— J'ai juste eu le temps de contrôler l'information auprès de la COB. Sans grande illusion, j'ai téléphoné dans la soirée, peu après 20 heures. J'ai eu deux responsables de haut niveau. « Mais comment savez-vous cela ? C'est top secret ! » m'ont-il demandé. Je leur ai répondu que nous avions recoupé et vérifié nos sources et que nous sortions quelque chose là-dessus cette semaine. J'ai eu le sentiment que la Commission des opérations de bourse ne savait pas quoi faire.

La nouvelle est lâchée le 15 décembre. Comme une bombe. A la veille de la sortie de *L'Express* dans les kiosques. L'article d'Eric Dadier, sous le titre : « Pechiney : délit d'initié », n'est pas particulièrement mis en valeur mais son contenu suffit :

« La grande nouvelle économique annoncée sous

forme de scoop, le samedi 19 novembre, par Michel Rocard, va-t-elle se transformer en scandale boursier ? En l'occurrence, y a-t-il eu opérations d'initiés avant que soit officiellement rendu public, le 21, le rachat de la firme d'emballage American National Can (ANC) par le groupe nationalisé Pechiney ? Les fins limiers de la Securities and Exchange Commission sont en tout cas sur les traces des tricheurs. Des initiés qui pourraient bien être... français. »

Précisant que des ordres d'achat ont été passés par la société de bourse Ferri, *L'Express* pose la question : qui a profité, en haut lieu, d'une information confidentielle, alors que le secret des négociations entre Pechiney et Triangle avait été si bien gardé et que peu de personnes étaient au courant de l'imminence d'un accord ? Eric Dadier évoque lui aussi les hésitations de la COB :

« Par peur de pêcher un trop gros poisson ? Nageant qui plus est dans les eaux gouvernementales ? »

Deux points d'interrogation qui semblent déjà indiquer que le journaliste en sait beaucoup plus et qu'une affaire d'Etat, n'impliquant pas de vulgaires voleurs de poules, est sur le point d'éclater au grand jour.

La première réaction de la Commission des opérations de bourse paraît hésitante. Le 15 décembre, un porte-parole assure qu'aucune suite n'a encore été donnée à la demande de la SEC. Le lendemain, on corrige le tir, pour annoncer que le Collège a décidé, le 14 décembre, de faire procéder à une enquête sur les opérations relatives au titre Triangle, commandées depuis la France. Au service des relations extérieures de la COB, on finit aujourd'hui par l'admettre :

— Il y a eu un certain flottement. Mais seulement parce que nous n'étions pas nous-mêmes informés des décisions prises par nos instances supérieures.

La réalité est bien différente : fraîchement nommé

(en juin 1988) par Pierre Bérégovoy, le président de la COB, Jean Farge, ne semble pas alors pressé d'agir. Et il a ses raisons. Les informations reçues par ses services sont alarmantes. Affronter aussi gravement le pouvoir — en étant obligé d'interroger, puis de mettre publiquement en cause ses amis — plaît rarement à un fonctionnaire de son rang.

Durant l'été 1988, une fois les socialistes revenus aux affaires avec la réélection de François Mitterrand, Pierre Bérégovoy veut se donner l'image d'un ministre attaché à la prétendue « ouverture politique » promise par le Président pendant sa campagne électorale. Il semble alors tout heureux de trouver en Jean Farge une personnalité « barriste » pour prendre la présidence de la Commission en remplacement d'Yves Le Portz. Jean Farge ne semble pas très enthousiasmé par cette promotion. Bien qu'élevé dans un milieu militaire — son père était général —, il ne faut pas compter sur lui pour jouer les cow-boys. Les méthodes américaines de la SEC ne semblent guère lui convenir. Pourtant, la COB est attendue au tournant, à propos de plusieurs affaires : le scandale du trou de l'ancienne Chambre syndicale des agents de change (613 millions de francs, au moins, perdus sur le MATIF, le Marché à terme des instruments financiers) ; les dossiers des charges Baudoin et Buisson qui sont sortis au printemps, venant après l'escroquerie de 259 millions de francs dont a été victime la COGEMA, sont annonciateurs d'orages [1]. Paris se remet difficilement du krach d'octobre 1987 et a besoin d'un vrai gendarme, indépendant du pouvoir politique, et libre, en conséquence, de mettre celui-ci

1. Voir, dans la même collection, aux éditions Albin Michel : *La Chute d'un agent de change*, par Jean de Belot, juin 1989.

(ou ses représentants) en cause si d'aventure les circonstances l'exigeaient. Mais Jean Farge n'est pas homme à se faire trop d'illusions. Cet amateur de tennis, catholique fervent, a quelques raisons de se méfier des hommes politiques. Ils lui ont déjà valu de cruelles déconvenues. En 1979, alors qu'il est, depuis un an, sous-gouverneur du Crédit foncier de France, après avoir été une décennie durant le grand patron des percepteurs à la direction de la Comptabilité publique, il entre au gouvernement : secrétaire d'Etat auprès du ministre de la Santé, Jacques Barrot, dans le troisième cabinet Barre. D'où l'étiquette « barriste » qu'il conserve. Et qui lui a coûté cher. Haut fonctionnaire dans l'âme, technicien, homme de dossier impartial, il apprécie le calme de sa villa de Sèvres d'où, entouré de ses sept enfants, il boude les dîners parisiens. Il a ressenti comme une immense injustice sa disgrâce de 1981, lors de l'arrivée des socialistes et des communistes au pouvoir. Renvoyé un an à l'inspection des Finances, il a été « repêché » par son ancien camarade de promotion à l'ENA, Jacques Fournier, maintenant président de la SNCF et alors conseiller du président de la République. Lui qui était promis à la prestigieuse présidence de la Caisse des dépôts et consignations, si Valéry Giscard d'Estaing était resté à l'Elysée, a donc été renvoyé à la case départ : au Crédit foncier, non au titre de gouverneur comme il pouvait l'espérer, mais de simple numéro deux chargé de diriger les activités d'emprunts et de financement de l'établissement. Il y est resté, même sous le gouvernement de Jacques Chirac.

Son arrivée à la tête de la COB intervient finalement comme un bonbon à la moutarde. Ses relations avec Pierre Bérégovoy vont très vite se dégrader. Car le ministre a tout lieu de craindre ce que ce service officiel peut découvrir et faire connaître à la justice, malgré ses faiblesses.

Créée sous la présidence du général de Gaulle par une ordonnance du 28 septembre 1967 de Michel Debré, le ministre des Finances d'alors, la Commission a encore, au moment où se déclenche l'affaire Pechiney-Triangle, des moyens très limités. Ses pouvoirs ne lui confèrent aucun droit de sanction disciplinaire. Elle ne peut mener d'enquête administrative ni imposer de transactions. De plus, elle ne peut pas se constituer partie civile devant les tribunaux. Son rôle se limite à transmettre ses conclusions au Parquet. Ce qu'elle effectue, en moyenne, deux ou trois fois par an (contre une trentaine pour la SEC) en espérant que celui-ci voudra bien déclencher l'action publique et qu'ensuite, après instruction, les tribunaux sanctionneront les délits commis. Ce qui est rarement le cas. Tour Mirabeau, on a encore sur le cœur un certain nombre de décisions de justice. Comme celle qui a vu des juges, peu sensibilisés à la délinquance financière et, surtout, totalement ignorants des règlements et du fonctionnement de la bourse, relaxer purement et simplement, en 1986, deux responsables du groupe nationalisé Thomson-CSF. Ceux-ci avaient profité d'une information privilégiée (la signature à venir d'un contrat d'armement de 30 milliards de francs, en janvier 1984, avec l'Arabie saoudite) pour engranger de confortables plus-values. Les deux inculpés avaient acquis plusieurs milliers d'actions, quelques jours avant l'annonce de l'opération. Les magistrats du tribunal correctionnel n'y verront qu'une simple coïncidence. A leur décharge, il est vrai, on ne leur a présenté que les « petits poissons », les suspects les moins compromettants d'un dossier qui comprenait bien d'autres coupables au sommet de l'Etat, proches du Parti socialiste. L'un des vrais initiés, membre important d'un cabinet ministériel, poursuit à l'heure actuelle une brillante carrière à Londres et n'a jamais été inquiété, ni même interrogé par un juge. Il y eut aussi les affaires purement et simplement classées, et celles jugées, avec, à la clef, des amendes prononcées et totalement dérisoires par rapport aux fautes commises. La plus forte, recensée jusqu'ici, s'est montée à 200 000 francs pour un directeur de société accusé d'avoir acheté des titres de son entreprise, peu de temps avant sa fusion avec une autre firme.

Tout cela a d'ailleurs obligé nos législateurs à durcir le ton. La loi Balladur du 22 janvier 1988 sur les bourses de valeurs entend lutter plus efficacement contre les pratiques d'initiés [1]. Auparavant, il importait, pour caractériser le délit, d'apporter la preuve que les personnes détentrices d'informations privilégiées sur une valeur mobilière avaient réalisé une ou plusieurs opérations sur le fondement desdites informations. Désormais, l'infraction n'est plus subordonnée à cette exigence. Jugement de Jean Farge :

— Le délit d'initié reste diabolique, en ce sens qu'il est aussi difficile de montrer son existence que pour celui qui est soupçonné d'établir son innocence.

1. Selon le nouveau texte, rédigé dans le plus pur style juridique, pourront être désormais punies de deux mois à deux ans de prison et d'une amende de 6 000 à 5 millions de francs (le montant pourra être porté au-delà de ce chiffre jusqu'au quadruple du montant du profit réalisé), ou de l'une de ces deux peines seulement, « les personnes disposant à l'occasion de l'exercice de leur profession ou de leurs fonctions, d'informations privilégiées sur les perspectives ou sur la situation d'un émetteur de titres ou sur les perspectives d'évolution d'une valeur mobilière ou d'un contrat à terme négociable qui auront réalisé ou, sciemment, permis de réaliser sur le marché, soit directement, soit par une personne interposée, une ou plusieurs opérations, avant que le public ait connaissance de ces informations ».

Les moyens de la COB restent cependant chichement comptés. Son patron — qui, à la direction de la Comptabilité publique a eu, pendant dix ans, quelque 60 000 fonctionnaires sous ses ordres — gère aujourd'hui un petit budget annuel de 75 millions de francs (il était de 30 millions en 1985) et dispose d'un effectif de 160 personnes. Dont seulement 17 enquêteurs dirigés, depuis le mois d'avril 1988, par Jean-Pierre Michau (le fameux juge chargé de l'affaire du Carrefour du développement qui implique — l'affaire n'est toujours pas jugée — un ministre et plusieurs de ses collaborateurs, tous socialistes). Notre interlocuteur de la COB n'est pas pour autant très optimiste :

— Notre équipe pèche par son éclectisme. A côté des cinq ou six personnes détachées par la Banque de France — en général des inspecteurs ou des adjoints de direction de l'établissement — et de quelques magistrats, le gendarme de la bourse a ses propres contractuels. Sortis tout frais émoulus de la faculté de droit, avec une maîtrise ou un doctorat en poche, ils ne connaissent pas grand-chose au système bancaire français, à la gestion et aux échanges des titres boursiers. Contrairement à nos homologues américains qui suivent des stages techniques avant d'être lancés dans le grand bain, nos enquêteurs ne sont pas tous formés aux pratiques des marchés financiers. Or, il est indispensable de bien connaître ce petit monde et sa manière de fonctionner. Les boursiers sont des gens secrets. Lorsque nous venons les voir, tout en restant généralement très polis, ils ne répondent qu'aux questions qu'on leur pose. Ils ne font jamais de zèle. Il faut donc savoir, très précisément, ce que l'on cherche quand on se déplace.

Enfin, commençant tout juste à s'informatiser, la Commission des opérations de bourse dispose de « moyens empiriques ». Au même titre que nombre des services les plus importants de la police nationale chargée de la répression de la criminalité !

Déception de s'être vu propulsé à ce poste ou effets de sa récente maladie ? Toujours est-il que Jean Farge a du mal à entrer dans sa fonction, laissant quelque peu ses troupes désemparées. Alors que la presse et le public comptent les points dans les spectaculaires bagarres qui, en bourse, opposent la Société générale et Georges Pébereau ; les actionnaires du groupe de luxe Louis Vuitton-Moët-Hennessy et Bernard Arnault ; la Compagnie du Midi, les Italiens de Générali et le groupe Axa dans le domaine de l'assurance, la COB se perd dans de possibles et minuscules délits d'initiés commis sur le marché à terme des instruments financiers, à l'occasion des publications des résultats (malheureusement sans surprises) du commerce extérieur de la France. Sans parler de plusieurs autres enquêtes pour des montants dérisoires. Etonnant décalage ! Qui, certes, choque plus les observateurs que l'opinion. Jean Farge n'en est pas moins inquiet. Tombé gravement malade peu après sa nomination et l'anniversaire de ses soixante ans, ce grand serviteur de l'Etat, inspecteur général des Finances, énarque de la promotion Cambon, a connu au début de l'automne un difficile retour pont Mirabeau. Durant son absence, l'attaque boursière dont la Société générale est la cible depuis l'été a pris une allure de plus en plus sulfureuse. On parle même de « scandale d'Etat ». Au palais Brongniart — où l'on ironise facilement sur « l'inefficacité chronique » des gendarmes de la bourse — tout le monde connaît et se répète les noms des agresseurs (liés au pouvoir) de la grande banque privatisée.

Mais la COB ne peut agir. On l'en empêche : les Finances s'y opposent. Ce qui irrite vivement son président. Jean Farge en parle longuement à certains de ses principaux collaborateurs. Tous savent que, devant la tournure prise par le raid des « amis » de François Mitterrand et Pierre Bérégovoy sur la Société générale, il a voulu intervenir. Sans même attendre l'aval du « collège » de la COB, l'instance suprême où se réunissent, sous sa présidence, Régis Rousselle, le nouveau président de la Société des bourses françaises (SBF), Gilles Brac de la Perrière, le représentant de la profession bancaire, Jacques Bonnet de la Tour (pour les sociétés cotées en bourse) et Pierre Lecoq, conseiller à la Cour de cassation (pour la magistrature). Oui, c'est de son propre chef qu'il a décidé de lancer une enquête préliminaire. Pour se faire « une première idée » du dossier et couper court aux critiques qui fusent de toutes parts. Notamment dans les médias, de toutes tendances. Au Sénat, le président du groupe RPR, l'ancien ministre de l'Intérieur Charles Pasqua, a l'intention de demander (et il l'obtiendra) la constitution d'une commission de contrôle « sur les faits auxquels ont donné lieu les opérations financières sur le capital de la Société générale ». La COB ne peut moins faire que de s'en informer. En prévision au moins des questions qui lui seront posées par les sénateurs. Usant de son autorité morale, Jean Farge se penche sur les montages juridiques, la chronologie, les financements et la localisation des acquisitions réalisées en octobre par les assaillants de la Générale, rassemblés dans la Société immobilière de gestion et de participation (SIGP) présidée par Georges Pébereau. Avec le soutien actif de la présidence de la République, où Charles Salzmann, « conseiller pour les affaires de communication et d'informatique », est intervenu à deux reprises auprès de Bernard Pagezy, alors président de la Compagnie du Midi, pour lui demander d'entrer, millions sonnants et trébuchants à l'appui, dans le montage financier imaginé par Georges Pébereau avec la Caisse des dépôts, plusieurs institutionnels — dont le groupe Thomson-CSF contrôlé par l'Etat — et une brochette de *golden papies*. Les propos tenus, et officiellement rapportés, de Charles Salzmann s'apparentent à ce que l'on appelle le « trafic d'influence »[1].

Jean Farge souhaite voir son « service de l'Inspection » examiner de plus près les dossiers et les achats de Georges Pébereau et ses amis. Pierre Bérégovoy n'apprécie guère ce zèle, lui qui pourtant vantait « ses qualités d'indépendance et de caractère » après l'avoir nommé à la tête de la COB, au début de l'été.

Bérégovoy préférerait, plutôt, que la Commission se penche sur les opérations de privatisation d'Edouard

1. Rapport n° 265, fait au nom de la « *Commission de contrôle* de l'action des *organismes publics* ayant trait à des *opérations financières* portant sur le capital des sociétés privatisées », créée en vertu d'une résolution adoptée par le Sénat le 20 décembre 1988, *J.O.* du 28 avril 1989. Voir p. 80 et 162 : M. Bernard Pagezy, président de la Compagnie du Midi, a été « approché le 3 octobre 1988 par M. Georges Pébereau, au cours d'un rendez-vous organisé par M. Michel Pébereau [son frère], président du CCF, pour participer à l'opération montée par la SIGP. M. Pagezy donne son accord définitif le 17 octobre, indiquant qu'il avait " mis quinze jours à se résigner " (*sic*). » « M. Pagezy déclare avoir reçu le 3 octobre 1988, à la suite d'un rendez-vous avec M. Georges Pébereau, un appel de M. Charles Salzmann, conseiller à l'Elysée... : " Si vous voulez pouvoir compter durablement sur l'appui du principal actionnaire [de la Compagnie du Midi] qu'est la Caisse des dépôts, vous devriez être attentif au fait que Robert Lion est complètement impliqué dans le projet de M. Pébereau " »... M. Pagezy ajoute : « Je pensais dans cette affaire acquérir un devoir de fidélité de la Caisse des dépôts »... « Ma motivation essentielle était de coller à la Caisse. » Selon les sénateurs (p. 80), « l'ascenseur n'a d'ailleurs pas été renvoyé » : la Caisse a voté contre Pagezy lors de l'assemblée générale de la Compagnie du Midi, le 28 février 1989, et « M. Bernard Pagezy a démissionné. » Faites sous « la foi du serment », ses déclarations révèlent, selon *Le Monde* du 29 avril 1989, « les pressions directes d'un conseiller de François Mitterrand sur un dirigeant d'une entreprise privée ».

Balladur, son prédécesseur rue de Rivoli. Pour qu'il puisse justifier l'intention, très contestée, du président de la République et du gouvernement de faire éclater les fameux « noyaux durs », c'est-à-dire les actionnaires stables des entreprises rendues au secteur privé, entre 1986 et 1988, par le gouvernement de Jacques Chirac. Noyaux considérés comme trop favorables à l'opposition de droite. Parce que mis en place par l' « Etat RPR », selon la formule électorale de François Mitterrand. Entre Farge et Bérégovoy, le désaccord est total. Même si le président de la COB jure ses grands dieux n'avoir subi, ni dans un sens, ni dans l'autre, aucune pression. Un incident très vif a même éclaté avec le cabinet du ministre des Finances. Et Jean Farge a menacé de démissionner.

A la différence de l'affaire de la Société générale, le scandale Pechiney-Triangle va passionner les Français et faire les gros titres de la presse nationale et internationale. Il faudra attendre le 13 janvier pour qu'une incroyable « petite phrase » de Roger Fauroux, ministre de l'Industrie, relance le débat. L'ancien P-DG de Saint-Gobain et ex-directeur de l'ENA, déclare à *L'Express* :

— L'affaire de la Société générale apparaît d'une tout autre gravité que l'affaire Pechiney, parce que les plus-values réalisées ont été beaucoup plus importantes et qu'un acteur public, la Caisse des dépôts et consignations, a joué un rôle clé dans cette opération.

Entre-temps, il est vrai, le dossier Pechiney a pris une ampleur considérable. L'affaire s'étale dans toute la presse. Depuis plusieurs semaines. Dès les premières révélations de *L'Express,* le 16 décembre 1988, les téléscripteurs de l'Agence France-Presse n'ont plus cessé de crépiter. Les premières transactions litigieuses

(220 000 titres) ont été recensées. Avec les gains engrangés par les « initiés ». L'action Triangle étant passée de 10 à 56 dollars lors de l'OPA de Pechiney, le bénéfice frauduleux est évalué au total à au moins 10 millions de dollars : 70 millions de francs.

Très vite, des noms circulent dans tout Paris. Une première liste de « suspects » est dressée. Y figurent les négociateurs, quelques hauts fonctionnaires des ministères de l'Industrie, de l'Economie et des Finances, de l'hôtel Matignon et de l'Elysée, tous ceux qui ont étudié le dossier Pechiney. Il faut ajouter les responsables de la BNP qui ont aidé au montage financier de l'opération. Sans parler des hommes politiques qui, de par leurs fonctions, ont pu avoir connaissance de l'opération.

Catégorique, Jean Gandois, le premier, répond de l'intégrité de son équipe :

— Tous les initiés avaient été triés sur le volet.

Au bout du compte, une quarantaine de personnes peuvent être concernées. Seuls quelques noms reviennent d'une manière insistante. Comme on le constate du côté de la COB avec un certain dégoût, l' « affaire » a de « forts relents politiques ». Mais, cette fois, elle ne peut éviter d'y être mêlée. Devant l'ampleur de ce qui devient un énorme scandale, le ministre des Finances (son autorité de tutelle) lui demande d' « agir avec célérité afin que toute la lumière soit faite ». Evidemment, Pierre Bérégovoy ne peut ignorer que, même si la COB en avait la volonté, elle n'en a pas le pouvoir, son champ d'action étant circonscrit au seul territoire français. N'est pas la SEC qui veut !

A la bourse de Paris, la lecture de *L'Express* ne suscite guère de surprise. La première piste évoquée par l'hebdomadaire y est connue. Nombreux au palais Brongniart savent qu'un *trader* de la société de bourse Ferri-Ferri-Germe s'est porté acquéreur d'actions

Triangle. Même si du côté de cette ancienne charge d'agent de change on s'efforce de minimiser ces achats « pour un volume sans commune mesure avec le marché », le nom de l' « initié » circule déjà sous la verrière du temple de l'argent. On s'y raconte, avec une certaine délectation teintée de méchanceté, comment ce *golden boy,* l'une des figures de la place, s'est affolé à l'annonce de la « très bonne et très grande nouvelle pour la France » de Michel Rocard. Au point de téléphoner, en catastrophe, dès le lundi 21 novembre au matin, avant l'ouverture du marché de New York, pour annuler (ou se débarrasser sur un autre compte) de sa commande passée le 18 novembre, en fin d'après-midi. En vain. Drexel-Burnham-Lambert a déjà tout enregistré. Pierre-Alain Marsan se retrouve « collé » avec 5 000 titres Triangle qui, revendus les 23 et 30 novembre, lui ont néanmoins rapporté une sympathique plus-value de 1,2 million de francs pour une mise initiale de 314 000 francs. Dans la presse, son nom est l'un des premiers cités. Mais on omet d'observer que s'il s'est ainsi affolé — avant le début de l'enquête de la SEC et la réouverture de Wall Street, le 21 novembre — c'est bien qu'il devait ignorer l'imminence de l'OPA sur Triangle et l'identité de l'acheteur. Sans doute a-t-il redouté d'avoir à fournir le nom du véritable « initié » qui l'avait informé. Fraternellement... Pour ce jeune homme de 30 ans, négociateur de « blocs » d'actions chez Ferri, c'était un « coup » presque comme un autre : une opération de « suiveur ». Et non d' « initié » au sens vrai du terme.

En quelques années, l'étudiant en droit, plus assidu sur les courts du Tennis Club de Paris que sur les bancs de la faculté d'Assas, est malgré tout devenu un spécialiste du marché boursier. Sous la houlette de

Thierry de Chanaud, élégant et très riche fondé de pouvoir, membre du directoire de ce qui était, avant la réforme de 1988, la charge d'agent de change Ferri-Ferri-Germe, Pierre-Alain Marsan réussit brillamment dans son premier emploi. En compagnie de Guy Martinolle qui les a rejoints — après s'être frotté aux marchés à terme (les *futures*) de Chicago, la « Mecque des traders » —, le trio monte un service de négociations d'actions parmi les plus performants et les plus prospères de Paris. La technique consiste à ramasser le maximum de titres d'une société cotée pour les rétrocéder en un seul paquet à de gros investisseurs. Elle peut être très risquée, les cours évoluant en bourse parfois plus vite que l'appel téléphonique nécessaire pour replacer les actions des clients. Mais elle rapporte gros aux trois hommes, particulièrement habiles dans ce domaine. Leur employeur, bien placé aussi sur le MATIF, et spécialiste des introductions de sociétés au second marché, n'a pas à se plaindre de ses « mousquetaires ». La charge se hisse en quelques années au cinquième rang (sur 45) de la profession, avec un effectif de 220 salariés et un chiffre d'affaires de plus de 200 millions de francs en 1987. Au point qu'Alain Ferri qui préside l'entreprise, assisté de son cousin Bernard et de leur associé bordelais Christian Germe, a été, en 1984, désigné premier adjoint du « syndic » de la Compagnie des agents de change et a longtemps été présenté comme le successeur potentiel de Xavier Dupont, à la tête de l'ex-Chambre syndicale des agents de change. Mais le krach qui lui a fait perdre 110 millions de francs sur le marché des options sur contrat MATIF a tout remis en cause. Ferri-Ferri-Germe qui pensait pouvoir préserver son indépendance a dû passer sous la coupe du Crédit foncier de France, venu à la rescousse... Jusqu'à ce que les deux cousins reprennent in extremis le contrôle de leur société (70 % du capital), flanqués du CFF (15 %), de la Caisse des dépôts (10 %) et de l'UAP (5 %).

Thierry de Chanaud, Pierre-Alain Marsan et Guy Martinolle ne sont sans doute pas étrangers à ce revirement. Avenue Matignon, leur service de négociations de blocs d'actions fait merveille. Ils connaissent et traitent en grande pompe les responsables des banques, compagnies d'assurances et autres « institutionnels ». Bref, ils savent faire. Au point de susciter rumeurs et jalousies. En ces temps où, au palais Brongniart, certains connaissent quelques revers de fortune, les trois compères paraissent un peu comme les derniers des *golden boys*. A l'image de ceux que l'on voit dans *Wall Street,* le film très réaliste d'Oliver Stone, Pierre-Alain Marsan et ses inséparables amis mènent grand train. Sans compter. Marsan est flamboyant : soirées au Casino de Deauville (avec de formidables « bancos » gagnants) ; fêtes chez Castel ou au Bus Palladium ; week-ends à Val-d'Isère et Courchevel pendant la saison de ski ; descentes à Saint-Tropez l'été où, faute de pouvoir louer une « cigarette », la Formule 1 de la mer, on n'hésite pas à s'en rendre propriétaire... par règlement immédiat. Quant aux voitures, on ne se refuse rien, de la Porsche à la Ferrari Testa Rossa. Certaines font du parking souterrain et public de la place de la Bourse, où tous les *golden boys* ont leurs habitudes, l'une des plus belles concessions automobiles de la ville de Paris. Et aussi l'une des plus prisées par les voleurs à la roulotte. Au grand dam des policiers du quartier.

Grand, mince, blond, portant plutôt beau malgré une calvitie précoce, toujours dans des costumes du meilleur goût, Pierre-Alain Marsan, s'il aime le luxe et les belles voitures, n'est pas un « m'as-tu-vu ». Ses sourires sont rares, son visage énigmatique, ses fréquentations à la hauteur de ses ambitions (jamais affichées) et de ses sentiments, cachés dans son jardin secret. Au Vaudeville, le célèbre et sympathique restaurant de la place de la Bourse, le personnel le connaît bien et l'apprécie autant que ses deux amis :

— Ce qu'on écrit sur lui est exagéré, injuste. Ses déjeuners, ici, ont toujours été de travail ; ses goûts culinaires sont délicats et son abord très agréable. S'il a pu écouter ce qui s'est dit à une table voisine, c'est que souvent les gens parlent trop. Ici comme ailleurs.

En bourse, on ne lui connaît d'autres relations suivies que ses deux partenaires de chez Ferri, modèles eux aussi d'élégance... raffinée en semaine, négligée « comme il faut » le week-end.

Tout cet étalage, à l'heure où la France s'apitoie sur ses « nouveaux pauvres », fait rêver le monde des commis qui s'agitent encore sur le parquet de la bourse. Un fondé de pouvoir d'une charge concurrente témoigne, admiratif :

— Lorsqu'ils sont sur le marché, mieux vaut ne pas se mettre en face d'eux : contre ou avec eux. Remarquables professionnels, leurs visages sont impénétrables et leur jeu... toujours secret. Souvent incompréhensible. Qu'ils achètent ou qu'ils vendent, ils ont le plus souvent le dernier mot. En « plantant » les inévitables « suiveurs ». Mais c'est la loi de notre milieu où ils ont gagné, de haute lutte, leurs galons de caïds. Riches ? Bien sûr qu'ils le sont. Mais qui ne l'est pas ici ? Seuls les incapables ou les dingues ! Marsan est le plus voyant car le plus jeune. Et puis, comme beaucoup d'entre nous, il profite plus qu'il ne le faudrait de l'existence, notre profession étant statistiquement celle qui produit les plus grands stress, ce qui réduit d'autant notre espérance de vie. La bourse n'est pas seulement un marché national. C'est une horloge qu'il convient de regarder vingt-quatre heures sur vingt-quatre... à Tokyo, Hong Kong, Zurich, Milan, Madrid, Londres, Chicago, New York. Tout en maintenant des contacts étroits avec les décideurs : les grands investisseurs. A cet égard, les trois mousquetaires de chez Ferri sont pour moi des modèles.

Il est vrai que Thierry de Chanaud compte, parmi ses clients, des hommes de poids, tels Claude Bebear, le P-DG du groupe d'assurances Axa, ou Christian Pellerin, le puissant promoteur immobilier du quartier d'affaires de La Défense (qui figure aussi au rang des assaillants de la Société générale au côté de Georges Pébereau). Les sons de cloches ne sont cependant pas toujours les mêmes. Dans ce monde d'argent, le trio suscite aussi des commentaires agacés. On les soupçonne de s'être monté un réseau d'influences, d'utiliser leurs relations professionnelles pour leurs comptes propres et d'avoir « suivi » plusieurs fois des clients importants dans leurs investissements. Avec de substantiels profits à la clé. En sachant très bien comment allaient évoluer les titres qu'ils achetaient ou vendaient. Des insinuations qui font dire à Alain Ferri que « des gens essaient de détruire » l'image de sa maison.

Bref, en ces mois d'après-krach, il y a incontestablement un malaise à la bourse de Paris. Avoué par un responsable de l'Association française des *equity dealers* (AFED) qui rassemble une centaine de spécialistes dans les échanges de blocs d'actions :

— Le marché a fonctionné pendant de très nombreuses années de manière satisfaisante, mais en prenant souvent de mauvaises habitudes.

Mauvaises habitudes ? Notre interlocuteur explique, non sans raison, que les autorités du marché — l'ex-

Chambre syndicale des agents de change et son autorité de tutelle, le Trésor — y ont grandement contribué :

— Etait-il sain de sous-payer des opérateurs en leur faisant miroiter, en plus de leur traitement normal, des « gratifications » (elles ont représenté pendant des années, dans certaines charges d'agent de change, jusqu'à l'équivalent de 36 mois de salaire complémentaire), en leur donnant, de surcroît, la permission de spéculer (et de s'enrichir davantage) grâce à leur connaissance des ordres passés sur le marché par la clientèle française et étrangère. Ces avantages acquis ont longtemps relevé de l'artisanat. Tant que la place de Paris demeurait marginale par rapport à ses concurrentes. Mais ils sont devenus dangereux lors de l'explosion récente des marchés financiers et de l'arrivée de nouveaux intervenants qui ont moins pris le temps d'apprendre les règles déontologiques de la profession que l'art d'en tirer toujours plus d'argent.

Certes, ces opérateurs ne sont pas tous des requins de la finance ou des fervents du délit d'initié, voire de la manipulation des actions passant entre leurs mains pour être négociées en bourse. Recrutés sans réelle formation, « ils se sont vite accommodés du laxisme ambiant, sans connaître exactement la frontière entre ce qui peut et ne peut pas être fait ».

Pierre-Alain Marsan ne se pose, en tout cas, guère de questions lorsqu'il passe lui-même un ordre d'achat de 5 000 titres Triangle par le biais du bureau parisien de Drexel-Burnham-Lambert. Sur la foi d'une information de bistrot, comme il le raconte plus tard à la COB, il n'hésite pas à sortir un peu plus de 300 000 francs de sa poche. A 30 ans, ce jeune homme est déjà riche. Aux enquêteurs qui le convoquent, il explique que c'est à la suite d'une conversation entendue, le 17 novembre, à l'heure du déjeuner dans un restaurant chinois, « Au jardin du printemps », rue de Penthièvre, proche de son bureau, qu'il a décidé son investissement. Deux inconnus, à une table voisine, évoquaient de « gros achats sur une boîte d'emballage américaine qui, malgré le cours peu élevé de l'action à 10 dollars, paraissaient bizarres ». Avec l'aide d'analystes de sa charge, il l'a ensuite identifiée.

Les enquêteurs de la COB enregistrent cette déclaration comme une fable. Et le lui font savoir. Marsan n'en garde pas moins un parfait sang-froid :

— J'ai passé mon ordre d'achat après m'être renseigné sur le marché du titre, notamment de l'augmentation du volume des transactions depuis trois jours, auprès de Patrick Voisin, chez Drexel-Burnham-Lambert.

L'intrépide *golden boy* est le tout premier à être pris dans le piège de Wall Street. Sans doute ignorait-il alors les tenants et aboutissants de l'affaire. C'est pourquoi la petite phrase de Michel Rocard, le lendemain de l'achat de ses 5 000 titres Triangle, l'a paniqué. Il ne sait pas encore que, à peine après avoir enregistré son ordre, la firme de courtage new-yorkaise s'est déjà rendu compte des transactions anormales sur cette action dont elle est officiellement le « teneur de marché », chargé, à ce titre, d'en assurer la « liquidité », c'est-à-dire la cotation permanente. C'est pourquoi Drexel-New York a prévenu les agents de la SEC, sans que son antenne parisienne le sache. On lui reproche maintenant de ne pas avoir procédé aux vérifications d'usage. Car les questions trop précises du trader de chez Ferri auraient dû lui mettre la puce à l'oreille. Néanmoins, le nom de Marsan est aussitôt communiqué aux gendarmes de Wall Street. Puis à la COB. Dès la fin de novembre 1988, celle-ci investit les bureaux de Drexel, à Paris. Verdict :

— Il apparaît que M. Marsan a disposé d'une information sur le titre Triangle, dans des conditions différentes de celles qu'il invoque, mais en l'état le service de l'inspection n'en détient pas de preuve formelle.

Le négociateur de chez Ferri n'est pas le seul représentant de la bourse de Paris à être pris dans les filets de l'affaire Pechiney. Ricardo Zavala, un jeune Américain marié à une Française, travaille à la société de bourse Magnin-Cordelle, l'une des plus modestes de la place. Il figure, lui aussi, au rang des acheteurs d'actions Triangle. Mais il est, dès le départ, soutenu par son patron, Henri Magnin. Celui qui était encore, avant les dernières élections municipales de 1989, conseiller du VIIe arrondissement de Paris, « couvre », comme toute sa maison, son trader vedette. Henri Magnin est formel :

— Chez moi, il n'y a pas d'initié.

Toutefois, il convient, le 16 janvier 1989 dans un communiqué, que « M. Zavala, trader international, a acheté le 16 novembre 1988 » des actions Triangle mais « pour le compte trading de la société et non pour un client ». Cet achat a été effectué « dans la limite habituelle de ses interventions en fonction de l'évolution des marchés » et qui « consistent, notamment, à déceler des augmentations de volume des transactions sur une valeur et à suivre l'évolution des cours ».

Devant les enquêteurs, Ricardo Zavala est plus loquace. Petit, bien mis, mais sans ostentation, il n'a qu'une trentaine d'années, mais paraît plus âgé. Ses cheveux deviennent rares. Blonds, ils commencent à tirer sur le gris.

— Nous gagnons bien notre vie, mais dans notre activité nous subissons le même sort que les footballeurs ou les grands sportifs. Eux se crèvent sur les stades et dans les compétitions, qui nécessitent toujours plus d'efforts. Nous, avec le stress, à 32 ans, on est fini. Soyons sérieux : dans cette affaire, Pierre-Alain Marsan et moi-même sommes les victimes expiatoires. On nous reproche notre statut de *golden boy.* L'argent facile ? A qui fera-t-on croire que nous serions les inventeurs de ce système basé sur l'incitation à la spéculation ?

La vie de Ricardo Zavala n'est pas une fête. A l'inverse de Pierre-Alain Marsan, naturellement pressé de tirer le maximum de plaisirs avant que l'âge ne vienne, ses seules vraies passions sont familiales. Zavala est amoureux de sa femme, et il adore ses enfants. C'est un père de famille attentif, généreux, toujours disponible... Quand les feux du marché se sont éteints. Mais, comme la plupart des *golden boys,* il n'oublie pas d'additionner les milliers, les millions de francs de courtage et de chiffre d'affaires, ce qui l'oblige à cohabiter, jour et nuit, avec des ordinateurs débitant des flots de chiffres et de messages. Des données ésotériques, toujours symboles d'argent... à perdre ou à gagner.

Professionnel apprécié, après dix ans passés à la bourse de New York, Ricardo Zavala assure aux enquêteurs bien connaître la société American National Can qu'il avait sélectionnée dans le passé « comme une affaire présentant de l'intérêt ». Ainsi savait-il, aussi, que cette entreprise était détenue par Triangle. Le trader aurait pris sa décision à la suite d'une conversation téléphonique avec Michel Glas (de ses amis) et Jonathan Lorie qui travaillent au bureau londonien de la firme de courtage Morgan Stanley. Ils l'auraient averti d'un fort « courant acheteur » sur le titre. Connaissant les relations françaises de Michel Glas qui, avant de s'expatrier outre-Manche, a longtemps travaillé à la banque Rothschild puis à la Chemical Bank à Paris, Zavala a vérifié l'information. Des professionnels new-yorkais lui ont confirmé l' « intérêt français » sur cette valeur. C'est donc, dit-il à la COB, en homme averti que, le même jour, dans un « réflexe de trader, faisant une opération très courte sur cette tendance », il a passé un ordre d'achat de 5 000 titres Triangle (la même quantité qu'Alain Marsan) par l'intermédiaire des bureaux parisiens du broker (agent de change) Prudential Bache. Investissement de 314 000 francs qu'il aurait regretté deux jours après, à la lecture des mauvais résultats financiers de Triangle pour le troisième trimestre de 1988 :

— J'ai tenté de me défaire de mes titres, mais n'y suis pas parvenu, faute de temps.

Son ordre de vente a été exécuté dès le lundi 21 novembre, à l'annonce de l'OPA et son bénéfice évalué à 950 000 francs.

Dans son rapport, la Commission des opérations de bourse relève que ces 5 000 actions ont été successivement inscrites, le même jour, aux comptes de Ponthieu International, le fonds commun de placement de la société de bourse Magnin, puis sur le compte Valeurs françaises dont l'intitulé a été transformé par la suite en « Agent X Trading International, plus conforme aux opérations qui y sont réalisées et qui portent essentiellement sur des valeurs étrangères ».

Seule ombre au tableau de ces opérations financières dressé par Ricardo Zavala : son ami Michel Glas (que l'on retrouve au détour d'autres transactions bien plus suspectes) affirme ne jamais lui avoir parlé de ce titre. Il est vrai que si Glas reconnaissait avoir été son informateur — ou plutôt son conseil pour cet investissement —, la firme américaine qui l'emploie aurait le devoir de le remercier. Illico ! Car, dans ce cas, il serait rendu responsable d'avoir violé un secret professionnel... pour, gracieusement, permettre à un de ses amis de réaliser une plus-value. A coup sûr. Car c'est par Michel Glas que les ordres d'achat d'un des grands et vrais « initiés » de l' « affaire », un important financier socialiste, ont justement transité... chez Morgan Stanley. Mais cet homme-là va, lui aussi, être identifié, dénoncé et poursuivi... au nom de la loi des Etats-Unis d'Amérique.

3.

Max le magnifique

Pierre-Alain Marsan et Ricardo Zavala vont vite se retrouver en noble compagnie. Le 17 décembre, *Libération* apporte son lot de révélations : des ordres d'achat, « plus importants », ont été passés par la Compagnie parisienne de placements, une société créée et animée par Max Théret. La bombe est de taille.

L'entrée en scène du vieux financier socialiste met la gauche dans l'embarras. Théret n'est pas n'importe qui : cofondateur de la FNAC (la Fédération nationale d'achat des cadres) avec André Essel, il est de longue date connu comme un des bailleurs de fonds du Parti socialiste. Mais ce financier discret... préfère l'étiquette de « simple militant de la base ».

Son itinéraire à l'intérieur des mouvements de la gauche a emprunté des chemins sinueux. Trotskyste dans les années trente, il a évolué avec l'âge pour devenir plus raisonnable. Aujourd'hui, ce personnage qui se veut mythique appartient ordinairement à la « gauche caviar ». Après 1981, il est passé — en bon conservateur — du clan Rocard, alors marginal au sein du PS, à celui de François Mitterrand devenu président de la République. Et il a su, non sans de méritoires contorsions idéologiques, adapter sa lecture du *Capital* de Karl Marx à celle des capitaux qui figurent sur les bilans de ses nombreuses sociétés commerciales.

On l'a vu se lancer dans des aventures à fonds perdus pour rendre service au Parti socialiste. Il est riche, « très riche », et il l'admet :

— Mais je tiens à préciser que je n'ai pas fait ma fortune avec l'arrivée de la gauche au pouvoir, en 1981. Je l'ai constituée avant.

Pas vraiment sûr...

Homme de foi (dans ses jeunes années), Max Théret n'est pas à proprement parler un mécène. Ses « amis » en témoignent. Il est un homme d'affaires intraitable qui, sous des dehors aimables, discute ses contrats sans négliger un seul centime. De taille moyenne, encore très vif malgré ses 76 ans et quelques incidents cardiaques, il sait soigner sa personne : crâne lustré, ses mains sont apprêtées, ses lunettes d'écaille, ses cravates et pochettes chics et brillantes, ses complets taillés par les meilleurs faiseurs, ses résidences toujours de bon goût, dans les endroits les plus prisés par la haute bourgeoisie. La voix est affable, le regard pénétrant, malicieux. A son contact, on est tout à la fois à l'aise et sur la défensive. A l'aise, car Max Théret, qui se veut ouvert, ne semble jamais démonté par les questions qu'on lui pose, même les plus gênantes. Sur la défensive, parce que sa franchise n'est qu'apparente, ses réponses souvent biaisées, ses contre-vérités assenées avec l'aplomb le plus déconcertant. Bref, le personnage est tout à la fois sympathique et agaçant. On devine derrière son masque un cerveau froid, espiègle, calculateur, jamais troublé, toujours en éveil. Le cynisme ne lui est pas étranger et il connaît du pouvoir — de tous les pouvoirs — leurs secrets, leurs faiblesses et la manière de les manipuler ou de leur résister. S'il s'affiche encore de gauche, son engagement n'est plus qu'alimentaire : son socialisme est d'affaires. Pas Machiavel, Max

Théret est un ancien révolutionnaire qui nage dans le monde capitaliste avec l'aisance qui sied aux chevaliers d'industrie sortis du rang. Il sait se montrer généreux « pour la bonne cause ». Et, retors, se rappeler au souvenir de François Mitterrand et du Parti socialiste quand ceux-ci tentent d'occulter ses « bienfaits » passés : les millions versés lors des campagnes électorales. Dont la présidentielle de 1988.

Le 12 février 1989, peu après la publication du rapport de la COB sur l'affaire Pechiney-Triangle et juste avant que n'interviennent les premières inculpations au Palais de Justice de Paris, Anne Sinclair reçoit le président de la République dans son émission « 7 sur 7 ». Ce dimanche soir, sur TF 1, au cours d'un entretien diffusé à la meilleure heure d'écoute, François Mitterrand doit répondre à une question précise de la journaliste concernant la personnalité et le rôle de Max Théret, « votre ami » :

— On dit qu'il est un familier de la gauche puisqu'il s'est occupé des affaires du *Matin de Paris*[1].

Dénégation préparée du Président :

— Non, il a été crié partout : « l'ami de François Mitterrand ». Cela ne me gêne pas mais il faut être clair et je veux être scrupuleux. Max Théret n'est pas du cercle de mes amis. C'est comme cela. Même pas de mes relations. Je ne sais pas où il habite, quelle est sa famille, je n'ai jamais pris de repas dans ma vie avec lui, je l'ai rencontré deux ou trois fois avec d'autres, mais je corrige aussitôt, car je ne veux pas que mes paroles puissent peser sur lui : ceux que je connais et qui le fréquentent ont de l'estime et de la confiance pour lui...

1. *Le Matin de Paris :* quotidien parisien de la gauche socialiste aujourd'hui disparu.

Anne Sinclair :

— On a dit qu'il était un des financiers du Parti socialiste ou qu'il ne répugnait pas à apporter son obole, ce qu'il confirme en disant « que dans la mesure de ses moyens, il a contribué aux campagnes électorales ».

Le Président n'est pas démonté, troublé, embarrassé par la question :

— C'est bien possible. Il faudrait interroger le trésorier, Henri Nallet, actuel ministre de l'Agriculture, trésorier de ma campagne.

Le Tout-Paris politique et des affaires se gausse à l'écoute de ces répliques. Chacun sait, dans les allées du pouvoir, dans l'opposition, dans les milieux financiers, que Max Théret n'est pas un adhérent ordinaire du Parti socialiste. Comment le Président a-t-il pu oser prétendre, devant des millions de téléspectateurs, que l'ancien patron de la FNAC « n'est pas du cercle de ses amis, même pas de ses relations... » ? Le 3 juin 1986, c'est bien François Mitterrand, en qualité de chef de l'Etat, qui lui a remis, au palais de l'Elysée, le ruban l'élevant au grade de commandeur dans l'Ordre national du Mérite. Des photos ont été prises. Mais nul ne les retrouve. François Mitterrand oublie aussi le cadeau — une lettre manuscrite de Léon Trotsky — que Théret s'est flatté de lui avoir offert à l'occasion d'un anniversaire tout récent.

Peu après le passage du président de la République sur TF 1, Henri Nallet est sur un plateau de télévision. Interrogé en direct, en présence de Pierre Joxe, ministre de l'Intérieur, l'ancien trésorier de la dernière campagne électorale de Mitterrand, en mai 1988, prend, lui aussi, quelques libertés avec la vérité. Aux propos que le chef de l'Etat a prononcés avec un semblant de sérieux, le ministre de l'Agriculture ajoute une calembredaine :

— Oui, c'est vrai, M. Théret a aidé financièrement le Président, en versant 20 000 francs... Ce qui est un gros chèque.

Max Théret réagit. S'il veut bien ne pas entamer de polémique ou, plus simplement, avoir à contredire le président de la République, il accepte plus difficilement l' « ingratitude » du comptable, « même s'il est devenu le ministre des veaux, des vaches, des fruits et des légumes ». Sa réaction nous est communiquée par l'un de ses amis :

— 20 000 francs ? Henri Nallet a dû se tromper de zéros !

Cette réplique, que nous reproduisons dans *Le Quotidien de Paris*, divertit les militants du PS. Mais plusieurs responsables du Parti l'interprètent comme un message téléphoné, une mise en garde.

Principal « initié » de l'affaire Pechiney-Triangle, Théret s'amuse de ces déclarations officielles. Homme d'influence, il préfère l'ombre à la lumière. Il ne lui viendrait pas à l'esprit de contredire François Mitterrand. Ces choses-là ne se font pas. Quand le Président a prétendu ne pas savoir s'il était un « financier » de ses campagnes électorales, et qu'il a renvoyé la responsabilité de la réponse sur Henri Nallet, Max a compris : sans vouloir (ni pouvoir) nier son rôle de bailleur de fonds du PS, le chef de l'Etat s'est défaussé sur un subalterne pour en atténuer l'aveu. Aussi, après « 7 sur 7 », préfère-t-il se faire hospitaliser. Son inculpation en est ainsi retardée, puis, quand celle-ci intervient (le juge ayant fait vérifier par des médecins que son état de santé le permettait), se retirer dans sa propriété de La Hauteville, en bordure de la forêt de Rambouillet. Il lui faut attendre, laisser faire le temps. Plusieurs semaines passent avant qu'il ne refasse surface. Au Palais de Justice, l'instruction semble se corser. Edith Boizette, le magistrat que l'on disait peu expérimenté, travaille d'arrache-pied. En toute indépendance. Après avoir reçu Dominique Artus, notre confrère du *Journal du Dimanche* qui le met sur le gril, Max Théret nous rouvre son cœur. Nous l'avons informé de la rédaction de ce livre. Question :

— Vous êtes un familier de l'Elysée, n'est-ce pas ? On vous y a vu. Vous confirmez ?

Ses yeux se détournent. Notre demande est, bien sûr, de pure forme. Nous avons déjà la réponse, enregistrée sur bande magnétique par Artus. Elle est, à elle seule, une correction des propos tenus par le Président à la télévision. Parlant de ses éventuelles relations avec le « château », après la découverte de l'affaire, Max Théret répond :

— J'ai évité tout contact pouvant gêner la Présidence pendant cette période. Mais vous savez : un militant doit courir le risque d'être désavoué. Je ne suis pas un familier de l'Elysée. J'y vais, c'est vrai, comme tout le monde...

« Comme tout le monde ? » Nous sourions. Tout à coup, son expression devient très sérieuse. Les mots tombent, choisis, distillés, expédiés comme des balles qui pourraient devenir explosives. Inutile, pour l'heure, de lui en demander plus. La lettre de Trotsky offerte à Mitterrand ? Réponse :

— Non, non...

— Mais, pourtant...

— Non, non...

— Nous avons appris, en enquêtant dans la région de Montfort-l'Amaury, là où se trouve votre résidence secondaire de La Hauteville, que vous y avez reçu le

Président, venu en hélicoptère, à la fin de l'été 1988. Un dispositif de sécurité avait été mis en place.

— Non, non...

Ces « non, non » tombent en batterie, par petites salves. Enigmatiques. Impossible de savoir si Max Théret infirme ces deux informations que nous avons recueillies aux meilleures sources, et que nous avons recoupées ; ou si, plus vraisemblablement, il entend en rester là... pour le moment. Au fil des minutes qui passent, le feu de nos questions ne parvient presque jamais à entamer un flegme étonnant, quasi militaire. Nous parlons de sa vie, de son itinéraire militant et d'affaires : car il est difficile à suivre, le fils de Léon Théret, directeur de société, et de Paule Hytier.

Max-Gustave naît le 6 janvier 1913 de parents socialistes et francs-maçons. Il saura perpétuer la tradition. A sa façon. En 1931, il a 18 ans : il adhère aux Jeunesses socialistes. Adolescent remuant, il part l'année suivante pour l'Espagne où il fréquente les milieux trotskystes. La légende veut qu'il ait été secrétaire, voire garde du corps (!) de Trotsky, le révolutionnaire russe en exil, camarade de Lénine, ancien chef de l'armée rouge poursuivi et bientôt assassiné par les tueurs de Staline. Sur ce point, il veut bien confirmer :

— C'est vrai : avec quelques amis, j'ai un temps assuré la protection de Trotsky. On se relayait autour de la maison de Barbizon où il s'était exilé.

1934 : Théret participe à la révolte des Asturies, puis à la guerre civile espagnole. 1938 le voit revenir en France, après la défaite des républicains et la victoire du général Franco. 1940 : il tient à Paris un petit atelier de photographie qui sert de couverture pour imprimer *Notre Révolution*, une brochure clandestine d'inspiration trotskyste. C'est la guerre. Il réussit en même temps à entrer aux PTT, au central téléphonique de la capitale. Agent des installations intérieures, il s'emploie à écouter les communications entre les divers services allemands et nourrit Londres en informations. Deux ans plus tard, l'occupant le soupçonne : il prend le maquis avec le groupe armé du Mouvement de libération nationale (MLN). Dans l'Isère. A la Libération, il réintègre l'administration.

— Afin de percevoir deux années de traitement dues au titre d'ex-clandestin, raconte son ami André Essel [1], trotskyste comme lui.

Le travail de Max Théret consiste à réorganiser la coopérative des PTT. Mais il ne sera jamais un fonctionnaire comme les autres. Outre l'atelier de photo qu'il a rouvert, il arrondit ses fins de mois, avec des amis, en constituant des « groupements d'achat ». Il se veut un précurseur. André Essel se souvient :

— Il connaissait un certain Tritz, propriétaire d'un important cabinet d'assurances qui, afin de pratiquer des prix inférieurs au marché et gagner de cette façon une clientèle importante, inventait de pseudo-clubs où il ne pouvait apparaître nommément. Max accepta de les présider. Ainsi naquirent successivement l'Automobile Club des fonctionnaires, puis l'Automobile Club des cadres.

En 1951, Max lance son propre groupement : l'Economie nouvelle :

— Le système commercial me semblait intelligent. Max, lui, le présentait d'une manière relativement cynique : « Les commerçants travaillent pour nous et on empoche les commissions. »

Cela n'empêche pas les deux hommes de s'inspirer du même système pour monter, en 1954, la Fédération

1. *Je voulais changer le monde,* Editions Stock, 1985.

nationale d'achat. Ce qui va devenir la FNAC, spécialisée au début dans la vente aux particuliers d'appareils photographiques, de caméras et de films de toutes marques. Ils proposent d'intéressantes remises aux clients. Rois du « discount », partis d'un petit appartement situé au 6 du boulevard de Sébastopol à Paris, Max Théret et André Essel créent, là, l'important groupe de distribution qui fera leur célébrité et le gros de leur fortune. Notamment lorsqu'ils en cèdent une première partie (40 % du capital), en 1970, à l'UAP et à la Compagnie financière de Paribas. Théret l'avoue à Dominique Artus :

— J'avais quatre enfants, aucun n'était intéressé par la FNAC, et nous pouvions vendre très cher nos actions dans une introduction en bourse. Nous avons gagné plusieurs dizaines de millions de francs... C'était une très bonne affaire.

Théret ne se passionne pas encore pour l'emballage : il continue d'investir dans la distribution. Il s'occupe maintenant d'implanter de petites et moyennes surfaces en province. Et il s'associe avec Carrefour pour lancer des magasins à Barcelone et à Palma, en Espagne :

— C'était un très bon marché pour les centres commerciaux, mais j'ai eu un problème avec un associé catalan qui ne me plaisait pas. Il y a eu un procès, j'ai préféré me retirer de l'opération.

Son premier passage dans le monde de la finance n'est guère plus heureux : en 1971, il entre dans le capital d'une banque de Lausanne, la Banque de participations et de placements. Curieusement, le nom de la BPP, passée depuis en d'autres mains, sera évoqué dans l'affaire Pechiney-Triangle. Nous l'interrogeons. Il parle :

— A l'époque, je voulais ouvrir un magasin à Genève et créer une centrale d'achat internationale pour la FNAC, en Suisse, où étaient représentés tous les fabricants d'appareils photo japonais. J'ai donc pris 30 % dans la Banque de participations et de placements. Mais, très vite, ce pivot financier ne s'est plus imposé. Nos fournisseurs nippons se sont installés un peu partout en Europe et le prix que l'on nous proposait pour le local que nous convoitions à Genève pour la FNAC était prohibitif. J'ai donc revendu la banque, en 1972, à un acheteur suisse.

A cette époque, Max Théret — qui est aussi le président de Jour Azur, la société éditrice du guide gastronomique *Gault et Millau* — a des problèmes d'argent. 1977 : ses activités prennent une autre dimension. Cœur à gauche, portefeuille bien à droite, ils pressent, avec quelques inquiétudes pour ses intérêts et un grand bon sens, la victoire de l'Union de la gauche aux élections législatives de 1978. Et donc l'arrivée au gouvernement des socialistes, flanqués des communistes. Aussi décide-t-il de céder le reste de la FNAC aux Coop, les Coopératives de consommateurs. Dialogue savoureux avec son associé, André Essel. Max se veut lucide :

— Nous devrions nous dépêcher de vendre avant la victoire de la gauche !

— Je croyais que tu étais revenu au parti socialiste ? Tu crains une victoire de la gauche ?

— Pour la FNAC, oui. Parce que nos sections syndicales sont dirigées par des gauchistes irresponsables. Ceux-ci, dès le lendemain de l'élection, voudront renouveler l'histoire du Front populaire. Ils se croiront en juin 1936 ou en mai 1968. Ils n'auront qu'une idée : foutre le bordel partout.

Max Théret, qui est resté malgré tout président d'honneur de la FNAC où il garde une certaine influence (même lorsque les Coop passent la main à la

GMF, la mutuelle des fonctionnaires de son ami franc-maçon Michel Baroin), renvoie le compliment à son ami. Autre son de cloche. Qui croire? Nous l'écoutons :

— André Essel n'était plus un militant. Il avait peur de l'arrivée de la gauche. C'est vrai qu'à la FNAC le climat était politisé, mais ce n'était pas pour me déplaire.

Deux versions différentes, pour un même résultat et un même diagnostic : la FNAC doit être vendue avant que socialistes et communistes ne s'emparent des affaires de l'Etat.

En 1981, Mitterrand et Mauroy lancent leur vaste programme de nationalisations — qui effraie toute la communauté financière — et prennent d'autres mesures pénalisant les détenteurs de capitaux. Max Théret, lui, peut dormir tranquille. Avec un important portefeuille « liquide ». Dès lors, il investit avec un certain bonheur. Notamment dans une opération foncière au Muy, non loin de Saint-Tropez. Il y est le propriétaire de terrains non constructibles. Mais qui le deviendront. Et lui permettront d'engranger, opportunément, de substantiels profits. Tombés fort à propos. Lui-même raconte qu'il est alors « contraint » de vendre cette propriété pour financer les projets de presse du Parti socialiste. L'Elysée a fait appel à lui.

Nous sommes au lendemain de 1981. Il faut enlever *France-Soir* à Robert Hersant. Car il manque au PS un grand quotidien populaire. *Le Parisien libéré* étant imprenable, le journal de la rue Réaumur est le seul qui soit accessible. En haut lieu, on fait pression sur Hersant (pour qu'il vende) et Théret (pour qu'il achète). Aujourd'hui, il l'admet :

— J'étais prêt à mettre 80 millions sur la table. Je les ai mis. *France-Soir,* dont j'ai étudié le dossier pendant trois mois, pouvait être rentable. Ce qui coûtait à ce journal ? Ses frais financiers.

Hersant est alors en procès. Poursuites politiques. On l'a inculpé pour infractions à l'ordonnance du 26 août 1944, sur les « concentrations de presse ». Le gouvernement tente d'exploiter ce vieux dossier pour le faire fléchir. Mais le patron du *Figaro* et de *France-Soir* est sûr de lui. En justice, sa défense est assurée par un parterre d'avocats de premier plan. Sur le terrain politique, il organise la contre-offensive. Avec l'aide du RPR et de Charles Pasqua, président du groupe gaulliste au Sénat. Montée de toutes pièces à l'Elysée et à Matignon, l' « affaire » échoue. Hersant a résisté et gagné. Et Théret garde tout son argent. Heureux.

Mais l'ancien P-DG de la FNAC n'en est pas quitte pour autant. En 1983, le gouvernement socialiste lui demande de s'occuper des *Nouvelles littéraires*, un hebdomadaire « bien pensant », en sérieuses difficultés. Et ce n'est pas fini ! Deux ans plus tard, le revoici obligé de rouvrir son portefeuille pour sauver *Le Matin de Paris*.

A son grand désespoir et à celui de Simone, sa troisième épouse, « qui lui en fait suffisamment le reproche », raconte-t-il à ses collaborateurs, le journal continue à perdre de l'argent. Beaucoup d'argent. Les tentatives de relance et les changements de formule n'y font rien. La gauche, qui lui a délégué Paul Quilès, l'actuel ministre des PTT, va trouver, en 1987, un renfort : Giancarlo Paretti, un homme d'affaires italien qui sent plutôt le soufre. Son argent est suspect : la presse de Rome et de Milan en parle... souvent. Bref, ce financier n'est pas un saint ! Pourtant, Paretti se présente comme un socialiste bon teint : il rajoute près de 40 millions de francs au pot du *Matin*. Sans rien demander en contrepartie. Tout au moins au début. Car quelques mois après, il exige le pouvoir. Il se fâche momentanément avec son ami Max, ce qui provoque la fin du *Matin de Paris*...

Aujourd'hui, Théret passe en revue quelques-uns de ces « services » rendus à la gauche au pouvoir. Confortablement assis dans son jardin des Yvelines, il reconnaît, le regard égaré vers la piscine :

— Je considère l'aventure du *Matin* comme une cotisation, très forte, très élevée, mais une cotisation. Je n'ai pas à me plaindre, même si, depuis 1981, j'ai donné. Et je ne regrette pas...

Qui croire ? Max Théret qui a payé... ou Mitterrand qui a reçu et ne le reconnaît plus « dans le cercle de ses amis » ?

Mis en liquidation début 1989, le titre du *Matin* a été racheté par Robert Reiplinger, l'associé de Théret dans la Compagnie parisienne de placements. Et inculpé avec lui pour l'affaire Pechiney-Triangle. Robert :

— Cela m'aurait fait de la peine qu'il parte à la dérive, nous explique-t-il quand il nous reçoit, « sur l'amical conseil de Max ». Pour des raisons sentimentales mais aussi parce que le journal avait une documentation, des archives et un fichier de lecteurs très intéressants. Il y a de plus, derrière cette acquisition, un projet de reparution prochaine.

L'annonce de son implication dans l'affaire Triangle — dont il a acheté 32 300 actions les 15, 16 et 17 novembre 1988, à la veille de l'OPA de Pechiney — tombe à un bien mauvais moment pour Max Théret. Il est engagé, depuis l'été dernier, dans une autre opération délicate, le rachat de Pathé-Cinéma, l'un des trois grands circuits français de distribution de films, riche d'un exceptionnel patrimoine cinématographique et d'un beau réseau de salles obscures.

Paretti, avec qui il s'est depuis réconcilié, l'a entraîné dans cette affaire. Qui va encore faire couler beaucoup d'encre :

— Paretti est un personnage que je trouve marrant. Il a ses qualités et ses défauts, nous raconte-t-il. Je l'ai connu en Espagne, quand il venait de racheter les agences de voyage Melia et de prendre le contrôle de Renta Immobiliera, une très belle affaire immobilière On parle d' « argent sale » à son sujet. Croyez-vous que les Américains l'auraient laissé s'installer aux Etats-Unis s'ils avaient eu le moindre soupçon à son égard ? Les bruits courent toujours sur les gens qui réussissent. Le problème, avec Giancarlo, c'est que cela le faisait rire. Je lui disais : « Mon vieux, attaque tes détracteurs ! » C'est ce qu'il fait maintenant.

L'histoire de l'OPA de Théret et Paretti sur Pathé-Cinéma ne manque pas de sel.

Côté droit : deux membres du très fermé Jockey Club. Jean Bonnin de la Bonninière a 85 ans. Comte de Beaumont, descendant des Colbert, des Castries et des Rohan, il est le président du très huppé Cercle interallié (fondé par son père) et l'ancien vice-président, de 1970 à 1974, du Comité olympique international (CIO). Romancier à ses heures (*Adieu Focolara, Pas ce soir*), Jean Bonnin de la Bonninière est l'associé, en cette veille du bicentenaire de la Révolution, de M. le comte Edouard de Ribes, son gendre. Ensemble, ils dirigent le ténébreux groupe Rivaud : une nébuleuse de sociétés aux richesses cachées dont les noms fleurent bon l'aventure coloniale française. Les Plantations des terres rouges sont basées au Vanuatu, les ex-Nouvelles-Hébrides. Ile du Pacifique, le Vanuatu présente l'avantage d'être un paradis fiscal à l'abri des regards. A l'autre bout de la terre, ce territoire est une douce dictature marxiste-léniniste sous les cocotiers. Au même titre que Intertechnique, Poliet et Pathé-Cinéma, les Caoutchouc de Padang sont avec quelques autres affaires les joyaux de leurs nobles couronnes.

Côté gauche : la Sasea, un curieux établissement suisse, créé en 1893. Pour gérer les exploitations agricoles du Vatican à l'étranger. Depuis 1983, la Sasea appartient à Floro Fiorini. Un homme d'affaires italien dont le nom a été évoqué, dans son pays natal, lors de l'immense scandale de la loge maçonnique P2 et du Banco Ambrosiano, tous deux liés à la mafia et à l'ancien financier du Saint-Siège, le cardinal Marcinkus. Pour tous, Fiorini est, en réalité, le bailleur de fonds de Paretti.

Etrange rapprochement !

Dans les premiers mois de 1987, une partie non négligeable de l'empire Rivaud a fait l'objet d'un raid « inamical », fomenté par deux banques d'affaires : Stern, dirigée par Jean Peyrelevade, actuel P-DG de l'UAP et ancien bras droit, de 1981 à 1984, du socialiste Pierre Mauroy à Matignon ; Duménil-Leblé, la jeune banque issue de l'explosion récente des marchés financiers. Cette intrusion n'a plu ni à Jean de Beaumont, ni à Edouard de Ribes qui ont tout fait pour se débarrasser de ces « indésirables » dont ils ne partagent pas — loin s'en faut — les orientations politiques. Reconvertie dans les services financiers, le tourisme et les loisirs, la Sasea est venue au secours des assiégés. Nous sommes à l'été 1988. Fiorini et sa Sasea paient 1,2 milliard de francs les diverses participations que Stern et Duménil-Leblé ont achetées, moitié moins cher, lors de leur offensive boursière. Avec, dit-on, la promesse à la clé de bientôt récupérer Pathé convoité par Paretti. L'entreprenant Italien n'est pas un inconnu chez Rivaud. Il a aidé la belle Jacqueline de Ribes, femme du comte Edouard, « au moment où sa maison de couture battait de l'aile, aux Etats-Unis »...

Un petit air d'Aldo Maccione, en moins souriant, Giancarlo Paretti est un personnage. Il est né en 1940 et a commencé sa carrière comme serveur dans un restaurant de Syracuse. En Sicile. Il a vite connu une ascension fulgurante. Ses amis sont bien placés. Dans les années soixante-dix, il est propriétaire d'hôtels, promoteur immobilier et même patron de presse. Il connaît, certes, quelques difficultés dans ce métier, et il fait l'objet, à la suite de faillites répétées, d'enquêtes judiciaires. Elles lui valent la prison : trente jours de détention. Mais il se défend :

— La prison, certes, mais je n'ai jamais été condamné.

Giancarlo rebondit toujours. L'air transalpin ne lui réussit vraiment pas : il débarque à Paris en 1982. Il se présente comme l'ami de Bettino Craxi, le patron du PSI, le Parti socialiste italien (ce que ce dernier contestera plus tard, trop tard). Ainsi, les portes s'ouvrent devant lui. Celles du PS, bien sûr. Sa faconde, autant que son toupet, étonne. Il en rajoute. Sur ses cartes de visite, il s'attribue le titre de « secrétaire du PSI en France ». Il y imprime même son adresse professionnelle : « 10, rue de Solférino », le siège du Parti socialiste français.

Paretti fait, évidemment, des affaires. Le militantisme politique n'est pas sa tasse de thé. En 1983, il crée Interpart, une société anonyme dont le siège social est au Luxembourg. Un paradis fiscal. Honorable. Le 7 mars 1989, *Le Figaro* révèle que, fin 1986, Paretti a procédé à une énorme augmentation du capital d'Interpart. En le faisant passer de 5,8 millions d'ECU (unité de compte européenne) à 50 millions payés cash. Soit 300 millions de francs versés en « petites coupures ».

Incroyable Giancarlo ! Un vrai magicien ! Le transport d'une telle somme doit mobiliser plusieurs camions. Quand il lira l'article du *Figaro,* un journaliste italien qui le suit pas à pas plaisante :

— C'est un collectionneur.

Mais Paretti n'a rien inventé. Son associé, Floro Fiorini, est un vrai professeur. En trois ans, le capital de la Sasea, sa société helvétique, est passé de 3 millions à 200 millions de francs suisses. Soit 800 millions de nos francs ! Tout cela n'inquiète pas les socialistes français. Non contents d'avoir appelé Paretti à la rescousse, en 1987, pour « sauver » *Le Matin* en l'associant à Paul Quilès (l'homme qui demandait « des têtes » au fameux congrès de Valence, en 1982), ils lui laissent prendre maintenant le contrôle de Pathé-Cinéma. Sans sourciller.

Dans les salles obscures, Giancarlo a trouvé sa nouvelle voie. Idéale. Théret est là, à ses côtés. Comme garant. Désormais installé à Beverly Hills, en plein cœur d'Hollywood, il est propriétaire, depuis 1987, de la firme cinématographique Canon, acquise pour 300 millions de dollars. Et il lorgne, maintenant, du coin de l'œil, vers la prestigieuse Metro-Goldwyn-Mayer.

Dans l'OPA sur Pathé-Cinéma, Max Théret est entré en scène avec un « faux nez ». Réconcilié avec Giancarlo, qui s'est adjoint Jean-René Poillot (longtemps le bras droit de Paul Quilès), il a créé, spécialement, la société M.T. Investissement. « M.T. », comme Max Théret. Il en détient 30 % des actions à travers sa maison d'édition, Le Signe. Le tour de table est bouclé avec Média-Cinéma-Communication (40 %). Cette « coquille vide » est détenue par Jean-René Poillot, Interpart et Salvatore Picciotto. Homme lige de Paretti, propriétaire de pizzeria à Paris, Picciotto apparaît, aussi, en nom propre, dans M.T. Investissement. Avec 20 % des parts. Enfin, Canon International est présent dans M.T. Investissement à hauteur de 10 %.

Cette « machine de guerre » ne devrait tromper personne. Que représente, en effet, un équipage aussi hétéroclite, digne des « Pieds nickelés », face à l'association de la Compagnie financière de Suez, la Lyonnaise des Eaux (qui détiennent déjà 42 % de Pathé) et la Caisse des dépôts, toutes trois candidates et associées pour la reprise de la célèbre firme cinématographique française ?

Or, contre toute attente, Paretti, Poillot, Théret et Picciotto remportent le marché. Pour près de 1 milliard de francs. Sans bourse délier. Le Trésor a donné son accord. Car le scandale Pechiney-Triangle n'a pas encore produit ses effets. Et Théret est toujours en odeur de sainteté !

Spécialisée dans le financement du cinéma et filiale du Crédit lyonnais en Hollande, l'ex-banque Slavenburg (qui fut impliquée, il y a quelques années, dans une affaire de blanchiment d'argent de la drogue) consent au quatuor un prêt de 450 millions de francs. De son côté, le groupe Rivaud accorde aux heureux repreneurs un délai de paiement. Atteint par la limite d'âge, Max Théret ne peut entrer au conseil d'administration de la nouvelle société Pathé-Cinéma. Mais, surprise, on y voit tout à coup apparaître un autre Italien, Silvio Berlusconi, auquel les socialistes français avaient déjà donné la 5e chaîne de télévision, sous le gouvernement Fabius. Dans des conditions qui avaient déjà fait de grosses vagues : absence d'appels d'offre.

Malgré l'opposition de Jack Lang, le ministre de la Culture, et d'une bonne partie du monde du cinéma français, personne ne réagit. La majorité est silencieuse. Bons joueurs, la Compagnie financière de Suez et la

Lyonnaise des Eaux apportent leurs actions à l'OPA. Elles réalisent au passage de belles plus-values.

— Nous ne pouvions surenchérir sur un tel prix, explique-t-on au siège de Suez.

Rue d'Astorg, on a le sentiment qu'il existait, dès le début, un « engagement moral » entre les Rivaud et Paretti.

— Nous n'avions aucune raison de désobliger quelqu'un qui était devenu un gros actionnaire chez nous, commente Edouard de Ribes dans l'hebdomadaire *Valeurs actuelles*.

Le comte admet, implicitement, que la Sasea suisse de Fiorini est derrière l'opération.

Les pouvoirs publics se taisent. Ils sont pourtant partie prenante de l'affaire. Ce que souligne le député UDF de la Mayenne, François d'Aubert, qui demande une enquête adminitrative :

— Pour quelles raisons le Crédit lyonnais de Rotterdam, filiale du Crédit lyonnais, banque nationalisée, a octroyé un prêt de 450 millions de francs pour le rachat de Pathé par M.T. Investissement et, en fait, par le groupe présidé par Giancarlo Paretti ? Comment une banque nationalisée a-t-elle pu apporter un concours aussi important à une opération politico-financière caractérisée par son manque total de transparence ? Comment une banque nationalisée a-t-elle pu s'engager dans une opération dont le coût pour l'acheteur est, de notoriété publique, très surévalué, ce qui rendra difficile le remboursement de ce prêt au Crédit lyonnais ? Le ministère des Finances dispose de renseignements circonstanciés, depuis 1985, sur la solvabilité et la réputation financière de Giancarlo Paretti. Ce qui avait empêché celui-ci de racheter *Jours de France* en 1987. Comment une banque nationalisée a-t-elle pu s'engager dans une opération, au bénéfice de Giancarlo Paretti ?

Pourquoi le ministère des Finances n'a-t-il même pas eu la curiosité d'enquêter administrativement sur un investissement étranger, même communautaire, si grossièrement francisé par l'association de M. Théret avec M. Berlusconi ?

François d'Aubert est inquiet. Il se demande au bout du compte si « les amitiés socialistes de M. Paretti, si bruyamment affichées, puisqu'il avoue maintenant avoir eu ses bureaux au siège même du PS, ne lui ont pas servi de bénédiction pour écarter ses concurrents au rachat de Pathé et ensuite pour obtenir des financements publics ».

Ses questions resteront longtemps sans réponse. Le Crédit lyonnais — dont l'activité cinématographique représente 4,5 milliards de francs — oublie de préciser que Jean Naville, son ancien chargé des affaires internationales à la direction centrale, n'a pas totalement pris sa retraite. Le 27 février 1989, *Valeurs actuelles* révèle son intervention dans le dossier. Toujours administrateur de la filiale néerlandaise du Lyonnais, il est le directeur financier de... Canon France. De plus, il est président, depuis octobre 1988, d'une petite société belge, Crégéfonds, qui a des liens à la fois avec la Socfin du groupe Rivaud et la Sasea helvétique de Fiorini. La boucle est bouclée. Mais le pouvoir continue de faire la sourde oreille.

Il faut près de six mois pour que le gouvernement bloque, en juin 1989, l'acquisition de Pathé-Cinéma par Max Théret Investissement. Il vient de découvrir que MTI « n'a pas respecté la loi française concernant les capitaux étrangers, et s'est mis en infraction avec la législation sur les changes et le contrôle des investissements étrangers ».

Après une « minutieuse enquête », qui a demandé bien du temps, les services du Trésor se sont rendu compte, enfin (!), de la place prépondérante prise dans le montage financier par la société suisse Sasea, présidée par Floro Fiorini. Or, n'étant pas dans la Communauté européenne, elle aurait dû demander l'autorisation de rachat aux autorités françaises. Mais pourquoi l'aurait-elle fait, puisqu'elle n'apparaissait pas officiellement dans le montage du financement de l'OPA ?

Ces explications données par le Trésor ne sont pas convaincantes. Car tardives. Avec son accord, la COB a autorisé l'OPA sur Pathé et les fonds ont été versés par les nouveaux propriétaires aux actionnaires minoritaires. Chacun comprend bien que Théret est lâché. Sa petite phrase, au lendemain de la mort de Roger-Patrice Pelat, a laissé des traces. Indélébiles. Pleurant son ami qui venait d'être inculpé avec lui pour le « délit d'initié » dans l'affaire Pechiney-Triangle, il n'avait pas — cette fois — gardé ses ressentiments au fond de son cœur :

— Certains politiques, professeurs de vertu, feraient mieux de se taire aujourd'hui. Ils se reconnaîtront...

Pierre Bérégovoy, le ministre des Finances, s'est senti visé. Et il n'a pas oublié.

Déjà peu enclin, en cette fin d'année 1988, à s'expliquer sur son intervention dans l'opération Pathé, Max Théret l'est moins encore pour commenter son investissement dans Triangle. Depuis le 17 décembre 1988, le téléphone ne cesse de sonner dans les bureaux de la Compagnie parisienne de placements, le dernier jouet de l'ex-patron de la FNAC. Son établissement financier commence tout juste à fonctionner, après être resté plus de deux ans en sommeil. En juin 1989, il se veut plus ouvert :

— La CPP sert pour nos investissements personnels et ceux de nos relations, nous dit-il. Cela m'amuse beaucoup. C'est passionnant. Je vois ce monde de la finance avec l'œil d'un industriel et d'un commerçant à la fois.

Ses bureaux du 8 place de Breteuil, dans le VIIe arrondissement de Paris, sont installés dans un appartement très classique. Immeuble bourgeois. Quand l'affaire Pechiney éclate, les locaux de la compagnie sont subitement désertés par leurs occupants. Imperturbable, la standardiste répond que le patron est absent. Qu'il se repose à la campagne après avoir été hospitalisé. On nous affirme aussi qu'il « tourne dans Paris ».

Max Théret sort de son silence, pour la première fois, le 22 décembre. Il raconte, dans un entretien au *Nouvel Observateur,* qu'il a, effectivement, acheté les titres Triangle qui lui sont imputés. Mais sans avoir pour autant commis de « délit d'initié ». Lui et quelques-uns de ses clients, « des personnes morales, pas des particuliers », ont pris leur décision « sur la base d'une information selon laquelle Pechiney allait se positionner sur le marché de l'emballage ». Il se réfère à une prétendue analyse parue dans *La Lettre confidentielle de la communication et du livre.* C'est pourquoi il a donné ses ordres à Wall Street, les 15, 16 et 17 novembre, « en refusant de payer plus de 10,5 dollars par action ». Il n'en a obtenu que 32 000 :

— Il n'y avait plus de titres sur le marché, déplore-t-il. Sans doute à cause des suiveurs qui, voyant passer des ordres d'achat dans les charges, en ont pris pour eux.

Jamais gêné, Max Théret ajoute qu'avec ses amis il fut « abasourdi » en apprenant que Pechiney allait lui payer 56 dollars ces actions Triangle qu'il venait à peine d'acquérir à un cours cinq fois moins élevé. Heureuse émotion pour un cardiaque, à peine sorti de clinique.

L'histoire fait rire tous les professionnels de la bourse. La fameuse *Lettre* qu'il met en avant est, effectivement, plus que confidentielle. Editée chaque semaine à l'intention de moins d'une centaine d'abonnés, elle aborde à la fois l'actualité des médias, de la politique, des livres et des affaires. Elle consacre, effectivement, deux de ses douze pages à une analyse financière, tirée, en général, d'études réalisées par des banques ou des agents de change.

Dans le numéro 40 du 8 novembre 1988, *La Lettre* reprend, c'est vrai, la transcription partielle d'une étude publiée par la célèbre société de bourse DLP James Capel. Elle fait le point sur l'ensemble du groupe Pechiney. Dans un chapitre sur le secteur de l'emballage, on peut lire :

« Cinq achats ont été réalisés dans le secteur depuis le début de l'année. Une société de boîtes alimentaires, une société spécialisée dans les aérosols et trois sociétés dans le secteur des étuis, cartons et étiquettes de luxe. Ces cinq acquisitions représentent, environ, 400 millions de francs de chiffre d'affaires. Elles correspondent à une même stratégie dans ce domaine qui est de se positionner dans l'emballage haut de gamme. Tout l'enjeu de la croissance, dans cette activité, est d'atteindre la taille européenne. Dans cette optique, les opérations d'acquisition devraient s'accélérer dans les prochains mois. La stratégie de croissance de Pechiney est parfaitement affinée, conclut l'étude. Il reste donc à déterminer les moyens dont dispose le groupe pour son développement à court et moyen terme. »

Pourvu d'un fantastique instinct de divination, Théret va en déduire qu'il faut acheter Triangle. Ce qui va déterminer son intervention sur le marché.

Pourtant, la lecture de l'étude de James Capel ne laisse pas deviner que le groupe de Jean Gandois va acheter, aux Etats-Unis, une société dénommée American National Can qui appartient au groupe Triangle, lui-même coté sur la NASDAQ. Pour qui a lu *La Lettre*, il est parfaitement clair que si Max Théret avait voulu se positionner en bourse sur les affaires d'emballage, il lui aurait fallu acheter des milliers d'actions des centaines de sociétés de ce secteur d'activité cotées sur toutes les places occidentales. L'alibi de Max n'est guère crédible. Il a cependant le mérite de faire de la publicité à *La Lettre* dirigée par Alain Périssé et Catherine Arnau, deux journalistes qui le connaissent bien. Ils l'ont côtoyé à la belle époque des « radios libres » et de la création, avec son concours, de *Radio-Cité-Future*.

La COB a déjà eu l'occasion d'entendre Théret. L'homme ne lui est plus inconnu. Tout étant découvert, il lui faut revenir s'expliquer devant elle. On le laisse parler. Autant dire divaguer dans une sorte de dithyrambe à propos de lui-même. Consignées, les versions exposées par Robert Reiplinger, associé de Max dans la compagnie, et Patrick Gruman, leur directeur général, sont considérées également comme des fables burlesques.

Premier interrogé, Théret fait un récit divertissant : Pierre-Alain Marsan est enfoncé, ridiculisé. Intéressant acteur, à un âge pourtant avancé, Max fait impression : préparé, son texte est classique, bien dit, même si rien n'y est plausible. Mais enfin, il est là, il est venu... et il ose. On ne sait exactement qui, dans cette partie de poker menteur, s'amuse le plus : lui ou ceux qui l'écoutent sans pourtant sourciller ? Max est magnifique, éblouissant d'aplomb : on ne l'a jamais connu meilleur. Seul l'ex-juge Michau, le chef des inspecteurs de la COB, ne semble pas sensible à son talent dont la juvénilité lui paraît trop appuyée. Catholique austère, grand, saisi d'embonpoint dans un costume sombre et sans fantaisie, son visage bien rond est, comme toujours, sans aucune expression. Attentif, concentré, derrière des lunettes cerclées d'un métal qui aggrave un regard insaisissable, il est un bon spectateur mais un sévère (si ce n'est mauvais) critique. On se dit que les personnages de la Bible lui sont plus familiers que ceux du vaudeville. Quand, dans un condensé saisissant, il reproduira la narration de Groucho Max, point d'orgue du rapport final de la COB, Jean-Pierre Michau se voudra presque caustique :

— M. Théret a déclaré avoir pris connaissance de *La Lettre confidentielle de la communication et du livre* le 9 novembre (lors de sa première audition et dans la note annexée), puis le 10 novembre après-midi à sa sortie de l'hôpital (lors de sa deuxième audition). D'après les renseignements obtenus lors de l'audition de M. Périssé, rédacteur en chef de *La Lettre confidentielle,* le numéro 40 a été posté le lundi 7 novembre 1988 au soir, rue Turgot, dans le IXe arrondissement. Or, cette date se situant dans la période de grève qui a perturbé le fonctionnement du service postal, il résulte des éléments recueillis auprès de l'administration des Postes, bureaux du IXe et du XVe arrondissement (bureau dont dépend la CPP), qu'il est hautement improbable que le numéro 40 de *La Lettre confidentielle* soit arrivé aux bureaux de la CPP le 9 novembre, le 10 novembre et même le 15 novembre.

Un malheur n'arrivant jamais seul, les inspecteurs de la COB écrivent à propos du contenu de *La Lettre confidentielle* et des dépositions de Max Théret et de ses acolytes :

— Tant M. Reiplinger que M. Gruman ont déclaré que cette information avait agi comme un « déclic » (*sic*) dans l'esprit de M. Théret, ce que confirme d'ailleurs l'intéressé. Tous trois ont également employé le mot de « déclic ».

La COB a aussi interrogé l'auteur de l'analyse financière publiée par DLP James Capel. Elle en a retiré la certitude que son étude « ne pouvait en aucune façon être un élément déterminant d'acquisition de Triangle Industries ».

Max Théret s'est douté que ses premières déclarations n'étaient en rien crédibles : il a donc fait parvenir un mémorandum à la COB, dès les premiers jours de janvier. Il tient en six feuillets qui aggravent un peu plus son cas : la très confidentielle *Lettre de la communication et du livre* n'y apparaît plus qu'en filigrane... ; et il s'y présente comme un vrai spécialiste ayant une « connaissance spécifique et approfondie du marché mondial de l'emballage ». D'où son intérêt pour American National Can lors d'un voyage qu'il a effectué, fin septembre-début octobre, afin de « préparer l'importation en Europe de produits américains ou de produits d'origine asiatique transitant par les Etats-Unis ».

Argument alambiqué. Max Théret cite aussi des articles de la presse française *(Les Echos, L'Usine nouvelle)* et aussi américaine qui l'auraient déterminé dans son choix. Système de défense éprouvé. Depuis le 16 décembre, date du commencement de l'affaire, il a, bien sûr, eu tout le temps de les faire rechercher. Mais malheureusement, la fatalité s'acharne encore contre lui, car aucun de ces articles ne l'aide à prouver sa bonne foi. Cependant, il insiste... et s'enferre : les titres Triangle acquis pour 1,8 million de francs étaient destinés à un fonds commun de placements, Breteuil Investissements, tout spécialement créé le 22 octobre 1988, par sa compagnie parisienne de placements pour s'intéresser aux actions françaises et étrangères sous-évaluées.

Le 10 janvier 1989, la veille d'être réentendu par la

COB, il accepte de nous répondre. Pour la première fois. Depuis le début de l'affaire, nous ne cessions de l'appeler deux ou trois fois par jour. En vain. Au point de l'avoir surnommé « Max Terrier ». Cet après-midi-là, l'homme qui nous répond aimablement demande à qui nous voulons parler. Nous :

— A M. Max Théret.

— Je suis Max Théret.

Notre conversation dure une bonne demi-heure. Il a l'air détendu et il s'explique calmement. A-t-il un message à passer ? Nous l'écoutons :

— Dans mon interview au *Nouvel Observateur*, je ne pouvais pas dire grand-chose. Je n'avais pas encore vu les gens de la COB. J'ai préféré m'en tenir au secret. J'ai tout donné aux enquêteurs. Je suis serein.

Serein ? Notre interlocuteur n'a jamais été tenu au « secret » qu'il invoque. Et il le sait. Il utilise cet argument comme pour justifier son embarras d'alors et non pour nous prouver qu'il lui fallait avant tout répondre aux exigences de la loi, face à la légitime curiosité des journalistes. Mais l'homme est en difficulté et nous ne sommes ni policiers ni juges. Point n'est besoin de forcer la note. Nous l'interrogeons sur son périple outre-Atlantique :

— Je vais au moins deux fois par an aux Etats-Unis pour y voir ce qui s'y passe. Mon « job », c'est tout ce qui touche à la distribution. Je suis un gros utilisateur d'emballage et suis toujours très intéressé par ces problèmes. J'en ai donc parlé, lors de mon dernier séjour, en septembre-octobre. J'étais accompagné par Jean-Michel Petriat, le P-DG de la GMF (la Garantie mutuelle des fonctionnaires) et de la FNAC. Mais n'oubliez pas que je suis encore le président d'honneur de la FNAC ! Quand on m'a parlé de Triangle, la société mère d'American National Can, cela m'a mis la puce à l'oreille. Il y avait, en plus, le côté médiatique des deux zèbres : Nelson Peltz et Peter May, les deux propriétaires de Triangle. Vous savez, le secteur de l'emballage est en plein boom ! Pensez qu'aux Etats-Unis, on en « consomme » 288 kilos par habitant et qu'en Europe, on n'en est encore qu'à 177 kilos !

Resplendissant Max Théret. Etonnant de sang-froid ! S'il n'est pas de gauche — ce dont il ne semble pas se soucier —, son discours, bien rodé, nous désarme. La date choisie pour ses achats ? Elle « relève du destin », nous assure-t-il :

— Il se trouve que j'ai eu une première attaque de santé le 27 octobre. Je rentrais de Milan à trois heures du matin et, à quatre heures et demie, j'étais hospitalisé. Là-dessus est survenue, dans la foulée, la fusion Carnaud-Metal Box dans ce même secteur de l'emballage. Cela a fait « tilt » chez moi. A ce moment-là, en effet, Pechiney devenait une petite chose dans l'emballage. J'ai donc reparlé de Triangle à l'un de mes associés, venu me voir à l'hôpital. Pour tout vous dire, je pensais qu'American National Can rachèterait la filiale de Pechiney.

Le reste n'est encore que « pure coïncidence » :

— Si je n'étais pas tombé malade, nous aurions acheté avant ! Or, là, nous n'avons pu intervenir que quelques jours avant que l'opération Pechiney-Triangle ne se dénoue. A cette coïncidence très malheureuse, ajoutez l'énormité de la plus-value. Nous n'escomptions tout au plus que 25 % pour un tel investissement.

Bref, notre correspondant n'est pas du tout impressionné par les accusations dont il est l'objet. Et même si ses déclarations ne résistent pas à l'analyse — ce que nous lui disons avec courtoisie —, il demeure imperturbable :

— La seule chose que je sache, c'est que je n'ai pas

eu d'informations privilégiées. J'ai craint que les autorités américaines bloquent notre argent aux Etats-Unis, et je m'apprêtais à prendre un avocat. Or, à notre grande satisfaction, on nous a envoyé l'argent et les plus-values que nous avons réalisées.

Max Théret n'est pas le seul impliqué dans l'opération. Il y a aussi Robert Reiplinger, 46 ans, son cadet en affaires. Quelque peu écrasé par la personnalité de son associé, c'est un ancien expert-comptable passé sur le tard de l'autre côté de la barrière pour se frotter au monde de la finance. Conseiller de la FNAC en 1975, il y apprend, dit-il, à apprécier celui qui en est le patron. Il ne le quittera plus, l'assistant dans toutes ses opérations de presse ou immobilières.

Un moment professeur de droit des sociétés à HEC, l'école des Hautes Etudes commerciales dont il est lui-même sorti, il décide (en 1986) de vendre son cabinet d'expertise pour créer deux entreprises : R. R. Entreprise (« R.R. », comme Robert Reiplinger), spécialisée dans l'achat et la vente de galeries marchandes ; puis la CPP, ou Compagnie parisienne de placements (en association avec Théret) dont les activités de courtages, perçus sur actions et titres boursiers, ne débutent réellement qu'en septembre 1988. Peu avant le scandale.

La CPP est une bien étrange compagnie. Où Robert Reiplinger n'a pas de bureau. Il passe ses ordres de bourse par téléphone, depuis son domicile qui domine l'esplanade des Invalides. Mais les tâches sont bien partagées :

— Chacun décide des investissements en fonction du secteur qu'il connaît le mieux. La décision d'investir dans l'emballage a été prise par M. Théret. Je l'ai approuvée.

N'empêche. Cette affaire, fruit, selon lui, « d'un incroyable concours de circonstances », semble incontestablement plus le gêner que son associé. Passionné de bridge, celui qui fut quatre fois champion de France (il est gérant et directeur de la *Lettre du bridge*) s'est un moment inquiété de l'effet qu'allait provoquer ce scandale politico-financier dans le milieu très fermé des bridgeurs et d'une éventuelle impossibilité de participer à des tournois aux Etats-Unis. Il s'inquiète aussi du devenir de la CPP :

— Aucun de nos clients n'a souhaité se retirer de notre compagnie, qu'il s'agisse des particuliers (les Pelat en font partie depuis le mois de décembre 1988) ou des sociétés. Mais nous évoluons dans un milieu où les gens aiment la discrétion. Entre les problèmes liés à l'évolution du marché boursier et la campagne de presse qui a entouré notre investissement dans Triangle, nous n'arriverons certainement pas à atteindre notre objectif : 1 million de francs de courtages par mois.

Recruté en septembre 1988 pour diriger l'établissement et gérer notamment le fonds commun de placements Breteuil Investissements (où ont été logés les titres Triangle acquis sur ordre de Théret), Patrick Gruman vient de la société de bourse Eric de Lavandeyra. Lui aussi a droit aux honneurs de la COB.

Bref, les trois hommes qui président aux destinées de la Compagnie parisienne de placements ont mal préparé leurs lignes de défense. Interrogés séparément (Max Théret, les 4 et 11 janvier dans l'après-midi, Robert Reiplinger le 11 janvier dans la matinée et Patrick Gruman l'après-midi du même jour), ils se contredisent, accumulent les invraisemblances, donnent l'image d'hommes acculés. Gruman, notamment, multiplie les gaffes. Il prétend que, chargé de recueillir des renseignements complémentaires sur Triangle, une fois « le principe d'une acquisition de titres retenu par Max Théret et son associé » (en fin d'après-midi du 10 novembre), il s'est adressé à Michel Glas « qu'il connaissait bien ». C'était le 14 novembre. Membre du bureau londonien du broker (agent de change) Morgan Stanley, Glas lui a transmis, par télécopie, une « fiche financière » établie par la société d'informations *Value Line* ainsi qu'une « note » du 23 septembre 1988 établie par la firme américaine *Standard and Poor's*. Théret, Reiplinger et Gruman n'en démordent pas. Oui, ce sont ces deux textes qui les ont confortés dans leur intention d'acheter massivement des actions Triangle. Robert Reiplinger va même jusqu'à raconter aux enquêteurs de la COB, époustouflés :

— Patrick Gruman a jugé les « ratios » excellents, au point d'être même incité « à se lever la nuit » pour acheter les titres Triangle.

« Ratio » ou tuyau ? L'affaire relève des tribunaux, car les trois compères ont acheté les actions Triangle le 15 novembre. Et la COB a pu établir que la première conversation téléphonique de Patrick Gruman avec Michel Glas remonte précisément au 15 novembre (non au 14 comme affirmé par lui précédemment) et qu'elle est intervenue quelques minutes avant l'ouverture du marché de New York. Quant à la fameuse fiche *Value Line* sur Triangle et à la note miraculeuse *Standard and Poor's* intitulée « Take over completed », elle « n'était pas à la disposition de la CPP avant la passation des premiers ordres d'achat faite le 15 novembre à 14 h 21 (heure de Londres) ». En effet, « les documents transmis par télécopie ont été émis par Morgan Stanley à 16 h 09 (heure de Londres) et reçus par la CPP à 17 h 08 (heure de

Paris) en raison du décalage horaire de 1 heure entre les deux capitales à cette époque de l'année ».

La juxtaposition de ces trois données est déjà édifiante : comment a-t-il pu se faire que des achats aient été ordonnés depuis Londres, à 14 h 21, sur la base de deux études transmises à 16 h 09 (de Londres) et reçues à Paris à 17 h 08, soit 1 heure 49 minutes après l'ordre d'achat ? La découverte de ces pièces est accablante. Et pourrait coûter cher. A moins que Max Théret puisse prouver en justice qu'à 76 ans son esprit est en forme de train à grande vitesse, si ce n'est supersonique. Comparable à celui d'un Idi Amin Dada, l'ex-dictateur délirant de l'Ouganda qui, dans l'inoubliable film-reportage de Barbet-Schroeder, s'autoproclame « génie du siècle » et déclare :

— Mon cerveau fonctionne plus vite que les ordinateurs.

Cependant, on doit à la vérité de reconnaître que, à l'inverse d'Idi Amin Dada, Max Théret et sa bande s'apparentent plus aux « frères Rapetou » qui, comme chacun le sait, sont plus stupides que méchants. Il n'est, pour s'en convaincre, que d'additionner leurs impairs, leurs bourdes successives. Quelle belle constance dans l'affabulation ! Ni les uns ni les autres ne se rendent vraiment compte que leurs déclarations sont reçues non comme celles des dirigeants d'un établissement financier mais, plus simplement, comme des plaisanteries dignes du responsable du petit bassin de la piscine Deligny. Ils insistent :

— La fiche *Value Line* complétait les conseils d'achat figurant dans *Forbes* et les éléments financiers parus dans la revue *Fortune* (numéro du 25 avril 1988), dont disposait la CPP.

Théret et Gruman « ont indiqué enfin, à plusieurs reprises, qu'avant de transmettre un ordre d'achat des titres Triangle, ils avaient recueilli et analysé toutes les informations précédemment citées ». Or, la COB est formelle : il est « incontestable que M. Gruman a passé ses premiers ordres d'achat sans connaître l'intitulé exact de l'action qu'il voulait acheter ». Ni « le prix de ce titre ». Ni « les quantités journellement traitées ».

L'analyse de la fiche *Value Line?* S'il l'avait faite, Gruman aurait vu que, datée du 29 janvier 1988, elle concerne la société Triangle (devenue Trian Holding) et non la nouvelle Triangle Industries Inc. De même les articles de *Fortune* et de *Forbes* se rapportent à l'ancienne société (devenue Trian Holding). Commentaire de Jean-Pierre Michau :

— Cet élément capital ne pouvait échapper à la CPP si une lecture attentive de ces documents avait été effectuée comme elle le prétend. En effet : d'une part, le commentaire figurant dans la fiche *Value Line* montre bien que MM. Peltz et May sont en train de prendre le contrôle de Triangle (l'ancienne) par une offre d'achat lancée par leur société CJI et donc que les ratios concernent l'ancienne société Triangle et non la nouvelle ; d'autre part, la fiche émanant de *Standard and Poor's* datée du 23 septembre 1988 indique que CJI a réussi sa prise de contrôle, qu'elle change son nom en Triangle, que son symbole NASDAQ (marché OTC) devient Tria et que, désormais, plus aucune information ne sera donnée sur l'ancienne société Triangle cotée au New York Exchange et objet de la fiche *Value Line*. L'ancienne Triangle a été rayée de la cote le 11 juillet 1988. A la lecture de ces éléments, M. Théret, qui a fait état à plusieurs reprises du côté « médiatique » de M. Peltz, et connaissait donc les moyens *(junk bonds)* utilisés par ce dernier pour financer ses acquisitions, aurait dû s'enquérir des données financières concernant la société dans laquelle il souhaitait investir.

Mais telle n'était pas la préoccupation de Gruman. Témoignage des enquêteurs :

— Il voulait seulement à tout prix acheter l'action de la société « Triangle qui fait des cans » (*sic*). Il a demandé à M. Glas de trouver parmi les homonymes le bon titre à acquérir, précisant : « Achète tout de suite » (*sic*). En conséquence, la CPP n'était pas en possession de ratios « excellents » (*sic*) dont elle aurait disposé avant la passation de ses ordres sur l'action recherchée. On est donc fondé à penser que « le déterminant » de la décision de la CPP était de tout autre nature et que toutes les explications et documents joints ont été accumulés à posteriori pour les besoins de la cause. La CPP a agi comme si les caractéristiques de la société Triangle ne l'intéressaient absolument pas. Cela apparaît nettement lorsque, à l'annonce par son correspondant londonien des lourdes pertes de Triangle pour le troisième trimestre 1988, M. Gruman répond par un éclat de rire et par cette boutade : « On paye les pertes dix fois ! » (La perte par titre était de 1,24 dollar pour le troisième trimestre de l'année 1988).

Les inspecteurs de la COB ne craignent pas d'être taxés d'impartialité ou de manque de rigueur dans la recherche de la vérité. Les ordres d'achat de Gruman, passés à New York, par l'intermédiaire du bureau londonien de Morgan Stanley, ont été conservés sur des bandes magnétiques. Car le règlement impose que toutes les conversations téléphoniques entre les traders et leurs clients soient gardées. Autant pour éviter toute contestation ultérieure que pour servir de « mouchard » aux autorités chargées de contrôler les opérations. Or, du décryptage de ces bandes, il est apparu que Gruman ne connaissait même pas l'intitulé de l'action qu'il désirait acheter. Il disait seulement vouloir acquérir des titres de la société « Triangle qui fait des cans ». Il était pressé et gourmand. Il en voulait pour 3 millions de francs « renouvelables par tranches d'égal montant »... et non pas 2 millions comme il l'a précédemment affirmé, ainsi que Max Théret. Sans disposer de la moindre information sur la nature réelle de cette affaire, le trio de la Compagnie parisienne de placements souhaitait même prendre livraison de 100 000 à 150 000 titres, dans la seule séance du 15 novembre. Soit un investissement total de l'ordre de 6 à 9 millions de francs...

Cette boulimie avait bien évidemment suscité l'hilarité du correspondant aux Etats-Unis de Michel Glas, au moment où celui-ci lui avait répercuté l'ordre de Gruman. Et pour cause ! Le 14 novembre, il ne s'était échangé que 2 100 actions Triangle. Les jours précédents, les volumes n'étaient guère plus consistants. Faire passer tout à coup le volume des échanges à plus de 100 000 titres sur un marché étroit relevait, dans l'esprit du récipiendaire américain, d'une méconnaissance totale de l'action convoitée. A moins, s'était-il dit, qu'il ne s'agisse d'un ordre transmis par le détenteur d'une information privilégiée.

Au bout du compte, avec seulement 32 300 actions Triangle, représentant une valeur de 1,9 million de francs, Max Théret et ses infortunés adjoints sont déçus. Et on les comprend. Car, s'ils avaient réussi à obtenir leurs 100 à 150 000 titres, ce n'est pas 8,8 millions de francs qu'ils auraient engrangés en plus-value, dans ce coup de bourse éclair, mais au bas mot 28 millions de francs (et 42 s'ils avaient réussi à atteindre le plafond de 150 000 actions) !

Quoi qu'il en soit, Patrick Gruman ne doit pas avoir la conscience bien tranquille. Dès le 21 novembre, il rappelle Michel Glas pour lui faire part de ses craintes. L'écoute du témoin magnétique de leur conversation est édifiante. Les deux hommes s'inquiètent de ce qu'il conviendrait de dire en cas d'enquête de la SEC. Ils s'interrogent sur les accords de coopération entre la COB et son homologue américain. Ils procèdent à un échange de vues sur la question de la preuve en matière de délits d'initiés. Manifestement, Gruman craint le pire. Quand elle aura tout découvert, la Commission des opérations de bourse conclura, péremptoire :

— Les ordres de la Compagnie parisienne de placements sont éminemment suspects. La CPP a agi de manière très importante et précipitée, sans connaissance boursière et financière de la société considérée alors qu'elle prétendait vouloir investir, à moyen terme, à l'issue d'une longue réflexion. De multiples contradictions, des explications successives et évolutives, au fur et à mesure de leur mise en défaut et des affirmations erronées démontrent que la documentation présentée par la CPP pour justifier ses achats a été constituée a posteriori pour les besoins de la cause. Enfin, les propos tenus avec son broker à Londres montrent que la CPP n'agissait pas comme un client ordinaire. Il apparaît ainsi qu'un dirigeant de la CPP a bénéficié d'une information privilégiée, seule susceptible d'expliquer ses interventions sur le marché du titre Triangle.

Robert Reiplinger et Max Théret n'attendent pas le rapport de la COB pour réagir. Dès le 11 janvier 1989, avant sa publication, ils prennent les devants. Subodorant des conclusions acides, ils contestent d'avance la compétence de la Commission des opérations de bourse : ils arguent que « sa mission ne lui donne vocation à exercer que sur le marché financier français et ne saurait de ce fait s'appliquer à des opérations effectuées sur le marché américain dont le contrôle et la régulation dépendent des autorités compétentes sur ce territoire ».

Les deux associés et leur directeur général ont de toute évidence conscience du mauvais effet qu'ont dû avoir leurs trois dépositions contradictoires. La piteuse prestation de Patrick Gruman, lors de son interrogatoire du 11 janvier de 14 h 25 à 23 h 45, sans interruption, inquiète vivement Max Théret. Le 18 janvier, il écrit à nouveau à l'ex-juge Michau une lettre qui, loin d'arranger les choses, les aggrave davantage :

« J'aimerais vous faire comprendre que certaines de ces contradictions découlent principalement du caractère un peu fougueux de M. Gruman, de son comportement permanent de trader et peut-être du manque de rigueur qu'il a apporté à l'exécution de cet ordre et de l'analyse superficielle qu'il en a faite. Je confirme que ma décision a été plus industrielle que financière, à charge bien sûr, pour le spécialiste de notre établissement, de s'en occuper et d'exécuter nos ordres. Il l'a fait à sa manière. Il passe huit heures par jour au téléphone, exécute en permanence des ordres bien plus élevés. Sa rapidité à agir est une qualité dans son travail mais entraîne parfois une vue superficielle des choses, néanmoins ceci reste tout à fait excusable car nous en obtenons de bons résultats. Mais je ne veux pas que, par ce comportement et la seule coïncidence des dates, puisse naître la suspicion... »

Peine perdue ! Lorsque le 2 février, au lendemain de la publication du rapport de la COB, il reçoit, dans sa chambre de l'hôpital de la Salpêtrière, Jean-François Lacan et Edwy Plenel du *Monde* (« J'ai eu un grand coup de pompe », leur explique-t-il), Max Théret se présente comme une victime :

— J'avais en face de moi quelqu'un qui pensait

« cause toujours, tu m'intéresses ». Pour lui, j'étais coupable, j'étais là, j'étais initié. Il ne pensait pas qu'on puisse gamberger. Car c'est un délit de gamberge ! Je suis « chargé » alors que je suis très tranquille sur la solidité de mon dossier. Et je suis heureux d'avoir maintenant la possibilité de m'expliquer dans un cadre judiciaire.

Plus tard, n'en étant plus à une contradiction près, Max Théret conteste la compétence des tribunaux français par la voie de ses avocats... qu'il a voulus de gauche. L'excellent maître Jean-Denis Bredin, membre de l'Académie française, et son associé Jean-François Prat (tous deux repreneurs du cabinet de Robert Badinter devenu ministre de la Justice de François Mitterrand, avant de prendre la présidence du Conseil constitutionnel) ont été préférés à Pascal Dewynter, l'habituel conseil de Théret et Reiplinger. Maître Dewynter est plutôt connu pour son indépendance et son libéralisme intransigeants. Bredin ou pas, Théret sera débouté et le juge Edith Boizette autorisée à continuer son instruction.

Quand il nous reçoit, à la fin du mois de juin 1989, Max Théret est toujours calme :

— Mon dossier est en béton. J'ai d'autres documents sous le coude. La COB ? Je n'allais pas me défoncer pour elle, puisqu'elle était assurée de ma culpabilité, alors que je suis innocent.

Le mot de la fin revient en juin 1989 à Jack Lang, ministre de la Culture et de la Communication (et grand pourfendeur de ceux que Pierre Mauroy appelait, en 1981-1984, « ces messieurs du château », pour désigner ses adversaires de droite) :

— Max Théret est un homme remarquable, pour lequel j'ai le plus grand respect. C'est... un saint !

4.

Les déplaisirs du « vizir »

— Faire ça à Paris, ou c'est de l'amateurisme, ou c'est quelqu'un qui se croit au-dessus de tout soupçon. Comment imaginer que de vrais professionnels aient pu agir de cette façon ? S'ils avaient été au courant de ces négociations, ils auraient progressivement, calmement, ramassé des actions Triangle au fil des semaines. Pas dans les derniers jours et aussi massivement. Cela ressemble à un complot contre nous.

« Conseiller pour les affaires européennes » des deux propriétaires américains du groupe Triangle, Samir Traboulsi ne décolère pas contre ceux qui sont venus salir « l'une des plus belles affaires réalisées par l'industrie européenne aux Etats-Unis » :

— Une opération fantastique, s'enflamme-t-il. Glorieuse même, pour laquelle, des deux côtés, on s'était donné beaucoup de mal.

Avec son ami Alain Boublil, le directeur de cabinet du ministre d'Etat, ministre de l'Economie, des Finances et du Budget Pierre Bérégovoy, l'homme d'affaires libanais se retrouve impliqué malgré lui dans le scandale. Tous deux faisaient partie des très rares personnes au courant des négociations, dès leur début :

- Samir Traboulsi ? Parce qu'il a guidé et assisté

Nelson Peltz durant ses longs pourparlers avec la direction de Pechiney ;

• Alain Boublil ? Parce que, le premier, lors de deux rencontres avec Peltz et Traboulsi, les 12 juillet et 11 août 1988, il a fait part au propriétaire de Triangle de l'intérêt manifesté par le géant français de l'aluminium pour la filiale emballage d'ANC.

Traboulsi et Boublil se seraient volontiers passés de tout ce tapage. Jusque-là, ils n'étaient connus que du petit cercle de la « café society » parisienne. Leurs noms s'étalent maintenant dans tous les journaux, laissant deviner au public un monde digne des romans de Zola, revus et corrigés par Paul-Loup Sulitzer... La presse dite de gauche n'est pas plus tendre que celle classée à droite. Révélations et accusations fusent. Boublil fait le mort, mais Traboulsi proteste avec une célérité nous donnant à penser qu'il dit vrai. Après une vingtaine d'années de présence à Paris, son accent libanais est demeuré intact. Il parle en roulant les « r » :

— Je suis la principale victime de cette histoire. Je suis un homme d'affaires comme les autres. Je n'ai rien à voir avec ces délits d'initiés de l'affaire Pechiney. Les journalistes me sont tombés dessus. M'ayant découvert dans le dossier, ils sont étonnés d'y trouver un personnage riche, oriental, marié à une Brésilienne : c'est un mélange qui fait lire les gazettes. Une bonne partie de mes tracas vient de là.

Même au plus fort du scandale, l'homme ne perd jamais son calme, la rapidité d'esprit et la courtoisie qui ont fait sa réussite. Il répond aux questions, accepte de recevoir chez lui les cameramen de la télévision, appelle volontiers les reporters par leur prénom. Un jour, l'un d'eux, à qui l'on a donné l'un de ses « nouveaux » numéros de téléphone, le croit réfugié en un endroit secret dans la capitale. Mais il le découvre chez son coiffeur, le célèbre Alexandre, 29, rue Marbeuf, où, coquet, il a l'habitude de se faire peigner et manucurer plusieurs fois par semaine, et où il reçoit ses communications.

Samir Traboulsi se défend. Dès que l'affaire éclate, et avant même que certains émettent (sans preuve) des soupçons sur sa personne, il est le seul à reconnaître son active participation aux négociations Pechiney-Triangle. Elle lui a d'ailleurs valu de recevoir, à titre d'honoraires, la coquette somme de 12 millions dc dollars, soit plus de 80 millions de nos francs. Il est aussi le seul à s'insurger. Pour le *Quotidien de Paris,* il nous déclare tout de go :

— Sur le plan moral, tout d'abord, ce sont des choses qui ne se font pas. Et, de toute manière, la simplicité de ce coup boursier est indigne d'un véritable professionnel.

Or, le businessman libanais est tout sauf un dilettante. On n'en est pas un lorsque l'on débarque à Paris, au milieu des années 60, presque sans argent. Et que l'on se retrouve, vingt ans plus tard, milliardaire, l'un des principaux intermédiaires entre l'Occident et les pays du Moyen-Orient, honoré dans les plus hautes sphères de l'Etat, et décoré dans les palais nationaux avec les pompes habituellement réservées aux grands hommes.

Trajectoire fulgurante. Portant avantageusement ses 49 ans, Samir Traboulsi « pèse », selon les estimations, entre 200 et plus de 300 millions de dollars. Près de 2 milliards de nos francs. Propriétaire d'une somptueuse collection de tableaux modernes (ses Fernand Léger sont convoités par les musées du monde entier), il allie charme, richesse et politesse. Très en vue dans la haute société, ses réceptions dans ses appartements de la place des Etats-Unis, entre l'Etoile et la place d'Iéna, sont parmi les plus appréciées du Tout-Paris. On peut y côtoyer aussi bien le socialiste Jack Lang, les gaullistes Jacques Toubon et Charles Pasqua, que la princesse Caroline de Monaco ou les anciens Premiers ministres Raymond Barre et Laurent Fabius, quand ce n'est pas Pierre Bérégovoy, le directeur de la campagne de François Mitterrand lors de l'élection présidentielle de 1988. D'ailleurs, Samir Traboulsi ne vient-il pas d'être décoré, le 3 octobre 1988, d'une Légion d'honneur très œcuménique, demandée par l'Elysée en 1986, avalisée en 1987 par le ministre de l'Intérieur Charles Pasqua, et remise finalement par le nouveau ministre de l'Economie et des Finances son ami Pierre Bérégovoy ? Le dîner d'une quarantaine de couverts offert dans les salons de la rue de Rivoli, à l'issue de la cérémonie, est digne du *Who's Who*. On y retrouve, à la même table, la fine fleur de la gauche et des affaires : Alain Boublil, le directeur de cabinet de Pierre Bérégovoy ; Jean Gandois, le P-DG de Pechiney ; Roger-Patrice Pelat, le plus proche ami de François Mitterrand ; Alain Gomez, P-DG de Thomson ; Georges Pébereau, l'ancien P-DG de la CGE et Gustave Leven, P-DG de Perrier, son allié dans l'offensive sur la Société générale... Sans oublier Robert Mitterrand, le frère du président de la République, naguère associé de Roger-Patrice Pelat dans la société Vibrachoc. « Monsieur frère » a même prononcé un petit discours à l'issue du banquet. Samir Traboulsi, on le voit, a des protections très éclectiques. Son métier d'homme de l'ombre, d'intermédiaire, de « middleman » comme disent les Anglo-Saxons, l'oblige toutefois à un minimum de discrétion. Quelques semaines avant que n'éclate l'affaire Pechiney, rares sont ceux qui l'ont reconnu sur une photo parue dans la rubrique mondaine de *Paris-Match*, où on le voit lors d'une soirée au bras de Paula, sa resplendissante épouse brésilienne.

Lorsqu'il naît, le 25 octobre 1939 à Beyrouth, fils aîné d'une famille chrétienne, de rite « catholique grec », rien ne prédispose particulièrement le jeune Samir à une ascension aussi brillante. Son père, un bonnetier de la place des Canons, est un commerçant aisé. Sans plus. Il importe et distribue des articles de mode dans tout le Moyen-Orient. Plus tard, il y sera notamment le représentant de la grande maison Pierre Cardin.

A cette époque, le paisible Liban est encore la « Suisse du Moyen-Orient ». Une oasis de calme et de bonheur que viendra malheureusement ravager l'abominable guerre civile commencée en 1974 et qui l'afflige encore aujourd'hui. Adolescent intelligent mais remuant, Samir suit le cursus habituel de la petite bourgeoisie locale. Les jésuites tout d'abord. A peu près en même temps qu'Amine Gemayel, le futur président du Liban, et que Walid Koreitem, de quelques années son aîné. Il le croisera, une dizaine d'années plus tard, dans le cercle des marchands de canons. L'université Saint-Joseph, ensuite, où il s'essaie à la « philo » avant de décrocher une licence de droit. A 25 ans, Samir pourrait s'orienter vers la politique ou une carrière d'avocat, comme le souhaitent ses parents. Mais il tombe amoureux. Non pas d'une jeune fille. De Paris... ! Il s'en souvient :

— Durant tout l'été 1964, ma famille m'avait offert des vacances en Europe pour clore mes études de droit. Je suis passé par Paris. J'ai eu le coup de foudre. Comme on peut l'avoir pour une femme...

De retour au pays, le jeune homme a la nostalgie des plaisirs et des fastes vécus dans la capitale française. Il se console à Beyrouth où il sort beaucoup. On le voit jouer les blousons dorés dans les soirées locales où son charme et son physique de « play-boy » font déjà merveille. Il se lance dans les affaires. Sans grand résultat. Il fréquente cependant Samir Souky, ami du milliardaire Adnan Khashoggi. Souky est le représentant au Liban du constructeur d'avions américain Northrop. Jeune homme affable, brillant, sympathique, appartenant à une famille honorable et très renommée, Souky passe aussi pour être un agent de la CIA. Légende ! A Beyrouth, comme à Athènes, les étiquettes sont souvent distribuées au hasard. Un peu par jalousie. Parfois par médisance. La plupart du temps « parce qu'on ne prête qu'aux riches ».

Après plusieurs semaines d'un pénible conflit familial — « un véritable drame », confesse-t-il aujourd'hui —, Samir Traboulsi trouve un compromis avec ses parents : il quitte définitivement le Proche-Orient pour renouer avec la Ville-Lumière. Il y reçoit quelques subsides pour représenter, à Paris, l'entreprise paternelle. Il y achète les produits textiles qui sont ensuite revendus au Liban.

1965 : à 26 ans, il réalise son rêve en ayant pignon sur rue, dans un petit bureau — deux chambres louées — qu'il a ouvert dans les beaux quartiers avec l'argent familial, à l'angle de la rue Pierre-Charron et de l'avenue George-V. Juste en face de l'hôtel du même nom. En plein cœur du « Triangle d'Or » des Champs-Elysées.

— Seul, avec une secrétaire, je n'avais pas grand-chose à faire. Je dictais des lettres à des personnes dont les noms me passaient par la tête.

Pour « tuer le temps », l'apprenti homme d'affaires se lance aussi à corps perdu dans cette vie parisienne qui le fascine. Il fréquente les boîtes de nuit en vogue et les soirées les plus huppées. On le voit chez Régine, Castel, dans tous les endroits à la mode. Son réseau de relations grandit. Il rencontre Christina Onassis et le prince Fouad de l'ex-famille royale égyptienne.

— Petit à petit, mon carnet d'adresses a épaissi. Grâce à ses enfants, Christina et Alexandre, je fis ainsi connaissance du grand Aristote Onassis.

Le jeune Libanais est beau, élégant. Il sait séduire les femmes. Ses galantes aventures ne se comptent plus. Témoignage sincère, un peu désabusé, nostalgique :

— J'étais alors fasciné par le contraste entre le nombre de mes succès dans ce monde fortuné et ma situation financière, des plus précaires. A l'époque, on m'aimait pour moi-même. Aujourd'hui, je ne sais plus...

Samir Traboulsi est un vrai don juan. Après plusieurs aventures remarquées, il prend dans ses filets une riche comtesse d'une quarantaine d'années, l'une des plus belles femmes de Paris. Cet épisode compte pour beaucoup dans sa vie. La comtesse — un nom de Jockey-Club et des « deux cents familles » — lui ouvre les beaux salons et les grandes chasses dont elle est l'un des phares. Elle le sort, le présente, le chaperonne. L'habile séducteur apprend à évoluer en société, découvre le luxe de l'hôtel Prince de Galles, non loin du George V où il prend ses habitudes. Il fait connaissance avec la « jet set », le monde des riches et des puissants qui l'a toujours fasciné. Il se crée un réseau de relations qui constituera son « fonds de commerce ». Son carnet d'adresses est un vrai *Bottin mondain.*

— Cette dame fut fantastique, je lui dois beaucoup, reconnaît-il.

Mais il ne veut pas trop s'appesantir sur le sujet, « eu égard à un mari jaloux », banquier très en vue qui n'apprécie pas ses rivaux.

Quelques mois après son arrivée, le jeune Libanais est à Paris comme un poisson dans l'eau. Il a de l'enthousiasme, des relations, et garde par son père de bons contacts avec le Moyen-Orient. Il lui reste seulement à faire grossir son compte en banque.

1967 : la chance lui sourit. Il rencontre Adnan Khashoggi. « Monsieur A. K. », déjà surnommé « l'homme le plus riche du monde », est l'intermédiaire obligatoire de la famille royale saoudienne dans toutes ses transactions commerciales avec l'Occident. Pour ferrer ce gros poisson, Samir utilise une autre de ses qualités : le culot.

— Mes bureaux étaient toujours au coin de la rue Pierre-Charron, face au George V. Un jour, on me signale la présence de Khashoggi dans ce palace. Je n'avais rien à perdre. Tout à gagner. Je prends mon téléphone, je l'appelle et lui dis simplement : « Je suis un jeune Libanais. J'aimerais vous inviter à déjeuner pour faire votre connaissance ».

Traboulsi n'a pas un sou en poche. Peu importe ! Il suggère le nom de Taillevent, l'un des plus délicieux et coûteux restaurants, à proximité de l'Arc de Triomphe. A sa grande surprise, Khashoggi accepte la rencontre. Samir paye une note salée. Avec de l'argent emprunté et vite remboursé. Car il a gagné la sympathie de son hôte. Le contact est maintenu et un accord est passé : Samir devra utiliser ses relations pour « rabattre » des affaires. Il touchera 10 % de la commission perçue par Khashoggi pour chaque contrat décroché.

Avec la fougue d'un jeune chien, il se met en chasse, puise dans son vivier de connaissances et présente au Saoudien les nombreux industriels et financiers qu'il fréquente. Avec parfois de grandes figures : le baron allemand von Thyssen et les deux plus puissants armateurs grecs, Onassis et Niarchos.

1968 : Paris est paralysé par les émeutes estudiantines. On parle de « révolution. » Lui n'y croit pas : il envisage d'y ouvrir un bureau de « relations publiques » pour représenter de puissants intérêts moyen-orientaux. Un « avis défavorable » tombe à la Chambre de Commerce de Paris, « malgré l'intervention de hautes personnalités politiques françaises ». La même année, Samir décroche sa première affaire d'envergure : un gros contrat de camions allemands pour l'Arabie saoudite. Première déception. Il escomptait une commission d'au moins 500 000 marks. Khashoggi lui en verse dix fois moins. Ainsi fait-il connaissance avec la jungle des affaires.

— J'ai dû arroser un ministre, un général et ma propre commission a donc été réduite d'autant, lui indique le magnat saoudien sans plus d'explications.

Cet incident de parcours n'interrompt pas la collaboration des deux hommes. Traboulsi passe à la vitesse supérieure. Il voyage beaucoup. En France, en Grande-Bretagne, en Italie, en Espagne.

— Je cherchais des affaires, je faisais ce que je pouvais.

Turbulent, il agrémente ses fins de mois en organisant des parties de gin ou de backgammon. Car il est aussi joueur. En juin 1969, un dirigeant de sociétés, Jean ..., porte plainte contre lui : pour 25 000 francs perdus sur un tapis vert et non réglés. Samir est convoqué par le juge d'instruction Brossette. Dossier vite classé en raison d'une transaction à l'amiable.

Petit à petit, Traboulsi devient le factotum d'Adnan Khashoggi à Paris. Son secrétaire particulier, en quelque sorte. Il est souvent présenté comme l' « attaché de presse » du milliardaire. Son « associé », corrige-t-il. Ceux qui le fréquentent affirment qu'il est alors très utile à son patron et à ses clients. Pas seulement les émirs saoudiens. Khashoggi est aussi le passage obligé pour qui veut conclure des marchés avec le Soudan de

Nimairy, l'Iran du Shah, ainsi que quelques Etats du Golfe et une des plus grandes nations d'Amérique latine. Et qui dit marchés dit réjouissances. Samir procure les jolies filles dont tout ce beau monde fait grande consommation. Dans l'importante biographie qu'il a consacrée à Khashoggi, le journaliste américain Ronald Kessler [1], ancien du *Washington Post,* cite une déclaration d'un acteur et auteur d'Hollywood, Sean Walsh, qui se rappelle avoir rencontré le « vizir des plaisirs » lors d'une réception au Beverley Hills Hôtel, à Los Angeles. C'était en octobre 1974 :

— Ce Traboulsi avait belle allure. Il avait la réputation de trouver des filles élégantes en moins de trente minutes.

Lors de cette rencontre, Samir indique à Sean Walsh qu'il travaille pour le milliardaire Khashoggi qui va venir, avec son jet privé, se reposer quelques jours à Hollywood. Il lui demande s'il peut lui fournir « des compagnes désireuses de passer du bon temps » :

— Elles seront payées quelques milliers de dollars pour dîner avec Kashoggi et ses amis.

Finalement, poursuit Sean Walsh, Traboulsi réunit une trentaine de filles qu'il connaît. Il choisit quinze blondes, renvoie les rousses et les brunes, et dirige son équipage parfumé vers les bungalows 3 et 10 du Beverley Hills Hotel. Ceux où le milliardaire saoudien aime descendre.

— Khashoggi et ses amis ont festoyé là trois jours de suite, assure l'acteur américain.

Samir lui montre deux valises bourrées de billets de 500 dollars — « de l'argent de poche », dit-il — et explique que ces coupures servent à Khashoggi autant

1. *Adnan Khashoggi, l'homme le plus riche du monde,* Carrère-Lafon, Paris, février 1987.

pour ses affaires en Californie que pour aller jouer à Las Vegas, dans le Nevada voisin.

— Au cours de la seconde nuit, ajoute Sean Walsh, deux Porsche neuves, payées « cash », ont été offertes à deux des jeunes femmes.

Les plus méritantes... et les plus intelligentes !

Fastes et mirages de l'Orient ? Samir Traboulsi a démenti très officiellement, « sous serment », ce récit recueilli par l'avocat américain de Soraya, la première femme d'Adnan Khashoggi, lors de leur retentissante procédure de divorce. L'ancien élève des Jésuites fait tout, maintenant, pour se débarrasser de ces lointains souvenirs qui entachent quelque peu sa réputation et, surtout, collent mal avec l'image de respectabilité indispensable à sa nouvelle vie.

— Tout cela est faux, répond-il lorsqu'on aborde le sujet. Mais, c'est vrai, j'adore les femmes. Célibataire, je collectionnais les succès. Je n'ai jamais donné une femme à quiconque. D'ailleurs, Khashoggi n'avait pas besoin de moi pour trouver des filles. Il y avait une organisation internationale pour cela [1]. C'est plutôt lui qui m'en présentait...

Des propos confirmés par un industriel français de l'armement l'ayant beaucoup côtoyé :

— A l'époque, les émirs n'avaient aucune peine à agrémenter leurs nuits. Ils avaient leurs réseaux. Samir, c'était différent. Il était très beau gosse, bien élevé, cultivé. Toujours entouré de beautés. Il connaissait des filles intelligentes et distinguées, différentes des autres. C'est ça qui plaisait à Khashoggi et à ses Saoudiens.

Les représentants des rois et émirs du Moyen-Orient n'ont d'ailleurs pas le choix. « Intermédiaires » pour les affaires, ils le sont aussi « pour les loisirs ». Khashoggi

1. « Madame Claude » (N.d.A.)

lui-même a commencé sa carrière comme « organisateur » des plaisirs du roi Saoud d'Arabie saoudite, au début des années 50. Une fonction qui lui a permis de s'attirer la confiance des membres de la famille royale et de l'utiliser, ensuite, pour collectionner les contrats passés avec les firmes occidentales.

Lorsqu'il travaille aux côtés de Khashoggi, Traboulsi ne peut échapper à la règle. Il sert de « poisson-pilote » pour accompagner les richissimes émirs arabes dans les casinos de Cannes ou de Monaco où il a ses entrées. Un « job » lucratif pour un débutant. Lorsque ces gros joueurs perdent jusqu'à leurs « babouches » sur les tapis verts, la direction du casino n'hésite pas, en général, à rétrocéder une commission à l'accompagnateur zélé de cette clientèle en or. A l'inverse, quand la chance leur sourit, les « princes du désert » n'oublient pas davantage le guide qui leur a fait passer une si profitable soirée.

Samir, que l'on voit régulièrement autour des tables de jeu, parfois en compagnie de son ami socialiste Alain Boublil, entretient depuis cette période les meilleures relations du monde avec la riche Société des bains de mer de Monaco et la famille princière qui règne sur cette principauté. Il passe la plupart de ses week-ends à l'hôtel de Paris, le palace rococo surplombant le casino. La direction lui sait gré de continuer à drainer une clientèle brillante et fortunée. Elle met gracieusement, toute l'année, une suite (11 000 francs par jour) à sa disposition.

Le « gentil organisateur » est surtout un homme d'affaires à l'esprit rapide et avisé.

— Mon usine, elle est dans ma tête, dit-il plaisamment.

La partie n'est pas toujours facile.

1969 : Samir organise un dîner, chez lui, dans son

appartement d'alors, boulevard de Courcelles. Il réunit Khashoggi et un autre Libanais, Akram Ojjeh, qui, après dix ans d'éclipse, commence à percer en concluant d'importants contrats d'armements entre la France et l'Arabie saoudite. Il nous raconte :

— Khashoggi et sa société Triad commençaient à avoir des problèmes aux Etats-Unis. Les Saoudiens voulaient diversifier leurs approvisionnements en armes et ils se retournaient vers la France. Ojjeh était bien introduit dans les firmes françaises. Je leur ai suggéré : pourquoi ne pas ouvrir un bureau commun à Paris ?

Khashoggi et Ojjeh s'associent alors à un autre intermédiaire, le Libanais Walid Koreitem, que Samir a côtoyé à l'école des jésuites, à Beyrouth : le groupement TTO est créé. Encore sous la coupe de Khashoggi, Samir n'est pas directement associé au montage. Mais il est nommé, à tout juste 30 ans, secrétaire général de la nouvelle organisation :

— Je n'ai eu qu'à traverser la rue. Nous avons loué des bureaux, beaucoup plus grands cette fois, toujours à l'angle de la rue Pierre-Charron et de l'avenue George-V. Khashoggi s'occupait de l'étranger. Ojjeh et moi du marché français.

Le trio démarche les sociétés Thomson et SOFMA (qui représente les arsenaux français). Très vite, le groupement éclate. Lassé d'être relégué aux seconds rôles, Traboulsi démissionne le 25 juin 1970. Trop indépendants pour travailler dans une structure commune, les trois associés se séparent quelques jours plus tard.

Une fois de plus, Samir fait les frais de l'opération. Dès l'association TTO rompue, Ojjeh (qui continuera d'occuper les locaux du 46 rue Pierre-Charron) s'entend avec Khashoggi pour un partage : la juteuse commission (plus de 1 milliard de francs) du contrat signé en décembre 1971 pour la vente de 300 chars d'assaut AMX 30 à l'Arabie saoudite. Traboulsi et Koreitem n'ont même pas droit à un centime. Koreitem est inflexible. Il s'engage dans une longue procédure judiciaire pour essayer de récupérer l'argent qui lui est dû... Traboulsi, lui, encaisse le coup sans broncher :

— Khashoggi et Ojjeh m'ont expliqué que les Saoudiens m'avaient mis à l'écart car je n'étais pas de la religion de l'Islam. Je n'ai rien dit. Je n'avais pas les moyens de me brouiller avec eux. Je suis quelqu'un de rationnel. Les affaires sont les affaires.

Le début des années 70 est fait de bric et de broc. Encore jeune, il essaie de suivre la trace de ses grands et puissants modèles. On continue de le voir dans le sillage de Khashoggi. Il travaille au coup par coup. Un peu aussi avec Ojjeh ou avec ses compatriotes libanais, Antoine Kamouh et Walid Koreitem. Parfois seul. En 1973, le play-boy des salons parisiens est touché par les flèches de l'amour. Il rencontre Paula de Vasconcellos, une grande et ravissante Brésilienne de la bonne société de Rio. Elle a treize ans de moins que lui. Le mariage a lieu un an plus tard, le 6 novembre 1974, à Beyrouth. Le journaliste François Camé le raconte joliment dans *Libération :*

— Le mariage sera somptueux. Un vrai mariage libanais, traditionnel. L'ancien élève des jésuites a voulu dire « oui » à l'église. A la sortie, il fait jouer l'*Hymne à la joie* de la 9e Symphonie. C'est le bonheur. Il retrouve son pays. La chaleur, le soleil, les relations amicales, la politesse, la joie de ce Liban d'avant la guerre. Parfum du jasmin et baignades langoureuses. En 1974, en lune de miel au superbe hôtel Saint-Georges de Beyrouth, Samir Traboulsi oublie un moment ses affaires diverses.

Les premières balles de la guerre civile qui va

embraser le Liban ramènent vite le couple à la réalité. Revenu à Paris, l'heureux marié n'abandonne pas, sur l'en-tête de son papier à lettres, son adresse d'origine : « Bloc Camomille, Jounieh, Liban. » Il récolte les fruits de ses efforts passés. Un contrat avec la société pétrolière américaine Wesco International, du groupe Reserve Oil and Gaz, lui donne une carte de visite dans le circuit des affaires avec l'Arabie saoudite. Samir resserre ses liens avec Akram Ojjeh et sa société TAG. Il est loin d'avoir l'envergure de celui qui vient de supplanter Khashoggi comme principal intermédiaire entre la France et les pays du Golfe et qui s'apprête à racheter le paquebot *France*.

Nous sommes en 1979. Le jeune challenger commence à faire son trou. Il place, çà et là, de petits contrats au Moyen-Orient pour les sociétés Dassault, Matra, Thomson-CSF ou Thomson Téléphone. Traboulsi découvre aussi les dangers du métier.

20 décembre 1976 : un homme masqué le surprend à son domicile, avenue Henri-Martin. Il lui tire une balle dans la joue et le ligote dans sa chambre. Il prend la fuite en emportant 15 000 francs, des documents et des bijoux. Libéré par son valet de chambre, Traboulsi échappe miraculeusement à la mort. La balle lui a traversé la mâchoire. Il en garde encore une cicatrice au coin de la lèvre gauche. Mais il ne porte pas plainte. L'événement passe pratiquement inaperçu. Rivalité dans les milieux des marchands d'armes ? Vengeance pour une sombre histoire de cœur ? Certains parlent plutôt d'un avertissement pour une dette de jeu. La raison de cette agression ne sera jamais connue. Sauf de lui.

19 janvier 1982 : l'histoire se répète. Ce soir-là, Samir est accompagné de sa femme. Ils sortent tard d'une élégante réception, avenue Marceau, donnée par le P-DG

de Dior, Jacques Rouet. L'assistance est triée sur le volet. Elle ne compte pas moins d'une dizaine de princes et princesses, ducs, barons et comtes. Leurs noms sont mentionnés sur un rapport de police. Il est minuit vingt. Deux hommes à moto surgissent au moment où le couple avance vers les portes arrière de la voiture. Trois coups de feu à hauteur des jambes. Une balle ricoche et blesse grièvement le chauffeur. Au ventre. La deuxième égratigne Traboulsi, la troisième l'atteint à la cuisse. Ambulance huppée : le duc de Bedford, en personne, l'amène à l'hôpital. Mais cette fois, une patrouille de police passe par là. Les deux agresseurs sont arrêtés. Giuseppe Lazzaro, 22 ans, et Angelo Scarfone, 18 ans, sont deux Italiens, des tueurs à gages, arrivés tout droit de leur Calabre natale. Ils ne parlent pas : ils sont payés pour cela. Laconiques, ils se contentent de répéter :

— Nous ne visions pas Traboulsi. Nous voulions nous venger de son chauffeur.

Ils passent quatre années en prison — l'affaire en est encore aujourd'hui à l'instruction — avant d'être remis en liberté « provisoire ».

En fait, l'ascension de Samir suscite des jalousies parmi ses concurrents. Il n'est d'ailleurs pas le seul « intermédiaire » à connaître ce genre de mésaventure. Avant lui, son ancien associé, Walid Koreitem, a échappé de justesse, le 1er août 1972, à une rafale de mitraillette tirée sur sa voiture, rue de Phalsbourg, dans le XVIIe arrondissement. Et, le 14 novembre 1973, son autre ami, le courtier libanais Antoine Kamouh, marchand de canons en rapport avec Kadhafi, disparaît mystérieusement, en plein Paris, entre la rue Royale et l'hôtel Prince de Galles. Des inconnus l'ont arraché de sa Rolls-Royce, en pleine circulation. On ne l'a jamais plus revu. Monde impitoyable.

Ces « accidents » ne semblent pas décourager Samir Traboulsi. Au début des années 80, il est l'une des étoiles montantes dans le petit milieu des entrepreneurs moyen-orientaux. L'arrivée des socialistes au pouvoir, en mai 1981, lui donne la possibilité de gravir quelques nouveaux échelons. A l'époque, il n'est pas particulièrement introduit dans les milieux de la gauche, alors plutôt dogmatiques. Sa participation, avec des capitaux saoudiens, au tour de table de la nouvelle société d'investissements IBI (International Bankers Incorporated) du grand banquier Jean-Maxime Lévêque (l'ancien trésorier de la présidence de la République sous le général de Gaulle) pourrait même le faire cataloguer à droite. Lévêque est alors une des figures de l'opposition. Mais, à l'inverse de son vieil ami et concurrent Akram Ojjeh, Traboulsi a la faculté de vite s'adapter au changement de société. Il applique à la lettre la maxime du président Edgar Faure : « Ce n'est pas moi qui change, c'est le vent qui tourne ». Dès les premiers mois du septennat de François Mitterrand, il fait la connaissance de Pierre Bérégovoy, secrétaire général de l'Elysée, et se lie avec Alain Boublil, alors l'un des conseillers techniques du Président.

— Un jour, en 1981, on s'est croisé dans le palais présidentiel, entre deux portes. Nous avions un ami commun, l'avocat Jean-Michel Darrois. On s'est revu et nous avons sympathisé. Alain Boublil aime la musique, le vin, la rigolade. Il a une femme charmante. Ses deux gosses ont le même âge que les miens. Nous sommes devenus amis. Sans se voir tous les jours. Mais nous nous sommes mis à nous fréquenter. J'ai continué à le voir, entre 1986 et 1988, quand il a connu sa traversée du désert et que son téléphone ne sonnait plus.

1982 : Traboulsi a-t-il, comme l'affirment certains,

prêté son concours lors des négociations entre la France et l'Arabie saoudite, quand le gouvernement de Pierre Mauroy s'en est allé quémander auprès d'elle un prêt de plusieurs milliards afin de sauver un franc français attaqué en raison des erreurs commises par un pouvoir inexpérimenté, maladroit et excessif? Il s'en défend formellement. Cependant, c'est sous la gauche aux affaires qu'il refait son retard et brûle les étapes. La même année, il rencontre Alain Gomez, le tout nouveau P-DG du groupe nationalisé Thomson-CSF. Le courant passe. De la même génération, ils sont tous deux des « gagneurs ». Les émirs du golfe Persique sont traumatisés par l'arrivée et les initiatives des communistes et des socialistes au pouvoir. Ils s'apprêtent, dit-on, à stopper toutes leurs commandes d'armements en France. Samir a désormais ses entrées à l'Elysée. Il s'emploie à raccommoder les fils en montrant aux rois et princes arabes qu'un gouvernement socialiste peut tout de même rester fréquentable. Ses bons offices portent leurs fruits. Il se voit confier les négociations de marchés militaires pour Thomson au Moyen-Orient. Bref, il entre dans la « chasse gardée » de son prédécesseur, Akram Ojjeh, âgé et fatigué. Dans la foulée, il se met à travailler avec Matra, Dassault, Luchaire et même le GIAT, le groupement des arsenaux du ministère de la Défense.

1987 : il est officiellement nommé « conseiller à l'exportation » de Thomson. Le Libanais peut enfin jouer dans la « cour des grands ». Admiratif, le négociateur d'un des plus grands groupes français nous affirme :

— Traboulsi est un personnage exceptionnel, comme on en rencontre rarement. Il a un talent fou. Un ouvreur de portes d'une efficacité redoutable. Un très gros travailleur. Toujours au téléphone. Tout le monde le connaît et il peut contacter tout le monde.

Devenu « Monsieur Traboulsi », il démarche presque

exclusivement pour le compte des firmes françaises, alors que Khashoggi ou Ojjeh ont toujours joué les « multicartes », opérant aussi bien pour la France que pour l'étranger.

— Il a rendu beaucoup de services à l'industrie française. Pas forcément pour de très grosses affaires, mais, à petite dose, dans une multitude de contrats.

Samir ne se limite d'ailleurs pas au seul domaine de l'armement. Un temps en froid avec les Saoudiens, il est concurrencé par une nouvelle génération de courtiers, tel le Syrien Waliq Said — qui a décroché pour la Grande-Bretagne, en 1985 et 1988, le mirifique contrat des avions Tornado (plus de 60 milliards de francs). Il s'occupe, maintenant, de ses propres affaires. Prioritairement. Le rachat de Triangle par Pechiney est son premier et vrai grand dossier industriel. Il a aussi un pied aux Etats-Unis et au Canada où il a des projets dans l'immobilier. Il a même envisagé le rachat d'une banque à Paris pour se lancer, à temps complet, dans l'industrie et les opérations financières.

En liaison permanente, grâce à un écran de l'agence Reuter, avec les bourses de New York, Londres, Zurich, Tokyo ou Paris, Samir est devenu un opérateur confirmé sur les marchés internationaux. Il sait, là aussi, réaliser de belles opérations. Entre juin et septembre 1988, quelques mois avant que ses deux amis Georges Pébereau et Gustave Leven, conseillés par Pierre Bérégovoy, Alain Boublil et l'Elysée, ne lancent leur offensive boursière sur la Société générale, Traboulsi a acheté plus de 500 000 actions de la banque privatisée par un « ramassage » systématique, à Paris et à Londres.

L'hebdomadaire *L'Express* révèle que les transactions ont transité par la société de bourse Eric de Lavandeyra dont il est l'ami et un gros client. L'opération s'est faite par l'entremise d'une discrète société, Pamlico Entreprise, inconnue au registre du commerce, domiciliée 96 avenue Victor-Hugo, dans le XVIe arrondissement, et abritée dans les bureaux de l'avocat maître Claude Richard.

Le 21 septembre, le cours des actions de la Société générale ayant déjà bien monté, Pamlico liquide brutalement sa position sur le marché. Un bloc de 300 000 titres est vendu en une seule fois. Au prix de 432,50 francs, bien supérieur aux 332 francs payés fin mai, lorsque Pamlico a commencé ses achats. Bénéfice global calculé par *L'Express :* une vingtaine de millions de francs.

Accusé d'avoir bénéficié d'une information privilégiée, le Libanais est entendu par la Commission des opérations de bourse et aussi la commission de contrôle du Sénat chargée de faire la lumière sur le scandale de la Générale :

— Je n'étais au courant de rien, nous répète-t-il à plusieurs reprises. Conseillé par mon agent de change, j'ai acheté et j'ai revendu, à la mesure de mes moyens.

Vrai ou faux ? Un élément plaide en sa faveur : lui, au moins, a revendu ses titres, sur le marché, bien avant que le raid mené par Georges Pébereau et ses artilleurs n'entre dans sa phase vraiment active. S'il avait été « initié », on peut penser qu'il aurait attendu l'issue de la bataille pour céder ses actions au-dessus de 540 francs... Comme la plupart de ceux qui, parfaitement informés des accords passés entre Pébereau et la Caisse des Dépôts, ont accumulé sur des comptes discrets, en France et à l'étranger, d'énormes paquets de titres. Et engrangé d'énormes profits illicites. Environ un milliard de francs.

Milliardaire, le Libanais ne cache pas, pour autant,

ses liens avec Pierre Bérégovoy, Alain Boublil et Georges Pébereau. Il compte parmi les intimes conviés le 13 novembre (le lundi « noir » de la semaine des « initiés ») pour fêter les quarante ans de mariage du ministre d'Etat et des Finances chez Edgard, le célèbre restaurant de la rue Marbeuf, où journalistes, politiciens et hommes d'affaires se côtoient dans une ambiance très parisienne de connivence.

Du flair, Samir Traboulsi en a eu aussi, au milieu des années 70, en se consacrant à une passion qui lui a rapporté beaucoup d'argent : la peinture. Sa raison sociale, en France, a d'ailleurs longtemps été le « conseil en constitution de collections de tableaux ». Le directeur d'une des plus belles et prestigieuses galeries du « carré de l'Elysée » nous assure :

— Il a été l'un des premiers dans ce monde de milliardaires orientaux à savoir acheter des toiles de maîtres. Aujourd'hui, il possède l'une des plus belles collections de tableaux modernes du monde arabe. Il a gagné une fortune en ayant acheté au bon moment, à l'époque où les Renoir, les Picasso et les Fernand Léger valaient cent fois moins cher que maintenant.

En amateur éclairé, il a utilisé ses compétences pour placer les toiles des plus grands maîtres auprès de sa clientèle du Golfe. Une bonne partie des chefs-d'œuvre détenus par Adnan Khashoggi sont passés par ses mains. Aidé par une jeune femme hollandaise, qui le seconde dans ses différentes transactions, Samir a toujours fait preuve d'un goût très sûr. Place des Etats-Unis, son appartement est un petit musée. Il y conserve une douzaine de Picasso, un Braque, un Modigliani, une vingtaine des plus beaux Fernand Léger... Ses visiteurs peuvent admirer un Van Dongen dans l'antichambre, le Braque et trois Picasso dans son bureau, un petit Canaletto (ayant appartenu au Shah d'Iran) dans sa chambre à coucher. Progression subtile, au fur et à mesure que l'on avance dans les différentes pièces.

— Les tableaux, c'est une histoire d'amour, assure-t-il en esthète. J'ai commencé avec une petite collection. Puis, au fur et à mesure de mes coups de foudre, j'ai revendu un tableau pour en acheter un autre. C'est ainsi que j'avance.

Ses passions artistiques ne s'arrêtent pas là. Avec Alain Boublil, il est un passionné d'opéra. Samir ne dédaigne pas d'en faire profiter ses relations. Un jour de l'année 1988, il convie chez lui, pour un dîner fin, plusieurs personnalités. Il y a là Jacques Toubon, alors secrétaire général du RPR, une brochette de P-DG et leurs épouses. Au moment du dessert, le maître de maison se lève, prend une fourchette, fait tinter son verre pour inviter ses amis au silence, et entame un petit discours :

— Vous vous demandez certainement pourquoi vous êtes ici ce soir. Il se trouve que nous sommes tous des amis de Jacques Toubon et qu'il fête, aujourd'hui, son anniversaire. Je sais que c'est un grand amateur d'art lyrique et j'ai voulu lui réserver une petite surprise.

Entre alors dans la pièce la célèbre chanteuse d'opéra Julia Migenes-Johnson, venue spécialement des Etats-Unis, et qui donne un récital d'une heure à la vingtaine de personnes présentes. Pourquoi cette cantatrice? Quelques semaines auparavant, assis à la même table, Samir avait parlé d'astrologie avec Toubon et appris, par ce biais, la date de sa naissance. Connaissant le goût du député du XIIIe arrondissement pour le bel canto, l'idée lui était venue de lui faire ce cadeau pas comme les autres pour son anniversaire. On se raconte dans Paris que d'autres leaders politiques, de tous bords, ont eu droit à la même manifestation d'affection, les artistes changeant en fonction des goûts du convive à traiter.

Au moment où son nom apparaît dans l'affaire Pechiney, dès le début du scandale, Traboulsi est donc un parfait symbole de l' « ouverture » chère à François Mitterrand. Il est « persona grata » à droite comme à gauche. Il a encore de bonnes relations avec Jacques Chirac et son entourage, le ministre de l'Intérieur, Charles Pasqua, et il reste d'ailleurs très discret sur le rôle qu'il a pu jouer, fin 1987, dans la libération, organisée par ce dernier, des malheureux otages français au Liban. Participation qui lui a valu de recevoir, enfin, le ruban rouge de la Légion d'honneur...

Riche, comblé, honoré, marié à une femme de rêve, père de trois enfants charmants, Traboulsi est, en cette fin novembre 1988, loin de se douter de ce qui l'attend. Très vite, son nom focalise l'attention. Tout à la fois ami de Nelson Peltz (le propriétaire américain de Triangle) et très proche d'Alain Boublil (le directeur de cabinet de Pierre Bérégovoy), il est de surcroît le seul Libanais à avoir participé aux négociations entre le gouvernement français et Pechiney, d'une part, et les Américains de l'autre. Or, plusieurs des pistes suivies par les enquêteurs mettent justement en cause certains de ses compatriotes. Des hommes qu'il connaît bien. Cela fait beaucoup de coïncidences pour un seul homme. Samir les rejette avec détermination :

— Nelson Peltz ? Je l'ai rencontré pour la première fois, en 1979, au bord de la piscine du restaurant La Voile d'or, à Saint-Jean-Cap-Ferrat. Je dînais avec Nabil, mon frère. Peltz et sa première femme, Valérie Fitzgerald, étaient à une table voisine. Nous avons fait connaissance et nous nous sommes revus à New York. A l'époque, Peltz n'était rien. Il ne possédait qu'une petite société de juke-boxes et de machines à café automatiques. Il m'a demandé de le conseiller pour ses activités en Europe. Quoi d'anormal à cela ?

Même discours vis-à-vis d'Alain Boublil.

— Nous nous voyons de temps en temps. Pourquoi aurions-nous dû rompre nos relations après sa nomination au ministère des Finances ?

La piste libanaise ?

— Bien sûr, je connais très bien les dirigeants de Socofinance, la société suisse de négoce citée dans l'affaire. J'y ai même un compte datant de l'époque où j'opérais sur le « silver », le marché de l'argent, qui est une de leurs spécialités. Mais pourquoi vouloir faire l'amalgame avec tous mes compatriotes ? Chez nous, tout le monde se connaît. Le Liban est un petit village et le Liban chrétien un quart de village. Nous sommes une cinquantaine à évoluer dans le monde des affaires à Paris. Nous nous connaissons tous. Ce n'est pas suffisant pour en tirer des conclusions hâtives.

Le nom de Traboulsi sera à peine mentionné dans le rapport de la Commission des opérations de bourse. Mais l'opération Pechiney-Triangle et le tintamarre qu'elle a engendré lui ont fait du mal et entamé une réputation conquise de haute lutte. Les hommes politiques se font plus discrets autour de sa table. Le calme revenu, ses affaires ont néanmoins repris. Le téléphone a recommencé de sonner place des Etats-Unis... Etats-Unis où lui, au moins, n'est pas identifié comme un « initié » de l'affaire Pechiney-Triangle, quoi qu'on ait pu en dire à Paris... Peut-être pour faire diversion, noyer le poisson et tenter, par là même, de sauver ceux qui, à Paris, au pouvoir ou amis du pouvoir, ont moins eu le tort de le fréquenter que de vouloir s'enrichir davantage à ses crochets.

5.

Les raiders, les yachts et le « poto-poto » de « l'affaire »

L'événement est unique dans son histoire : la Commission des opérations de bourse sort de l'anonymat. Il ne se passe plus de jour sans que son nom soit évoqué. Le gendarme des marchés français est tout ragaillardi, lui qui ronronne depuis plus de vingt ans, ressassant avec amertume ses rares « affaires », presque toutes étouffées. Voilà plusieurs années qu'il suscite ironie, et même mépris chez les professionnels. La COB tient enfin sa revanche. L'occasion lui est fournie de prouver qu'elle n'existe plus seulement pour sanctionner les petits spéculateurs et amuser la galerie. Et d'en remontrer à ceux qui lui opposent les moyens et le sérieux de son homologue américain, la Securities and Exchange Commission. On lui demande d'agir avec célérité et de faire toute la lumière ? Elle saisit la balle au bond. Enfin va-t-elle pouvoir s'affirmer vis-à-vis du gouvernement. Mais aussi de ceux, tel *Business Week,* qui doutent de « l'efficacité de la France pour épingler les fraudes boursières ». Ironique, l'hebdomadaire américain écrit même : « Il se pourrait bien que la SEC doive découvrir le prochain délit d'initiés français. » La phrase a fait mouche.

La personnalité de Jean Farge se révèle. Le président de la Commission prend enfin les choses en main. Il active ses troupes jusque-là désorientées par ses absences, organise le travail et se jette dans la bataille. Il surprend tout le monde par sa détermination.

— Il a montré à cette occasion son indépendance et son caractère, dit un de ses collaborateurs directs. Travailler avec lui est un vrai plaisir.

Une équipe de base composée de quatre personnes est mise à temps complet sur l'affaire. Les autres enquêteurs interviennent ponctuellement. La SEC a fourni plusieurs indications. Certains passeurs d'ordres — les sociétés de bourse Ferri, Magnin et la Compagnie parisienne de placements — ont été très rapidement identifiés par les Américains. Mais qui se cache derrière ces intermédiaires ? Il convient aussi d'établir, en droit, la matérialité des « délits » — si délits il y a.

Avant de convoquer officiellement les intervenants français recensés dans l'affaire, les enquêteurs s'attachent à étoffer les dossiers des suspects. Des demandes de renseignements sont adressées à toutes les sociétés de bourse, aux représentants (à Paris) des *brokers* étrangers et aux nombreux établissements de crédit. Les principaux négociateurs de l'opération sont aussi entendus. Défilent ainsi, outre les dirigeants de Pechiney, Samir Traboulsi et les responsables qui, à l'Elysée, à Matignon, aux ministères des Finances et de l'Industrie, ont eu connaissance de l'opération. Suivent les dirigeants de la BNP, la banque qui a participé au montage financier. Susceptibles de fournir des informations utiles à l'enquête, d'autres personnes sont auditionnées. C'est le cas de Laurence Soudet. Proche amie des Mitterrand, elle est chargée des questions d'éducation à l'Elysée. On la sait très liée à René Thomas, le président de la BNP. Elle est entendue. Sans suite...

Le champ d'investigation de Jean-Pierre Michau ne s'arrête pas au seul territoire français. La COB a de multiples échanges d'informations et des contacts directs avec ses homologues américain, anglais, luxembourgeois... Tour Mirabeau, on se félicite encore de « l'aide fantastique » apportée par les Britanniques. Retrouvés à Londres, des enregistrements de conversations téléphoniques facilitent la tâche des enquêteurs. Jean-Pierre Michau maintient le contact avec les Américains. Il se déplace à Washington. Incognito.

Le chef du service d'inspection de la Commission des opérations de bourse a pris ses fonctions en avril 1988. Il n'est pas un inconnu des médias. Grand, la quarantaine confortable, engoncé dans des costumes couleur passe-muraille, lunettes à forme Ray-Ban (la seule petite fantaisie qu'on lui connaisse), son visage, malgré sa franche rondeur, ne laisse jamais percer le moindre sentiment. Le « juge », comme on l'appelle encore, a maintes fois défrayé la chronique. Se faisant des ennemis à droite, autant qu'à gauche.

A peine sorti major de l'Ecole de la magistrature, il est en 1974 le juge de « l'affaire Mirval », un jeune détenu martiniquais mort dans un ascenseur de la prison de Fleury-Mérogis. Les groupuscules d'extrême-gauche et la partie civile crient au meurtre. Jean-Pierre Michau multiplie les autopsies. Au ministère de la Justice, on le lui reproche. A force de trop en faire, il donne à penser qu'il cherche à démontrer la culpabilité des gardiens. L'instruction finit par un « non-lieu ». Nommé à Paris, l'année suivante, il se fait un peu oublier. Mais il réapparaît, en 1979, au poste de conseiller technique d'Alain Peyrefitte, alors garde des Sceaux, ministre de la Justice. Démission, un an plus tard. A la suite d'un désaccord, dit-on, sur certains aspects de la loi « Sécurité et Liberté ». Catholique pratiquant, il se forge là une réputation d'intégrité, en refusant de renoncer à ses propres convictions dans le service de l'Etat.

A l'arrivée de la gauche au pouvoir, il hérite des plus belles affaires. De manière spectaculaire, il inculpe pour « fraude douanière » Pierre Moussa, le P-DG de Paribas, en raison du transfert en Suisse des fonds de plusieurs clients de la banque avant sa nationalisation. Vient le tour de Robert Hersant, le patron du *Figaro,* lui aussi inculpé pour une autre infraction. L'affaire est politique. Classée. Michau s'occupe encore des fameux « avions renifleurs », une escroquerie dont a été victime le pétrolier Elf-Aquitaine, le groupe national français qui a investi plusieurs centaines de millions de francs dans des appareils bidons censés détecter l'or noir. Classée. Il instruit le dossier des inénarrables frères Willot, repreneurs du groupe Boussac plus soucieux de réaliser les avoirs (terrains, immeubles, etc.) de l'ex-roi du textile, des hippodromes et de la presse que de relancer les activités des sociétés puissantes et riches qu'ils ont réussi à lui prendre pour trois francs six sous. Si Michau parvient tant bien que mal à débroussailler ce dossier, plusieurs de ses autres enquêtes finissent par des non-lieux.

En 1986, il instruit l'affaire du scandaleux détournement de fonds réalisé à l'occasion du sommet franco-africain de Bujumbura. C'est l'affaire du Carrefour du Développement qui le conduit à inculper Yves Chalier, chef de cabinet de Christian Nucci, l'ancien ministre socialiste de la Coopération. Mais ce « coup à gauche » est contrebalancé un peu plus tard par un « coup à droite » avec l'inculpation sans suite du contrôleur général de la police, Jacques Delebois, pour avoir fourni un « vrai-faux passeport » à Yves Chalier, alors en cavale à l'étranger. Delebois nie et Jean-Pierre Michau provoque, à cette occasion, la protestation véhémente de l'Union syndicale des magistrats contre la violation du secret de l'instruction. Une partie des procès-verbaux de celui qui est devenu le premier magistrat au Palais de Justice de Paris s'étalent chaque jour dans la presse. Principalement *Le Monde.* Plusieurs plaintes sont déposées. Lorsqu'on lui propose de diriger le service de l'inspection de la COB, au printemps 1988, le juge laisse un dossier dont on n'entendra plus parler.

En bourse, on lui reproche d'avoir conclu par un « non-lieu » son instruction sur les fautes commises par l'agent de change Alain Boscher dans l'affaire Montupet. Indulgence remarquée. Le juge n'en connaît pas moins les milieux boursiers et financiers et — peut-être pour cela — ne semble guère emballé par sa promotion à la COB.

— Les affaires courantes ne l'intéressent pas, explique un de ses collaborateurs. Il a été content de voir arriver le scandale Pechiney-Triangle.

Michau revit. Il se lance à fond dans l'affaire, suit ses enquêteurs pas à pas et se tient au courant de tout.

Avec cette équipe qui, dit-il, regroupe « une palette de talents tout à fait remarquable sur le plan technique », le chef du service de l'Inspection cherche d'abord à reconstituer la chronologie très précise des négociations, avec le rôle de chaque intervenant, afin d'avoir une idée précise du cheminement, entre eux, des informations les plus confidentielles. Ce qui devrait lui permettre de remonter vers l'auteur de la fuite.

Les choses sérieuses commencent au mois de janvier. Avec les interrogatoires serrés de tous les intervenants. Certaines auditions se prolongent tard le soir. Elles se font en présence d'un magistrat professionnel et font l'objet de procès-verbaux. Les « témoins » sont souvent accompagnés de leur avocat. L'un vient avec un « ami », un autre avec des juristes étrangers. On leur réserve parfois une mauvaise surprise.

— Beaucoup ne se sont pas rendu compte que la loi Balladur de janvier 1988 a changé bien des choses, nous explique Jean-Pierre Michau lors d'une rencontre informelle. Ils n'ont pas mesuré l'extension de nos pouvoirs d'enquête, et ils n'ont pas vu qu'un certain nombre d'infractions avaient été redéfinies par le législateur.

Les arguments avancés par certains suspects le font sourire.

— En matière financière, les montages sont, soit ultra sophistiqués, soit vraiment grossiers.

Que certains acteurs de l'affaire soient intervenus à visage découvert ne plaide pas forcément en leur faveur, comme ils semblent le croire :

— De toute façon, je connais la mentalité de ces gens-là, lâche-t-il, abrupt.

La reconstitution des faits n'est pas sans quelques surprises. Il y a d'abord la personnalité des propriétaires de Triangle. Elle explique peut-être beaucoup de choses. Nelson Peltz d'abord. Jean Gandois le dépeint, pour *Le Figaro :*

— Je dirais que c'est un personnage qui n'a pas... la même culture que moi. La première fois que je l'ai vu, je n'ai senti aucune accroche avec lui. Je n'avais pas envie d'entamer la moindre négociation. C'est pourtant un homme qui a une très forte séduction personnelle. Il est capable d'avoir des gestes, des attitudes extrêmement durs, désagréables, avec un aspect rapace et avide ; et puis, à d'autres moments, il est totalement sentimental, c'est un charmeur, un spécimen intéressant.

Avec Peter May, son ami et associé de vingt ans — ils ont été camarades de classe à la Wharton School —, ils ont surtout la réputation à Wall Street d'être des équilibristes de la finance. A presque cinquante ans, ces deux requins n'ont cependant pas l'envergure des grands raiders américains : les Carl Icahn, T-Boone Pickens, et autres Franck Lorenzo. Ce qui d'ailleurs enrage Nelson Peltz. Petit, sec et nerveux, le personnage aimerait être reconnu comme un vrai « prédateur » : il a des rêves de grandeur et fait semblant d'afficher un mépris pour l'establishment.

— *I don't care anything, except dollars.* Une seule chose m'intéresse, le dollar, répète-t-il à l'envi.

Au départ, il est à la tête de la compagnie familiale d'épicerie en gros Abe Peltz and Son, dans le New Jersey. Il cherche déjà à rivaliser avec son ami, Saul Steinberg, le financier qui se lancera à l'assaut du géant Walt Disney. Amis, ils se retrouvent lors de soirées endiablées dans leurs propriétés de Long Island.

Né dans une famille aisée de Brooklyn, le quartier populaire de New York, Peltz aime le luxe. Sa résidence de Palm Beach, en Floride, est estimée à 18 millions de dollars. Il possède quarante hectares dans l'Etat de New York à Pleasantville, la bien nommée. C'est là que se trouve Highwind, la maison achetée à la veuve du fondateur de la revue *Reader's Digest* et qui passe pour l'une des plus belles du comté de Westchester. Peltz dispose aussi d'un appartement à Manhattan, d'une villa sur la Côte d'Azur (La Croé à Antibes) et d'un « pied-à-terre » à Paris, avenue d'Iéna, payé il y a quelques années plus de 15 millions de francs. Milliardaire, sa panoplie est complétée par des jets et des hélicoptères. Amoureux, il couvre de diamants sa seconde femme, un mannequin de toute beauté. Avec son associé Peter May, il s'octroie de généreux salaires. En 1986, le revenu de Nelson Peltz atteint 5,1 millions de dollars (environ 35 millions de francs). Géant placide, May se contente de la moitié, avec un appartement sur la Ve Avenue, la plus chère de New York, et une propriété dans le chic Connecticut, deux biens matériels qui suffisent à son bonheur.

Leur réussite est liée à celle de Michael Milken et de ses célèbres *junk bonds*. Avant de le rencontrer, en 1979, le tandem ne fait que bricoler. Le fils d'épicier et l'ancien comptable de chez Peat Marwick commercialisent des distributeurs automatiques et des machines à café. Leur première incursion dans la finance, avec la reprise de Beverley Hills Saving and Loans, se termine piteusement. Et non sans drôlerie. Alors qu'ils tirent le diable par la queue, ils lancent NPM, un cabinet de consultants pour « entreprises en péril ».

Tout change quand Steinberg leur présente Milken. Sur ses conseils, Nelson Peltz et Peter May (associés dans toutes leurs affaires à deux tiers pour Peltz, et un tiers pour May) empruntent 10 millions de dollars, en 1983. Ils prennent ainsi 29 % de Triangle Industries, qui n'est alors qu'un fabricant de juke-boxes, de changeurs de monnaie et de fils de cuivre. Ces 10 millions de dollars sont bien loin de suffire. Ils émettent aussitôt des actions préférentielles assorties de super-droits de vote... Introduits sur le marché, ils les rachètent en empruntant 40 millions de dollars à leur société et à un taux attractif. Sans bourse délier, ils détiennent ainsi 56 % des droits de vote... et le pouvoir. Après avoir pris le contrôle de la CJI (Central Jersey Industries) pour en faire une société pivot en vue de leurs futures acquisitions personnelles, ils récidivent en 1985. Un client de Drexel se retrouve bloqué avec 38 % du capital (acquis en bourse) du fabricant d'emballages National Can. Il est contré par la direction de l'entreprise agressée qui a organisé la contre-offensive. Milken propose aux deux propriétaires de Triangle (291 millions de dollars de chiffre d'affaires) de se porter au secours de l'assiégeant et de se lancer à l'assaut de National Can (1,9 milliard de dollars de chiffre d'affaires). Ils emportent le morceau en déboursant 428 millions de dollars. A nouveau empruntés. L'année suivante, c'est une autre grande firme d'emballage, American Can, qui tombe dans leur escarcelle pour 550 millions de dollars. L'ensemble a belle allure.

S'ils se « paient sur la bête » (leurs salaires sont versés par Triangle sous forme d'honoraires à NPM), ils ont, contrairement à d'autres raiders, un goût avéré pour l'industrie. Ils « investissent » 200 millions de dollars en 1987 dans ce qui est devenu American National Can. Et 300 millions l'année suivante. On crie au génie. Peltz et May ont aussi de la chance. Le groupe profite d'une conjoncture extraordinaire (boom de la consommation, baisse des prix de l'énergie et de l'aluminium, baisse des taux d'intérêt...) : les comptes sont redressés.

Les deux associés ont des contacts avec la banque Lazard. Ils sont tentés de lancer un raid boursier sur le Français Carnaud. Ils sont maintenant reconnus par la communauté financière, catalogués comme des « créatures » de Michael Milken, dont on dit qu'il pourrait bien être le « troisième homme du Triangle ». Depuis les premiers scandales boursiers de 1986 à Wall Street, l'enfant terrible de Drexel-Burnham-Lambert est dans le collimateur de la Securities and Exchange Commission qui cherche par tous les moyens à le coincer. Nelson Peltz le sait. Le 1er avril 1987, il est à la réunion annuelle de la banque, à Los Angeles. Manifestation remarquée. La presse américaine la baptise le « Bal des prédateurs » (Predator's Ball) en raison du nombre de raiders recensés au mètre carré. Le propriétaire de Triangle figure parmi les deux mille invités qui ont été triés sur le volet et qui se pressent dans les salles de l'hôtel Beverly Hilton. Deux jours durant, on communie avec le « gourou ». Peltz se confie à *Business Week* :

— Des conseillers m'ont dit de ne pas venir, que ce serait une bonne idée de prendre du large par rapport à Drexel. Ce n'est pas une question d'argent. Je peux en lever n'importe où. Je ressens simplement une énorme loyauté et un grand amour pour Michael et je veux qu'il sente que je suis ici.

Sentiment honorable venant d'un homme qui reconnaît qu'il n'aurait jamais réussi sans les *junk bonds,* les « obligations pourries » de Milken. Mais le vent est en train de tourner. Et l'heure devrait être à la prudence. Or, l'année suivante, les deux raiders se lancent dans d'autres manœuvres délicates. Le 1er mars 1988, Central Jersey Industries (CJI), leur « machine de guerre » tenue jusque-là à l'écart de Triangle, prend le contrôle du groupe. CJI acquiert 31,6 % de Triangle et 63,5 % des droits de vote. Réaction indignée des actionnaires minoritaires, les petits porteurs. D'autant que CJI n'en reste pas là. Entièrement contrôlée par Nelson Peltz et Peter May, elle accroît sa participation dans ce qui devient « Triangle Industries Inc ». Le 7 juillet, cinq jours seulement avant que ne soient posés les premiers jalons de la vente de Triangle-ANC à Pechiney, CJI capte 66 % des actions et 91 % des droits de vote : le hasard fait décidément bien les choses.

Quatre mois plus tard, les deux baroudeurs de Wall Street sont les principaux bénéficiaires de l'OPA lancée par Pechiney. Les deux vendeurs ont emprunté 10 millions de dollars en 1983 pour acheter une affaire. Cinq ans après, elle rapporte 520 millions de dollars à Nelson Peltz et 314 à Peter May ! Profits considérables qui ne laissent pas la SEC indifférente. Les limiers de Wall Street, qui ont plus que jamais la volonté de coincer Milken, regardent le dossier de plus près. N'est-ce pas surtout ce qui explique son acharnement et le vrai point de départ de l'affaire Pechiney-Triangle ?

En France, le voile se déchire peu à peu. Au départ, le ministre de l'Economie et des Finances a tenté de minimiser son propre rôle. Contrairement à ce que l'on raconte alors dans son entourage, ce n'est pas lors de la visite de Jean Gandois, le 14 novembre 1988 rue de Rivoli, que le cabinet de Pierre Bérégovoy a pris connaissance des tractations en cours. Un de ses conseillers, au moins, suivait l'affaire depuis le début et était même à l'origine des premiers contacts avec les vendeurs. Le document américain qui accompagne la présentation de l'OPA de Pechiney sur Triangle certifie qu'un « officiel du gouvernement français » a rencontré, le 12 juillet, Nelson Peltz et son conseiller en Europe, Samir Traboulsi. Le 12 janvier, nous publions dans *Le Quotidien de Paris* cette note d'information destinée aux investisseurs de Wall Street. Et nous révélons le nom de cette personnalité : il s'agit d'Alain Boublil, le directeur de cabinet de Pierre Bérégovoy.

La nouvelle fait sensation. Le jour même, le ministre des Finances tient son traditionnel point de presse hebdomadaire, dans le salon Colbert. Il est harcelé de questions. Comme de coutume, Alain Boublil est assis à ses côtés. Silencieux. Pierre Bérégovoy interdit aux journalistes de s'adresser directement à son directeur de cabinet :

— C'est moi qui suis responsable du ministère. Je considère que je suis entouré d'honnêtes gens et que la campagne qui est actuellement menée n'est pas saine.

Le silence officiel ne fait qu'accroître le malaise.

« N'étant ni juif pratiquant, ni franc-maçon, ni provincial, ni prolétaire, ni grand bourgeois, n'appartenant ni à l'Inspection des finances, ni à aucun grand corps, je cumule dans le microcosme tous les handicaps » : en novembre 1988, quelques semaines avant que n'éclate l' « affaire Pechiney-Triangle », Alain Boublil dresse dans *L'Expansion* un portrait sans complaisance de sa propre personne. Il n'évoque pas, bien sûr, son embonpoint et sa petite taille — « Des centimètres qui nous coûtent cher ! », s'est exclamé un jour Jean Peyrelevade, alors conseiller de Pierre Mauroy à l'hôtel Matignon. Mais Boublil est lucide. Il explique bien les ressorts de son personnage : la soif de revanche et une féroce volonté de réussite sociale. A l'Elysée de 1981 à 1988, puis rue de Rivoli jusqu'au début de 1989, le petit prof, zélé militant socialiste des années 70, a réussi effectivement à compenser ses handicaps. Il est devenu puissant, l'un des « hommes du Président ».

Conseiller technique pour les « affaires industrielles » à l'Elysée, il est arrivé au « château » en mai 1981 dans le sillage de Jacques Attali dont il est l'un des vieux amis et le protégé. Dans les antichambres du palais présidentiel, ce Méditerranéen, né à Tunis il y a quarante et un ans, peut pendant sept ans assouvir son appétit du pouvoir. Sans que ses fonctions l'obligent à apparaître sur le devant de la scène. Aidé (ou desservi ?) par un caractère très autoritaire, Alain Boublil est l'un des « économistes » les plus influents du sérail socialiste. Diplômé des sciences politiques, titulaire d'un doctorat de troisième cycle en « économie industrielle », il est, en 1977, l'auteur d'un ouvrage, *Le Socialisme industriel,* dans lequel il plaide pour les nationalisations, facteurs, écrit-il, d'un retour au plein emploi. Ancien responsable de la commission économique du parti socialiste, il est fasciné par le petit jeu des « Monopoly » industriels. A l'Elysée, il est l'un des principaux artisans du programme de nationalisations du gouvernement Mauroy. Il s'attire les foudres des adversaires du

« Tout-Etat » parce qu'il préconise une prise de contrôle à 100 % des futures entreprises nationalisées. Il traite la plupart des grands dossiers de l'époque : la reprise du groupe Boussac par Bernard Arnault, la restructuration de la sidérurgie... Avec l'inséparable Charles Salzmann, le conseiller technique pour la communication et l'informatique du Président, il appuie Georges Pébereau lors de la reprise, en 1983, des activités téléphone de Thomson par la CGE et dans ses négociations avec les géants mondiaux des « Télécom ». Boublil-Salzmann-Pébereau : constitué, le trio va sévir plus tard lors du raid boursier contre la Société générale...

Mai 1988 : il est appelé rue de Rivoli par Pierre Bérégovoy. C'est la consécration de celui qui n'a jamais pu entrer à l'ENA et n'appartient pas à l'Inspection des finances. Rue de Rivoli, il continue de se tenir dans la coulisse. Avec Bérégovoy, comme avec Mitterrand, Alain Boublil préfère tirer les ficelles. Dans l'ombre. Il est une « éminence grise ». Il aime servir les « grands ». Un peu comme son ami Samir Traboulsi. C'est, sans doute, le seul trait de caractère qui les unit vraiment. Car si l'un est d'un naturel cordial et d'un commerce fort agréable, l'autre, depuis toujours, se distingue par des manières très hautaines. A l'université déjà, ses camarades aimaient à railler son allure ministérielle un peu vieillotte, très Troisième République.

L'accident de parcours qui fait chuter le bras droit de Bérégovoy ? C'est Pechiney. A priori, rien ne justifie sa présence dans cette affaire. Certes, le ministère des Finances supervise et doit donner son feu vert aux opérations importantes des sociétés nationalisées. Mais c'est le ministre de l'Industrie, Roger Fauroux, qui devrait suivre le dossier, étant en charge des entreprises du secteur industriel dont Pechiney fait partie. C'est pourquoi, dès les premières heures du scandale, le ministère des Finances est en émoi. Et non celui de Roger Fauroux tenu pratiquement à l'écart des négociations avec les Américains. Alain Boublil est au centre de toutes les rumeurs. Pour beaucoup, l'ancien conseiller aux affaires industrielles de François Mitterrand est un des personnages clés de « l'affaire ». Car on découvre, peu à peu, la nature des liens qui l'unissent à Samir Traboulsi et les circonstances qui lui ont fait connaître Nelson Peltz.

Les trois hommes ont déjà « travaillé » ensemble. En 1987 — à l'époque où Alain Boublil végète à l'Elysée, en raison de l'inconfortable cohabitation forcée avec le gouvernement de Jacques Chirac —, Samir lui demande conseil à propos d'un dossier intéressant son ami Peltz : le rachat de la Sofreb, une société d'emballage située sur le site de Pompey (en Lorraine), filiale du groupe nationalisé Usinor-Sacilor. Très au fait de la situation de la sidérurgie française qu'il a été amené à suivre durant les cinq premières années du septennat de François Mitterrand, Boublil a gardé quelques contacts avec les gens du secteur. Il suggère à ses interlocuteurs de voir Claude Dollé. L'ancien P-DG d'Usinor-Sacilor a été « débarqué » en 1986, lors du changement de majorité. Il peut leur être d'un grand secours. Après des mois de négociations, l'accord est imminent : il ne manque plus qu'un ultime paraphe. Mais Usinor-Sacilor se ravise, sans raisons apparentes. La Sofreb est vendue à Carnaud, le groupe de Jean-Marie Descarpentries qui a senti le danger et a surenchéri au dernier moment, ne voulant pas voir cette affaire, concurrente de la sienne, passer entre les mains des Américains.

Nelson Peltz revient en France l'année suivante. Cette fois, il souhaite vendre Uniroyal Chemicals, une firme chimique américaine, également sa propriété, au groupe nationalisé français Rhône-Poulenc. Les discussions traînent, et ce n'est pas de son goût. Elevé à la rude école du dollar, c'est un homme impatient et rapide. Il faut que les affaires marchent rondement :

— Les Français, les Français, on ne peut pas compter dessus, se plaint-il auprès de Samir Traboulsi. Ils ne tiennent jamais parole, surtout lorsqu'il s'agit de ces foutus groupes nationalisés.

Conseiller de Peltz, Samir essaie de le calmer.

— Ecoute, j'ai un ami en haut lieu. On va aller le voir et tu lui exposeras tes griefs.

Rendez-vous est pris : Alain Boublil le recevra le 12 juillet. Le bras droit de Pierre Bérégovoy voit-il là l'occasion, la perspective de se replonger dans le monde de l'industrie ? Il est difficile d'échapper à ses vieux démons. Les événements s'enchaînent à plaisir. Le 20 juin, Jean-Louis Vinciguerra, le directeur financier de Pechiney, rend visite à Boublil. C'est la routine : il vient lui exposer les problèmes de financement du groupe et préparer la rencontre que son patron, Jean Gandois, doit avoir avec le ministre le 19 juillet. L'adjoint de Bérégovoy sait que le groupe nationalisé est à la recherche d'une acquisition de taille mondiale dans le secteur de l'emballage. Fabricant d'aluminium, Pechiney ne pense pas spécialement à ANC. C'est un trop gros morceau.

Quelques jours plus tard, Alain Boublil retrouve Jean-Louis Vinciguerra. Sur les courts de tennis du très privé Racing Club de France dont ils sont tous deux membres. La discussion porte sur les ambitions de Pechiney. Le nom de Triangle-ANC est cité.

— Je connais leur représentant en France, dit Boublil à Vinciguerra.

— Pas la peine, répond l'autre, quelqu'un a déjà été chargé de les approcher aux Etats-Unis.

Pechiney a choisi pour cela le banquier d'affaires franco-américain Yves-André Istel. On en reste là.

Le sujet est de nouveau évoqué lorsque Boublil revoit par hasard Jean-Louis Vinciguerra dans les couloirs de la rue de Rivoli. Le directeur financier vient rendre visite à Pierre Fernandez, un autre conseiller du ministre. En prévision de sa prochaine rencontre avec le propriétaire de Triangle, le 12 juillet, le directeur de cabinet revient à la charge :

— Je vois Peltz dans quelques jours. Etes-vous intéressé ? Que faut-il lui dire si le nom de Pechiney vient sur la table ?

— Il faut que je voie avec mon président.

La réponse de Jean Gandois lui est communiquée, par téléphone, le 11 juillet, la veille du rendez-vous avec Nelson Peltz et Samir Traboulsi :

— Pechiney est prêt à discuter avec Triangle d'une éventuelle collaboration.

Le lendemain, Alain Boublil fait passer le message. L'entrevue commence par une longue litanie sur les carences des industriels français. Nelson Peltz rappelle ses déboires. Il n'a pas réussi à acheter une firme d'emballage en France. Il n'arrive pas à vendre Uniroyal à Rhône-Poulenc.

— C'est la dernière fois que l'on me reprendra à vouloir faire des affaires chez vous.

Alain Boublil a l'œil vif et sait être enjôleur. Il tente de recoller les pots cassés. Quand nous le rencontrons, Samir Traboulsi nous raconte la scène. Boublil :

— Le gouvernement a changé. Nous voulons donner un nouveau souffle à l'économie du pays. En particulier au secteur nationalisé. Nous sommes devenus plus souples avec les étrangers. Il est maintenant possible d'acheter et de vendre des entreprises françaises.

Le directeur de cabinet ne résiste pas au plaisir de brusquer les événements.

— Et vous, pourquoi ne céderiez-vous pas votre firme d'emballage à un groupe français comme Pechiney ?

— Pourquoi pas ! répond le raider américain, sur un grand éclat de rire. Vous savez, American National Can vaut très cher. Vous ne trouverez pas une entreprise en France qui ait assez d'argent pour se payer notre groupe.

Alain Boublil relance le jeu.

— Pechiney est un groupe nationalisé, propriété de l'Etat. Or, l'Etat français a beaucoup d'argent.

Sur ces bonnes paroles, l'entrevue prend fin. L'idée du rachat du numéro un mondial de l'emballage par Pechiney est lancée.

— Jamais il n'a été question d'achat et de vente, et à fortiori de prix de transaction, rectifie plus tard le bras droit du ministre des Finances. Par la suite, mon rôle a simplement été de me tenir au courant de l'évolution des négociations.

Après la rencontre Boublil-Peltz-Traboulsi, le projet d'un rapprochement Pechiney-ANC fait son chemin. Le 28 juillet, Jean Gandois déjeune à Paris avec l'homme d'affaires américain flanqué de son conseiller libanais. Il est assisté de Jean-Louis Vinciguerra, Jean-Pierre Ergas, le patron de sa branche emballage, et Yves-André Istel de la banque d'affaires new-yorkaise Wasserstein-Perella.

Jean Gandois et Nelson Peltz se connaissent. Ils se sont déjà rencontrés une fois, un an auparavant. C'était à l'époque où American National Can voulait acquérir Cebal, la filiale d'emballage du producteur français d'aluminium. Après un premier refus, le dossier s'était enlisé.

Le déjeuner traîne en longueur. Il est raconté par Jean Gandois :

— Le rôti passe, ainsi que le fromage. Juste avant le café, je me décide à poser la même question qu'en 1987. Etes-vous prêts à vendre ANC ?

Nelson Peltz lui refait à peu près la même réponse qu'à Alain Boublil. Le « *Maybe* (Peut-être !) » de l'année précédente cède la place à un :

— Oh, oh, je ne sais pas ! De toute façon, ce sera très cher.

Mais il ajoute :

— Proposez-moi un prix, proposez-moi un prix.

Jean Gandois aime les discussions claires, précises. Il veut davantage d'éléments :

— Ecoutez, monsieur, soyez sérieux. Je ne sais même pas ce qu'il y a dans votre société. Si vous êtes d'accord, regardons votre affaire pendant le mois d'août.

Nelson Peltz accepte.

— Bon, mais je veux que ce soit très discret. S'il y a la moindre fuite, je dirai que je suis venu acheter Cebal et que vous m'avez encore répondu qu'elle n'était pas à vendre.

Rendez-vous est pris pour le 11 août, à Figari, en Corse, où Jean-Louis Vinciguerra et Jean-Pierre Ergas, chargés par Jean Gandois de débroussailler le dossier, vont passer leurs vacances d'été. La discrétion et la confidentialité des discussions sont assurées. Personne ne pourrait imaginer qu'ils utilisent leur villégiature annuelle pour traiter une affaire sensible. C'est d'ailleurs Samir Traboulsi qui en a eu l'idée. Nelson Peltz et lui doivent également prendre quelques jours de repos, en Méditerranée, sur des yachts loués. Ils arriveront par bateau dans la baie de Figari où se trouve, sur le bord de mer, la maison familiale des Vinciguerra.

Le 11 août au matin, les deux navires se profilent à l'horizon. Majestueux. Nelson Peltz arrive de Sardaigne. Son yacht, le *Part 6,* vient des Etats-Unis. Celui de Traboulsi, le *Paminush* du prince de Fürstenberg, a quitté la Côte d'Azur quelques jours avant. Sa femme, ses enfants sont à bord, avec un couple ami. Samir, lui, est en Corse depuis la veille. Il y est venu en petit avion privé pour organiser la réunion.

Quand les deux yachts jettent l'ancre, à quelques encablures de la plage, Jean-Louis Vinciguerra et Jean-Pierre Ergas sont amenés en Zodiac. Le luxe des navires les étonne autant qu'il les émerveille. Ils sont sur de vrais bateaux pour milliardaires, comme les aiment les armateurs grecs. Les deux cadres de Pechiney sont surtout surpris de retrouver sur le *Paminush* une personnalité qu'ils connaissent bien : Alain Boublil. Le directeur de cabinet de Pierre Bérégovoy est venu passer quatre jours de vacances, avec sa femme et ses deux enfants, sur le navire de son ami Traboulsi. Le monde est décidément bien petit qui vous fait vous rencontrer en si peu de temps sur les courts de tennis du Racing Club de France au bois de Boulogne, dans les bureaux de la rue de Rivoli, puis sur un yacht dans l'Ile de Beauté.

Les négociations commencent. Sans attendre. Jean-Louis Vinciguerra, Jean-Pierre Ergas, Nelson Peltz et Samir Traboulsi s'isolent dans un des petits salons du navire. Alain Boublil affirme qu'il n'a pas participé aux discussions. Ce que nous confirme son ami libanais :

— Cela ne le concernait pas. C'étaient des négociations très techniques.

Pendant toute la matinée, Nelson Peltz répond à un flot de questions : combien d'usines, quels effectifs, les parts de marché, les produits, etc. Vient l'heure du déjeuner : on rejoint amis, femmes et enfants sur le pont, pour un repas décontracté. Et on en reste là. Le *Part 6* a des ennuis de moteur et le propriétaire de Triangle est pressé de regagner la Sardaigne. On se sépare.

Une seconde réunion est prévue. Sept jours plus tard. Le 18 août, les quatre hommes, rejoints par Jeffrey Rosen, un collaborateur de Wasserstein-Perella, se retrouvent à Monte-Carlo. Là encore, on sait joindre l'utile à l'agréable. Le *Paminush* croise au large de la Principauté durant toute la journée. La vue est magnifique et le déjeuner de travail a lieu en maillot de bain. On se retrouve le soir pour dîner à la terrasse de l'Ermitage. Mondanités... Samir est chez lui à Monaco.

Mais lorsque, à la fin du mois d'août, Jean Gandois reçoit le premier rapport de ses collaborateurs, le P-DG est à moitié satisfait. Il veut en savoir plus. Il s'en ouvre à Peltz lors d'un déjeuner chez Traboulsi, à Paris :

— J'ai besoin de renseignements complémentaires. Le 15 septembre au soir, je pourrai vous dire si nous poursuivons ou non et vous faire une première proposition chiffrée. MM. Ergas et Vinciguerra iront à New York, le 16, pour discuter avec vous de cette proposition. J'attendrai un coup de téléphone à minuit, heure française, pour savoir si je dois prendre le Concorde du lendemain matin.

Suspense. Le 16 septembre, les deux négociateurs de Pechiney sont accompagnés de leurs conseillers juridiques et financiers. La discussion porte sur les termes d'une possible transaction et, pour la première fois, sur une « fourchette » de prix : entre 46 et 48 dollars l'action Triangle. Soit un cours de bourse nettement plus élevé que celui qui est coté à Wall Street. Mais les conditions fixées sont draconiennes. Jean Gandois et Jean-Martin Folz, l'ancien P-DG de Jeumont-Schneider (le numéro deux du groupe Pechiney) se joignent aux discussions le lendemain. Sans résultat. Les Français expliquent qu'ils veulent bien racheter ANC mais « pas le marécage qui l'accompagne » : les machines à sous, les sociétés immobilières, le contrat de consultant de NPM, les *junk bonds,* etc., tout ce que Jean Gandois appelle le « poto-poto », par référence à la vase grise des marigots dans les rivières du Sud.

— ANC tout seul, ça vaut mon prix. ANC et le « poto-poto » vendus ensemble, ça ne vaut pas plus de 10 dollars, assène-t-il, catégorique.

Pour des raisons fiscales (impôts sur les plus-values) Nelson Peltz veut vendre le tout, en bloc. Les négociations achoppent, mais n'en continuent pas moins. Le propriétaire de Triangle change d'avis cinq fois par jour. Les 23 et 25 septembre, de nouvelles rencontres ont lieu. Financiers et juristes essaient de concilier les positions des parties. Mais Nelson Peltz passe son temps à dénigrer la façon de travailler des Français. Le 27 septembre, grande star, il claque la porte :

— *The transaction is over* (Les ponts sont rompus).

Sa bouderie d'acteur ne dure pas. Le 7 octobre, Samir Traboulsi téléphone à Jean Gandois pour renouer le contact. Un nouveau rendez-vous est pris avec Peltz. Il aura lieu le 11 octobre, dans une suite de l'hôtel Ritz, le palace de la place Vendôme à Paris. Finalement, le propriétaire de Triangle accepte de garder le « poto-poto ». Maintenant, il est même pressé. Il veut que l'accord soit conclu avant le week-end du 1er novembre. On se reverra le 29 octobre. Mais, si lui ne sait pas jouer les grandes coquettes, Jean Gandois sort le grand jeu. Il n'est pas de ceux que l'on bluffe avec des yachts, un dîner à l'hôtel Ermitage, des relations politiques affichées ou des caprices de diva. Lui aussi s'y entend pour amuser le tapis. Et parvenir à ses fins. Il se ravise, considérant qu'il y a encore trop de questions en suspens. Il ajourne la réunion et la repousse au 11 novembre. Pendant ce temps, les équipes continuent de négocier. Le « sommet » doit se dérouler à Palm Beach, en Floride. Nelson Peltz demande 75 dollars par action, les Français en proposent 50. Il reste surtout à évaluer le « poto-poto ». Le 11, les positions sont rapprochées. L'un a descendu son prix de vente à 60 dollars, l'autre a remonté le sien à 51. Mais le marchandage continue. De plus belle. De retour en France, Jean Gandois entreprend sa tournée des ministères. Il lui faut le feu vert des pouvoirs publics. Il lui est accordé, le vendredi 18 novembre, par le Premier ministre Michel Rocard, après que l'Elysée a examiné le dossier et donné son imprimatur. Suit l'aval de son conseil d'administration : il peut maintenant repartir pour New York et finir la négociation. Jean Gandois est loin, bien sûr, d'imaginer que, parmi ses interlocuteurs, à Paris, on a déjà vendu la mèche à quelques spéculateurs indélicats...

Le dimanche 20 novembre à 16 heures (heure de Paris), l'accord final est passé. Au prix de 56 dollars.

Pour des raisons juridiques, Nelson Peltz et Peter May ne peuvent vendre directement ANC. Pechiney doit lancer une OPA sur les titres détenus par les actionnaires minoritaires de Triangle (les 33,7 % des actions encore dans le public), aux mêmes conditions financières que pour les deux propriétaires. Une opération de 7,5 milliards de francs, bientôt réduite à 6 milliards. Car il est prévu que le groupe français revende à Peltz et May, dans les soixante jours, tous les actifs hors emballage, le « poto-poto ». Pour 200 millions de dollars : un peu plus de 1,4 milliard de francs. Afin de différer le paiement de ses impôts sur la plus-value qu'il réalise ainsi avec Peter May, Nelson Peltz se fait payer par une « note » (un billet à ordre de dix ans, garanti par la BNP) et non en cash.

En ce début d'année 1989, Alain Boublil garde le silence. Rue de Rivoli, il se retranche derrière « l'obligation de réserve » propre à sa fonction. Jean Gandois est sur la défensive. L'euphorie de l'opération passée, certains commencent à poser des questions sur le prix payé par Pechiney pour le rachat d'American National Can. Comment a-t-on pu passer de 10 dollars, cours auquel l'action se traînait avant l'OPA, à 56 dollars ? Yves-André Istel répond :

— Le prix de Triangle n'est pas exagéré. Le groupe était grevé par des charges d'exploitation d'activités autres que l'emballage, comme les juke-boxes, l'immobilier... et par les frasques que MM. Peltz et May faisaient supporter à leur holding. Triangle subissait également le coût des obligations à haut risque (les *junk bonds*) émises pour un montant de 1,9 milliard de dollars et à un taux d'intérêt de 15 %... Ajouté au fait que les minoritaires n'avaient quasiment pas de droits de vote — MM. Peltz et May s'étant arrangés pour en détenir 91 % —, l'ensemble de toutes les charges explique que cette action, au marché très limité, se traînait autour de 10 dollars.

Pour le reste, le banquier défend Jean Gandois. Le prix réglé correspond à la valeur réelle d'ANC :

— Aux Etats-Unis, lorsque l'on paie une affaire, on se base sur les *operating incomes,* les bénéfices avant impôts et intérêts. Pechiney a payé dix fois les résultats. Comme Carnaud, lors de son achat de la firme anglaise Metal Box. Or, personne n'a dit que Carnaud avait payé trop cher. Et Metal Box n'est pas, comme ANC, la première firme dans son secteur d'activité.

Yves-André Istel concède, tout juste, que le prix a été « tiré » de quelques dollars.

— A la fois par la volonté de Pechiney et de son

président, pour réaliser une opération d'envergure qui donne au groupe la dimension internationale qui lui manquait. Et aussi par celle d'Alain Boublil, directeur de M. Bérégovoy, pour illustrer la réussite de la politique industrielle dont il était le défenseur, grâce à cette acquisition spectaculaire menée par une entreprise nationalisée.

Chez Pechiney, on s'en remet au jugement des analystes financiers, français et américains : tous considèrent que l'affaire s'est négociée au « juste prix ».

Meurtri parce que le nom de son groupe est « accolé à des magouilles » dans lesquelles « il n'est pour rien », le P-DG de Pechiney ramène l' « affaire » sur le terrain politique. Le 30 janvier 1989, jour du dépôt du rapport de la COB, il pousse son premier cri de colère :

— D'où venait la fuite ? Après tout, tous les « initiés » avaient été triés sur le volet. J'ai une idée personnelle. Mais je ne peux pas la dire. Ce serait de la diffamation. Mais [...] je suis convaincu que la fuite vient de France.

6.

« *Monsieur le vice-président* »

Dans son petit bureau de l'Elysée, qui surplombe l'avenue Marigny, le docteur François Durand de Grossouvre est atterré. Vieux complice du président de la République que l'on voit avec Gaston Defferre et quelques autres sur les nombreuses photos disposées autour de lui, il est l'un des rares, avec Roger-Patrice Pelat, qui soit admis à partager son intimité. L'homme est secret, affable, fidèle jusqu'à entretenir à l'égard du chef de l'Etat un sentiment paternel. Mitterrand, Pelat et lui sont de la même génération. Quelque chose d'indéfinissable les rassemble tout en ne cessant de les opposer. Mitterrand adore Pelat qui supporte Grossouvre, lequel se méfie de Pelat qui partage avec lui les mêmes amours : Mitterrand, la chasse, la bonne chère, les personnes bien mises, les femmes élégantes, les belles intelligences et aussi la même méfiance à l'égard d'une gauche qu'ils servent pourtant loyalement, sans y appartenir, puisqu'ils sont tous deux, et au fond d'eux-mêmes, de la droite bien pensante... et non militante. Etrange équipage ! A l'origine, Mitterrand est de droite et il est, aujourd'hui, le chef de la gauche ; Pelat est un communiste devenu un conservateur qui n'a pas oublié son passé ; et Grossouvre n'a quitté la droite que pour sacrifier aux apparences et consacrer le reste de sa vie au service d'un grand homme, son illustre ami qu'il admire et vouvoie, mais que Pelat tutoie. Lui est le confident, et Grossouvre la conscience du Président. Il est inquiet. Ses yeux sont rougis. Autant par la fatigue que par la peine. Le nom de Pelat vient d'apparaître à la « une » des journaux. Voilà plusieurs années qu'il pressent l'incident, pour ne pas dire le scandale. Combien de fois n'a-t-il pas prévenu le Président de ce qui se disait dans Paris et les capitales étrangères à propos de Roger-Patrice et de ses imprudences ? Exploitant agricole fortuné, le docteur de Grossouvre n'est pas à la présidence de la République un homme d'argent. Sous ses dehors de « nouveau riche », Pelat, avec sa Rolls-Royce or métallisé, use de manières qui le font plus ressembler à un capitaliste sans complexe qu'à un vieux démocrate désintéressé, ayant réussi sur le tard.

Nous sommes en janvier 1989. Après avoir éveillé l'attention de ses lecteurs en faisant (le 30 décembre) miroiter l'apparition prochaine, au côté de Max Théret, d'un autre « gros poisson » parmi les « initiés » de l'affaire Pechiney-Triangle, *L'Express* tient sa promesse. Le 6 janvier, l'hebdomadaire dévoile son nom. Eric Dadier et Gilles Gaetner, deux de ses meilleurs journalistes, le connaissent depuis leur toute première révélation du 16 décembre. Mais, sans preuves, il leur a fallu vérifier l'information avant de la rendre publique. Dans les couloirs de la COB, on leur a confirmé que l'ex-juge Jean-Pierre Michau, responsable du dossier, vient d'entendre l'ami du Président, Roger-Patrice Pelat. François de Grossouvre lit l'article. On le devine désespéré : le pire vient d'arriver. Mitterrand n'a manifestement pas tenu compte des mises en garde multiples de ses amis. Certes, le chef des inspecteurs de la COB n'a pas établi de procès-verbal. Mais, selon les premières rumeurs qui enflamment les milieux politiques et la presse de la capitale, Pelat aurait acheté 5 000 actions Triangle (au moins) à Wall Street. Juste avant l'OPA de Pechiney. Comme Max Théret.

Comment peut-il se faire qu'un homme aussi averti et aussi proche du Président ait pu se fourvoyer dans une telle aventure, pour grossir sa fortune déjà fort belle ? Mais, surtout, comment celui que l'on a pu voir, depuis tant d'années, dans presque tous les voyages officiels du chef de l'Etat à l'étranger, a-t-il osé risquer sa réputation, celle du Président... et donc celle de la France, en allant s'égarer dans le petit monde des boursicoteurs et en utilisant les pires méthodes reprochées aux *golden boys* de l'empire de l'argent : Wall Street ? Les pires méthodes ? Nul ne songerait à lui adresser le moindre reproche s'il n'avait utilisé, de toute évidence, une information dite de « privilégié », c'est-à-dire d' « initié ».

A l'Elysée, on tremble : qui a informé Pelat ? Le Président reste de marbre. Malgré ce pesant silence, un membre de son cabinet décide d'appeler en consultation Christian Giacomotto, l'ancien directeur général du CIC devenu le président de la banque Arjil (initiales d'Arnaud et Jean-Luc Lagardère, ses principaux actionnaires). Apprécié pour sa compétence, l'aimable banquier est prié d'expliquer les mécanismes boursiers, de telle manière que l'entourage du Président puisse se faire une meilleure idée de la situation : elle est catastrophique. Si, en France, les autorités chargées de contrôler les marchés des actions se singularisent par ce qui ressemble à de l'amateurisme, en revanche, aux Etats-Unis, les gendarmes de la SEC sont des chasseurs qualifiés, patients, indépendants et impitoyables. Tombés dans le piège de Wall Street, Max Théret et Roger-Patrice Pelat n'ont aucune chance d'échapper à leurs fourches caudines.

Dans son appartement de l'avenue Raphaël, l'une des plus belles et plus recherchées de Paris, Pelat accuse le coup. Le téléphone sonne. Souvent. Il prépare sa défense : il ne dira rien aux journalistes massés devant les grilles de l'immeuble. Rien, absolument rien. Max Théret affirmera, courageusement, être celui qui l'a engagé dans cette pénible affaire, en toute innocence et parfaite intégrité morale.

En attendant, Roger-Patrice Pelat préfère réintégrer son château de La Ferté-Saint-Aubin, magnifique propriété où il entretient l'une des plus belles chasses de Sologne. Une équipe de La Cinq s'y présente. Les grilles sont hermétiquement fermées. Une caméra de télévision, disposée en hauteur, indique au châtelain que les reporters paraissent vouloir mener le siège. Quand ils se décident à le lever pour aller déjeuner, le restaurateur leur offre une bouteille de champagne, « avec les compliments de M. Pelat ». L'homme sait vivre. Chacun se plaît à reconnaître ses qualités de cœur et apprécie autant son intelligence que sa jovialité. Il est sans doute l'ami le plus attachant et le plus sympathique du Président. Même si ses manières apparaissent, à plus d'un, comme trop rudes. Car Pelat n'est pas un petit marquis parfumé. Franc et loyal, il sait ce qu'il veut, où il va et comment faire pour naviguer entre les récifs quand la tempête se lève.

De taille moyenne, massif, « Monsieur le vice-président » a un visage énergique. Ses sourcils épais contrastent avec des cheveux rares et grisonnants. Roger-Patrice Pelat a la silhouette d'un patron de province. Sa casquette trahit ses origines populaires, mais ses costumes d'une élégance discrète portent la griffe des meilleurs tailleurs de Londres ou de Paris. Impeccablement chaussé, il n'est pas de ces prétentieux qui s'admirent jusque dans le vernis de leurs souliers. Pelat n'est ni un vaniteux, ni un envieux. L'ami du Président possède un privilège que beaucoup lui envient dans les cénacles socialistes : il est le compagnon habituel des promenades journalières de François Mitterrand et son « conseiller de droite », selon la formule de Pierre Joxe, jamais en mal d'amabilités. C'est lui que les habitants des quartiers de l'Elysée ou de la rue de Bièvre voient régulièrement déambuler avec le chef de l'Etat. Sur l'une des rares photos où on les reconnaît côte à côte, les deux hommes ont à peu près la même taille et la même casquette de *gentleman farmer* posée sur le crâne. Ils paraissent inséparables. Eté comme hiver, qu'il pleuve ou que Paris soit écrasé par la canicule, le rite est quasi immuable. Vers midi, à l'heure de l'apéritif, et plus souvent en début d'après-midi, Roger-Patrice Pelat arrive en voiture à l'Elysée. Parfois dans sa majestueuse Rolls-Royce, que les gardes républicains ont ordre de laisser stationner librement dans la petite et jolie rue de l'Elysée, fermée à la circulation, à droite de la grille du coq, l'entrée d'honneur de la présidence. Quelques instants plus tard, il ressort flanqué du chef de l'Etat, par l'une des portes dérobées du palais. Jamais la même. Sécurité oblige. Les deux amis se donnent une heure pour « flâner dans Paris », selon la formule du Président. Ils se veulent « des piétons comme les autres ». Seuls les esprits perspicaces remarquent les anges gardiens du GIGN qui veillent sur eux : trois ou quatre promeneurs musclés, les yeux constamment aux aguets, à quelques dizaines de mètres derrière et devant eux ; sur la chaussée, une Renault 25 blindée qui roule au pas, et deux motos de forte cylindrée, avec sur chacune un passager monté, en armes discrètes et légères, sur la selle arrière. Pour satisfaire la curiosité du Président et assurer aussi sa protection, l'itinéraire est imprévisible. Un jour les deux promeneurs restent dans le voisinage du palais, s'arrêtent devant les vitrines des galeries d'art et des boutiques de luxe de la rue du Faubourg-Saint-Honoré. Un autre ils traversent la Seine, poussent jusqu'à Saint-Germain-des-Prés, vont même rendre visite à quelque ami. Un troisième jour, ils s'arrêtent sur les quais pour rechercher un vieux livre dans les casiers verts des bouquinistes. Parfois, la balade les mène chez les libraires du quartier Latin, ou aux expositions du Grand Palais. Mitterrand avoue même à Daniel Schneidermann [1] qu'il ne peut se passer de cette échappée quotidienne :

— Je vais acheter des livres, des cravates, je regarde les devantures des magasins, ce qui se vend dans les magasins de tissus, les chiens qui passent, les hommes, les femmes. Je regarde tout, quoi. Je le fais pour ma santé morale et physique.

Latche, Solutré, le restaurant La Gauloise de l'avenue de La Motte-Picquet, les soirées au théâtre ou les dîners entre amis... Roger-Patrice Pelat est le compagnon de tous les instants. C'est le « copain » fidèle à qui l'on peut se confier. Un rôle éprouvé par plus de quarante ans d'une amitié fidèle, sans nuage. Seules trois autres personnes de l'entourage mitterrandien peuvent prétendre au même degré d'intimité : l'homme de communication Georges Beauchamp, connu lui encore dans la Résistance, et maintenant vice-président du Conseil économique et social, « l'éminence grise » François de Grossouvre, accessoirement président des « chasses présidentielles » et, très certainement, son compagnon le plus désintéressé et le plus efficace ; André Roussellet, le patron des taxis G7 devenu le P-DG de Canal Plus.

Très vite, Roger-Patrice Pelat est surnommé « Mon-

1. *Tout va très bien Monsieur le ministre,* Belfond, 1987.

sieur le vice-président » par le personnel de l'Elysée. Moins en raison de ses liens d'amitié avec François Mitterrand que de l'ascendant réel qu'il exerce sur le Président. Il est l'un des rares à pouvoir tout lui dire. Un conseiller confie, à voix basse :

— Pelat peut voir François Mitterrand quand il le souhaite.

Il lui parle même avec une crudité de langage et un franc-parler qui détonnent sous les lambris dorés du palais présidentiel, mais qui font rire aux éclats l'inénarrable ministre du Budget, Michel Charasse, avec lequel Mitterrand et Pelat aiment bien se divertir. Pelat aime Charasse, mais déteste cordialement plusieurs membres du gouvernement.

— Un jour, ajoute un autre conseiller, je l'ai entendu marmonner : « Dis François, quand va-t-il arrêter ses conneries ton ministre ? Tu vas bien lui mettre un scotch sur la bouche [1] ? »

Roger-Patrice Pelat n'a pas — c'est vrai — la réputation de garder sa langue dans sa poche. Il est justement l'homme dont Mitterrand a besoin pour conserver un contact avec le réel. Pelat est direct. Il ne cache rien. Il parle, mieux que les conseillers officiels, de ce qui se dit dans la rue et les « dîners en ville », de l'état de l'opinion, du moral des chefs d'entreprise qu'il connaît bien. Ne dit-on pas que c'est François Mitterrand lui-même, début 1982, quelques mois après son arrivée au pouvoir, qui lui a demandé de cesser ses activités professionnelles et de vendre son entreprise, pour se mettre à temps plus complet à son service ?

Dans cette nouvelle activité, il ne se montre pas toujours très adroit. Ses excès de zèle sont fréquents et

1. *Les Familles du Président,* par Sammy Ketz et Maurice Szafran, Grasset, 1982.

ont laissé des souvenirs tantôt cocasses, tantôt fâcheux. Il en paie le prix lorsque l'affaire Pechiney-Triangle éclate. Il n'entrevoit pas encore l'étendue du scandale dans lequel il se trouve embourbé et semble surtout gêné par les accusations qui pleuvent sur lui à propos de ses activités para-étatiques, d'éminence grise confondant le service de l'Etat avec celui de ses propres intérêts. On lui impute de sombres, ténébreuses interventions dans le cercle restreint des courtiers en armes où l'argent coule à flots, pour des marchés (toujours discrets) conclus à coups de commissions mirifiques (10 à 25 % pour les plus importants). En pas même quinze jours, celui qui vivait si douillettement entre Paris et la somptueuse propriété de Sologne se voit affublé des étiquettes les plus gênantes. Le voici parachuté dans la compagnie des « marchands de canons » et traité de prébendier sans scrupule. Des documents anonymes circulent dans les rédactions. Nous-mêmes en recevons un le dépeignant sous les traits d'un middle-man (intermédiaire en anglais). Les détails ne manquent pas et l'affaire est sordide. Triste France qui renoue toujours avec les mauvaises habitudes. Pelat connaît ça. Il a vécu la guerre, la délation, la lâcheté collective, la curée des mécréants, le vol noir des corbeaux. Il est, dans son coin, abandonné, seul, tout seul, désespéré. Journaliste d'investigation à *Paris-Match,* Charles Villeneuve le surprend à la mi-janvier 1989 et le sort de cette si pesante solitude. L'homme qu'il rencontre est blessé :

— Je vis un procès en sorcellerie... En quarante ans, moi qui n'ai jamais vendu un pétard à bouchon, me voilà représentant de commerce en Exocet. Les contrats de défense me sont étrangers. Ni de près, ni de loin, ni mes fils ni moi-même n'avons entrepris de jouer les intermédiaires dans les marchés d'armes.

Mais la rumeur continue de faire ses ravages. Et Pelat ne parle plus. Au nom de la « raison d'Etat ». Silence « imposé » qui lui est dommageable. Quand, à la fin de juin, nous rencontrons longuement son vieil ami Max Théret avec lequel il s'est retrouvé en première ligne dans le dossier « Pechiney-Triangle », le témoignage que nous enregistrons se veut révélateur des misères qui l'ont accablé :

— Il se portait comme un charme, cette histoire l'a tué. Il y a eu des choses dégueulasses. Il a vu sa vie privée mise en place publique. Il a gardé cela pour lui. Je lui disais de répondre, de contacter les journalistes. Il n'a rien fait. Je pense que François Mitterrand lui avait demandé d'adopter un profil bas. Le Président, c'était son Dieu. Il a beaucoup culpabilisé. Il n'avait pas le cuir aussi dur que moi.

Une autre fois, Max Théret ouvre encore plus franchement son cœur. Propos cruels entendus par les journalistes du *Monde :*

— Il avait été très affecté par l'interdiction qui lui avait été faite de communiquer avec moi, même pour prendre de mes nouvelles...

Le faux pas de « Monsieur le vice-président » date du 15 novembre 1988. Ce jour-là, Roger-Patrice Pelat téléphone à son banquier, Bertrand Godbille, gérant de portefeuilles chez Hottinger et Cie, l'une des banques privées parisiennes les plus chic. Il lui demande d'acheter des actions Triangle à Wall Street. Sur-le-champ. A ce moment, personne en France ne connaît la firme américaine, propriétaire d'ANC. Seules quelques rares personnes, proches des négociateurs ou des pouvoirs publics, savent que Jean Gandois, le P-DG du groupe nationalisé Pechiney, va annoncer dans quatre jours le rachat de toutes les actions Triangle par son groupe. A un prix plus de cinq fois supérieur au dernier cours coté. Roger-Patrice Pelat, lui, doit-être dans le secret des dieux. Il demande à Bertrand Godbille de lui garnir son portefeuille de titres Triangle. Sans oublier ceux de sa femme Jacqueline et de ses deux fils Olivier et Patrice. La banque Hottinger téléphone au bureau parisien du broker américain Raymond James, et à Arnaud Desbarres, du bureau londonien du broker Goldman Sachs. Les deux agents de change exécutent l'ordre sans se poser de questions. Dès le lendemain, 16 novembre. Au total, les Pelat font l'acquisition à Wall Street, depuis Paris, non de 5 000, comme le disait la rumeur, mais de 10 000 actions Triangle : 7 000 pour Roger-Patrice, 1 000 pour chacun des trois membres de sa famille. La mise de fonds est d'environ 620 000 francs. Une semaine à peine plus tard, après l'annonce de l'OPA de Pechiney, l'heureux boursicoteur revend ces 10 000 titres (toujours à Wall Street, en passant par le « marché », et sans attendre le dénouement de l'OPA) et il empoche, avec les siens qui n'en reviennent pas, la coquette plus-value de 2,2 millions de francs.

Roger-Patrice Pelat — ses déclarations aux enquêteurs de la COB en font foi — paraît très à l'aise dans le monde de la bourse et des finances. Il n'achète pas des actions pour la première fois. Lorsqu'il téléphone au gérant de chez Hottinger, le mercredi 15 novembre dans l'après-midi, il ne précise ni les quantités de titres qu'il désire, ni le montant à investir. Bertrand Godbille le connaît bien. Sa femme, Marie-Christine, et lui habitent dans le même immeuble que les Pelat. Ce qui intrigue un moment les policiers de la Brigade financière. Godbille détient un mandat de gestion sur les comptes des Pelat. Il a l'habitude de travailler avec lui. Son train de vie et sa fortune inspirent confiance. Si Pelat lui demande d'acquérir un titre, sans en préciser le cours, le nombre ni les affectations ultérieures, consigne lui est donnée (qu'il respecte dans le cas des actions Triangle) d'investir, pour chacun des portefeuilles boursiers de la famille, l'équivalent de 0,5 % à 1 % de sa valeur. L'indication donne la mesure de la surface financière des Pelat à la banque Hottinger. Roger-Patrice ayant acquis pour 432 000 francs de titres Triangle, il y possède donc un portefeuille de 30 à 40 millions de francs. Sa femme et ses deux fils sont moins bien lotis. Mais leurs comptes gérés par Bertrand Godbille sont de l'ordre de 6 millions de francs chacun. Ce qui ne les classe pas parmi les actionnaires « populaires » chers à Edouard Balladur et Jacques Chirac.

Jovial, « grande gueule », Roger-Patrice Pelat reste étonnamment silencieux après l'annonce des soupçons pesant sur sa personne. A l'inverse de son ami Max Théret qui, lui, va multiplier interviews et déclarations susceptibles de justifier son coup de bourse à Wall Street. L'entourage présidentiel redoute son verbe souvent sans nuances. Car Roger-Patrice Pelat ne s'encombre jamais de beaucoup de précautions oratoires. Dès les débuts de l'affaire, les consignes sont précises : il faut l'isoler, le tenir à l'écart des médias, l'empêcher de parler. Toujours solide dans les coups durs, Max Théret a l'échine souple : il est là pour endosser la responsabilité de toutes les fautes commises.

— C'est moi qui ai conseillé à Roger-Patrice Pelat d'acheter des actions Triangle.

Le « vice-président » accepte bien volontiers la version de son ami dévoué. Non sans une fausse note. Contrairement à ce qu'affirme l'ancien patron du *Matin,* il nie, dans un premier temps, que sa femme et ses deux fils aient, comme lui, acheté des titres Triangle. Mais la suite de l'enquête établit le contraire. Pelat est défait.

Le dossier, où l'on trouve maintenant deux amis du Président mêlés au milieu des professionnels de la bourse et de l'argent facilement gagné, prend une tournure très politique. Avec l'apparition de Roger-Patrice Pelat, François Mitterrand est sur la ligne de feu. On découvre qu'ils se fréquentent depuis l'été 1941. Ils étaient ensemble au camp de Ziegenheim, près de Kassel, dans la région de Thuringe, aujourd'hui en Allemagne de l'Est. L'un des captifs, Léopold Moreau, se souvient qu'il y avait là 6 000 prisonniers.

— Roger-Patrice Pelat ne logeait pas exactement dans le même stalag que François Mitterrand. Celui-ci appartenait au stalag 9A. Il a connu Roger-Patrice Pelat, logé dans le 9C, à la faveur d'une visite à l'infirmerie.

L'ami de celui qui deviendra le président de la République française a la tâche insigne de s'occuper des séances d'épouillage et en rit volontiers :

— Il y a un proverbe grec qui assure qu'aucune amitié ne peut égaler celle de deux hommes qui se sont épouillés.

Franz-Olivier Giesbert a décrit la scène dans sa biographie consacrée au président de la République[1] :

« Au stalag 9C, Pelat préside aux séances d'épouillage, séances que Mitterrand honnit comme tout le monde, et auxquelles il ne se livre pas sans mauvaise grâce. Le système : les habits sont placés dans une étuve et les hommes — nus — disposés sous un rang de douches, par groupe de vingt, et pendant trois minutes. »

L'inconfort de cette situation passée n'empêche pas Roger-Patrice Pelat et François Mitterrand de se lier

1. *François Mitterrand ou la tentation de l'histoire*, Editions du Seuil, 1977.

d'amitié. Seuls les hasards de la guerre ont permis à leurs destins de se croiser. De deux ans plus jeune que François Mitterrand — il est né le 31 juillet 1918 à Saint-Cloud —, celui qui se prénomme encore Roger (Patrice est son nom de guerre) est un enfant du peuple, fils d'un père gazé pendant la guerre de 1914 et d'une mère d'origine bretonne, femme de ménage, puis ouvrière à la chaîne dans une blanchisserie de Boulogne. Sa jeunesse ressemble à un film populiste à la Prévert mis en scène par Carné. Sans diplômes — il n'a pas fait d'études —, il commence à travailler dès l'âge de 13 ans. Il est tour à tour aide-magasinier, apprenti boucher, peintre en bâtiment, garçon de café et même... chanteur de rues. Le Front populaire, en 1936, le trouve aide-magasinier chez Renault, à Boulogne-Billancourt. Il y fait la grève pour les « congés payés », découvre le communisme et prend sa carte du « parti ». Deux ans plus tard, en 1938, les militants communistes de la Régie le poussent à s'engager dans les Brigades internationales en Espagne. Cet élément de sa biographie reste controversé. Très attentif responsable de l'AVER, l'Association des anciens volontaires français en Espagne républicaine, Roger Ossarq ne possède aucune fiche au nom de Pelat dans les archives de son amicale :

— Roger-Patrice Pelat, de même que son ami Max Théret, n'a jamais appartenu aux Brigades internationales. C'est une légende entretenue. Si l'un et l'autre ont eu un parcours espagnol, ils ont dû appartenir aux colonnes du POUM, le parti ouvrier d'unification marxiste, de tendance trotskyste. Ou à des unités anarchistes. Nos archives sont complètes à 70 ou 80 %. Nous avons recherché, questionné : personne ne se souvient d'eux. Etant donné le renom de ces deux personnages, nous aurions eu des réactions de survivants, s'ils avaient réellement fait partie des Brigades.

Et puis, Roger-Patrice Pelat était trop jeune. Il avait 20 ans en 1938. Or, à de rares exceptions près, les Brigades refusaient les mineurs de moins de 21 ans — pour ne pas avoir d'ennuis avec leurs parents — ainsi que les jeunes gens sans formation militaire.

Quoi qu'il en soit — les récits des combattants étant bien souvent controversés —, à la déclaration de guerre, en 1939, ce « gavroche athlétique et futé », comme le décrit Giesbert, se retrouve dans les « commandos » à la frontière allemande. A l'époque de la drôle de guerre, c'est un emploi qui correspond parfaitement à son tempérament enthousiaste.

Fait prisonnier lors de l'offensive de 1940, Pelat est expédié dans le camp de Thuringe où les nazis concentrent certains de leurs prisonniers.

Solide, il est bagarreur, fier-à-bras. Déjà mûri par des expériences variées, Roger Pelat est tout le contraire de François Mitterrand, fils d'une bonne famille d'Angoulême. François sort à peine de l'univers sans relief des étudiants en droit du quartier Latin. La fascination des deux hommes l'un pour l'autre est immédiate.

Dans la passionnante biographie qu'elle a consacrée à François Mitterrand[1], la journaliste Catherine Nay rapporte une conversation d'alors. Mitterrand interroge Pelat. Curieux, il veut tout savoir.

— Raconte-moi encore ta vie, j'ai peut-être des choses à t'apprendre, mais toi tu en as plus encore.

Pelat parle. Mitterrand aussi. Une complicité naît. Les deux captifs rêvent. Pelat se rappelle :

— Il me disait : « Tu verras, plus tard il faudra bien que les hommes politiques nous écoutent. Nous allons faire beaucoup de choses tous ensemble. »

1. *Le Noir et le Rouge (ou l'histoire d'une ambition)*, Grasset, 1984.

Pelat est impressionné. Il voue à son compagnon d'infortune une admiration sans borne :

— Quel grand homme, j'ai toujours été sûr que François arriverait au plus haut.

Le Mitterrand d'alors n'est pas moins cultivé que celui d'aujourd'hui. Ceux qui l'écoutent sont fascinés par ses talents d'orateur, de conteur infatigable, faisant aussi « des cours sur Voltaire ou Rousseau ou sur la vie au quartier Latin ». Assis, il parlait sans notes pendant des heures.

Le futur Président nourrit une réelle affection à l'égard de Roger Pelat qui l'impressionne. La robustesse de l'ancien ouvrier de chez Renault, sa détermination, son âpreté au travail lui permettent de supporter, mieux que la plupart des prisonniers, la rudesse des conditions de captivité de Ziegenheim. François Mitterrand s'en souvient. Le 12 février 1989, lors de son intervention sur TF1, à l'émission « 7 sur 7 » d'Anne Sinclair, il explique son amitié avec Roger-Patrice Pelat :

— Nous étions un petit groupe, qui est resté très uni. Il n'a été séparé que par la mort depuis ce temps [...] Rares sont les prisonniers de guerre, dans de telles circonstances de misère et de solitude, qui ont montré autant de force d'âme, de caractère et de camaraderie [...] Rares sont ceux que j'ai connus pendant la guerre et dans ces circonstances, qui aient montré autant d'énergie, d'esprit de décision, de présence et de force que Patrice Pelat. Voilà comment s'est fondée ma fréquentation.

Après deux tentatives manquées (la seconde en compagnie de Bernard Finifter, juif russe émigré à Paris, lui aussi proche compagnon de stalag de François Mitterrand), Roger Pelat réussit à s'évader en décembre 1941. Le chef épouilleur qui s'est fait « muter » dans une ferme en profite pour fausser compagnie à son troupeau. A peu près en même temps que François Mitterrand, il parvient à regagner la France.

Catherine Nay fait tomber les légendes. Mitterrand ? « Sa hâte de fuir ses geôliers, pourtant, ne s'explique pas par ses seuls sentiments patriotiques. Des lettres alarmistes lui confirment que ses liens les plus doux sont en train de se distendre. Version guerrière et moderne des deux pigeons du bon La Fontaine : la tentation de s'envoler frappe surtout celui qui est à l'air libre. Si François s'évade, c'est surtout pour reconquérir une Marie-Louise dont les sentiments chancellent. »

La Marie-Louise s'appelle Terrasse et deviendra plus tard Mme Pierre Sabbagh, alias Catherine Langeais, entrée dans l'histoire de la télévision française comme l'une de ses premières et plus charmantes speakerine.

— Moi aussi, je me suis échappé pour retrouver la fille que j'aimais et quand je suis arrivé à Paris, elle m'avait plaqué pour un type qui s'appelait Plat, ajoute Pelat avec cette drôlerie qui plaît tant à Mitterrand.

Après un éprouvant périple à travers le Tyrol et les montagnes suisses, l'ex-ouvrier parisien est enfin libre. Il se retrouve, au mois d'avril 1942, à Saint-Laurent-du-Pont, une petite localité de la Chartreuse, dans les environs de Grenoble. Une de ses amies lui a indiqué l'adresse d'Hector Pinel. Ce patron d'une petite « tourbière », située sur la route reliant Saint-Laurent-du-Pont à Saint-Joseph-de-Rivière, accueille volontiers les anciens prisonniers et les réfractaires au STO (le service du travail obligatoire en Allemagne, instauré par Vichy à la demande de l'occupant). Aujourd'hui à Grenoble, sa veuve se souvient très bien de l'arrivée de Roger Pelat, alors âgé de 25 ans. Elle nous raconte :

— Il venait de s'évader. Il ne possédait rien. Même pas de quoi se vêtir ! C'était un jeune homme fort sympathique. Un peu fougueux. Mon mari lui a proposé du travail et il a rejoint les gars de son âge employés à la tourbière. D'après les livres de comptes que je possède encore, il est resté chez nous jusqu'en septembre 1943.

Vivre dans la puanteur dégagée par les végétaux en décomposition qu'Hector Pinel exploite ne gêne pas Pelat. Il en a vu d'autres. Ouvert, au début de la guerre, pour faire face à la pénurie de charbon, le chantier d'exploitation des tourbières de Saint-Laurent-du-Pont emploie une dizaine de jeunes gens heureux de trouver là un gîte et un petit salaire. Roger Pelat apprécie cette vie. Installé à l'hôtel Benoit, il y reste une année. Le temps de faire son trou. Quand Hector Pinel s'absente, c'est lui qui dirige les travaux. Industriel grenoblois maintenant à la retraite, Georges Bonnet est à ses côtés :

— Nous étions jeunes et joyeux, un peu insouciants sans doute, et nous pensions surtout à bien manger, une fois terminée la journée de travail. J'ai gardé le souvenir de plusieurs tables généreuses et sympathiques que nous fréquentions, avec Roger-Patrice Pelat, à Saint-Laurent-du-Pont[1].

Le réfractaire des tourbières est-il aussi, comme le veut la petite histoire, « un héros du maquis de Saint-Laurent-du-Pont, avant que ne lui soit confiée la Résistance de toute l'Isère en 1943 » ? Ancien de l'« Armée secrète », Georges Bois-Sapin, aujourd'hui installé à Echirolles, a établi l'organigramme de la Résistance dans la région, de 1942 à 1944. Il nous assure ne pas avoir trouvé la trace de Roger Pelat :

— Il n'y avait pas de maquis à Saint-Laurent-du-Pont. Il n'y a jamais eu de parachutage en Chartreuse.

1. *Les Affiches de Grenoble et du Dauphiné,* 10 février et 3 mars 1989.

Les armes des résistants de cette zone provenaient des stocks cachés par l'armée française, avant la débâcle.

Ancien membre du réseau « Témoignage chrétien » à Saint-Laurent-du-Pont, Noël Boursier se souvient, lui, de Roger Pelat. Mais il n'a pas le souvenir d'actions d'éclat :

— Il était grand, mince, beaucoup moins massif que sur les photos récentes. Chaleureux. Déjà assez turbulent. Il aimait bien la bonne table et faire la fête. A l'époque, il était effectivement en contact avec les résistants du coin. Mais il ne dirigeait aucun groupe. Il s'occupait surtout de la tourbière. Le chef qui commandait le secteur 2 de la Chartreuse, c'était François Joly Lyautey de Colombe, qui réside aujourd'hui à Colmar.

En septembre 1943, Pelat quitte les tourbières et se fait appeler « Patrice ». Il a rejoint les rangs du Rassemblement national des prisonniers de guerre (RNPG), le réseau de résistance animé par plusieurs de ses anciens compagnons de stalag. Parmi lesquels François Mitterrand. A la mi-mars 1944, le RNPG fusionne avec trois autres organismes et devient le MNPGD, le Mouvement national des prisonniers de guerre et déportés. « Patrice » s'y retrouve propulsé à la « direction militaire », aux côtés de Jean Munier, un autre du stalag 9A.

Séducteur impénitent, il vient de faire la connaissance, dans un train, d'une séduisante jeune fille. Elle se prénomme Christine Gouze, et sera plus tard la productrice de cinéma Christine Gouze-Rénal, épouse du comédien Roger Hanin. Les deux passagers sympathisent. Ils se revoient. Un jour de mars 1944, Christine invite quelques amis, chez elle, rue Campagne-Première à Paris. Pelat arrive, accompagné de François Mitterrand. Qui tombe en arrêt devant la photo de Danielle, la jeune sœur de la maîtresse de maison.

— Qui est-ce ?

— Ma sœur.

— Elle est ravissante ! C'est elle que j'épouserai.

Roger-Patrice Pelat est encore là, quelques jours plus tard, en avril 1944, au restaurant Chez Beulemans, boulevard Saint-Germain, lorsque Christine présente Danielle à François. Première rencontre peu prometteuse.

— A cette époque, François ressemblait à un danseur de tango, commente, peu amène, Roger-Patrice Pelat.

François Mitterrand et Danielle Gouze se marient tout de même, six mois plus tard, le 28 octobre 1944, en l'église Saint-Séverin, à Paris. Avec comme témoins Roger-Patrice Pelat et Henry Frenay, l'un des grands chefs de la Résistance. D'émotion, le maire du VIe en fait un lapsus... en déclarant, à propos de la future résidence des jeunes mariés :

— Le choix de la « résistance » incombe à l'époux.

Entre Mitterrand et Pelat, des liens quasi familiaux sont noués. Pour le meilleur et pour le pire. Pelat deviendra le parrain de Pascal, l'aîné des trois garçons de Danielle et François, disparu prématurément à l'âge de trois mois. Tragédie qui ne fera que renforcer leurs liens.

En août 1944, lorsque les rues de Paris se remplissent de barricades, Pelat s'emploie à créer son propre « corps franc ». On n'a jamais su que, grâce à l'entregent d'un certain Maurice Durand, secrétaire de la Fédération de catch, il déniche une troupe musclée : 170 catcheurs ! Il leur donne un nom ronflant, bien dans son style : « le Bataillon de la Liberté ». Le 21 août 1944, dans Paris en pleine ébullition, « Patrice » est à la tête de sa troupe et donne l'assaut à un bâtiment du commissariat général aux prisonniers, carrefour de la

Croix-Rouge, à l'angle de la rue des Saints-Pères et de la rue du Vieux-Colombier, à Saint-Germain-des-Prés. Ancien salarié du commissariat, Mitterrand vient lui-même de libérer, la veille, le siège central de l'organisme, rue Meyerbeer, près de l'Opéra. Avec ses deux amis du MNPGD, Jean Munier et Georges Beauchamp. Résistance symbolique des occupants de l'immeuble du carrefour de la Croix-Rouge. Pelat n'en obtient pas moins la réputation d'un chef de guerre et les galons de « colonel », lui le petit soldat. Même trajectoire que Jacques Chaban-Delmas subitement propulsé général pour, il est vrai, accomplir des actes héroïques lors de la Libération de Paris.

Vraie ou fausse, l'histoire veut que, pistolet au poing, Roger-Patrice Pelat ait aussi « libéré » les locaux de ce qui devint, peu après, le journal *France-Soir,* en compagnie de Roger Couderc, le regretté et sympathique journaliste sportif du petit écran. Dans l'enthousiasme un peu désordonné de ces journées d'été, le nouveau « Colonel Patrice » devient vite une « star ». Il sillonne Paris en uniforme à cinq galons dorés.

— C'était John Wayne, dit Georges Beauchamp, un des chefs du MNPGD.

Le Colonel Patrice est en tous cas un homme efficace. Maniant la réquisition avec beaucoup d'autorité, il installe ses hommes dans le cadre bucolique du « Château de Madrid », au milieu du bois de Boulogne. Lui-même s'octroie un bureau sur les Champs-Elysées, ainsi que deux appartements devant le champ de course d'Auteuil :

— Un pour lui, l'autre pour François Mitterrand, se souvient le journaliste écrivain Marcel Haedrich.

C'est là, dans le vaste bureau réquisitionné sur les Champs-Elysées, que François Mitterrand présente pour la première fois le Colonel Patrice à son frère

Robert. Il raconte la scène à Françoise Berger de *Libération*[1] :

— En uniforme FFI, colt à la ceinture, il avait fière allure. On reconnaissait le futur chef d'entreprise à voir comment ses hommes étaient bien habillés. Il n'y avait pas beaucoup de filles qui lui résistaient.

Mais le « Colonel » a tendance à en faire un peu trop. Les réveils au clairon, les réquisitions de beurre et de nourriture en Normandie, les invectives chez Lipp (en compagnie de Marcel Haedrich et François Mitterrand) avec un vrai lieutenant-colonel de l'armée régulière font scandale. On les supporte. Un jour, il dépasse la limite. Cette fois, ses excès ne lui sont pas pardonnés : contre l'avis des autorités militaires, le « Colonel Patrice » entreprend de faire défiler son bataillon de catcheurs sur les Champs-Elysées. Gouverneur de la place de Paris, le général Kœnig le fait chercher, manu militari, par deux soldats... et incarcérer illico à la prison du Cherche-Midi. François Mitterrand va plaider sa cause, personnellement. Il évoque la « jeunesse du coupable », son « dévouement au service du pays ». Il faut tout son talent de persuasion pour que Pelat puisse retrouver la liberté. L'effectif de son gai bataillon (immédiatement dissous) est incorporé à l'armée régulière.

Grâce à ses indéniables facultés d'adaptation, le retour à la vie civile du « Colonel Patrice » intervient sans trop de heurts. Pendant trois ans, il travaille dans une usine de machines textiles. Il est le chef de l'équipe de fabrication. Dans son intéressant livre de mémoires[2], Robert Mitterrand se souvient :

— Il y introduira l'esprit des commandos. S'il faut

1. « Celui qu'on appelait le " Vice-Président " », *Libération*, 23 janvier 1989.

2. *Frère de quelqu'un*, Robert Laffont, 1988.

travailler jour et nuit, il sera présent sans relâche et mettra la main à la pâte. Il est direct et familier avec les ouvriers qui reconnaissent en lui un des leurs et qui le suivent sans rechigner. Mais la structure industrielle et financière du groupe n'est pas à la hauteur de ses ambitions initiales. Patrice se rend bien compte de cette insuffisance et va se décider à reprendre sa liberté.

Commence alors l'association avec Robert Mitterrand. Brillant polytechnicien, Robert dirige, depuis le 22 janvier 1947, le cabinet de François, son cadet, entré au gouvernement de Paul Ramadier comme ministre des Anciens Combattants. Il le suit au secrétariat d'Etat à l'Information où François Mitterrand se signale par un anticommunisme forcené et où il pratique la censure. Mais, à la fin de l'année 1949, après la chute du gouvernement Queuille, Robert Mitterrand décide de quitter les affaires de l'Etat et de se lancer dans les affaires. Avec Roger-Patrice Pelat :

— Il n'avait ni titre, ni diplôme. Il était bien armé, pourtant, n'en déplaise à mes camarades. Il avait l'esprit d'entreprise et il était intelligent [...]. Nos expériences se complétaient et nos inclinations aussi. Bien qu'ingénieur, j'étais porté vers la prospection des affaires et la négociation des contrats. Patrice était plus près de l'industrie et du travail d'usine. De surcroît, nous nous entendions bien et nos rapports étaient toujours empreints de bonne humeur.

Sans capitaux, les deux hommes tentent d'abord leur chance dans l'exportation d'équipements industriels, de machines-outils et de matériel minier. Des débuts plus que modestes, dans un petit bureau d'une seule pièce, sous-loué à un jeune avocat de leurs amis. Le tandem Mitterrand-Pelat fait le rude apprentissage de la prospection des marchés internationaux. Attitude pittoresque dans cette France de l'après-guerre qui n'a presque rien à vendre, toute consacrée qu'elle est à la reconstruction de l'économie nationale ! Leurs déboires sont nombreux et la faillite les menace. Mais l'un et l'autre en tirent une expérience précieuse, une philosophie des affaires que Robert résume à sa manière :

— Notre souci est de nous faire une clientèle. Il s'agit de gagner la confiance de personnes de nationalités diverses, susceptibles d'acheter nos produits et qui savent qu'en toute occasion nous ferons l'impossible pour leur donner la meilleure qualité, avec le meilleur prix. Ces gens-là, il faut les visiter, connaître si possible leurs familles, les recevoir quand ils viennent en France, et, pourquoi pas, être parrain au baptême d'un de leurs enfants. Ce sont là, dira-t-on peut-être, des façons de petits commerçants. C'est bien possible, mais dans les grandes affaires, ce type de relations peut faire la différence.

Ce faisant, les activités des deux associés prennent de l'ampleur. Ils s'installent dans leurs propres locaux, rue Montalivet, à Paris, et recrutent des collaborateurs. En 1952, Robert Mitterrand obtient le titre honorifique de conseiller du commerce extérieur de la France. Mais, progressivement, le climat se dégrade. Robert Mitterrand se le rappelle avec une certaine amertume :

— Je voyageais beaucoup et, pendant mes absences, Patrice dirigeait la maison avec adresse et fermeté. Il était toujours animé d'un grand esprit d'initiative, et j'avais parfois la surprise, en rentrant à Paris, de trouver des transformations sur lesquelles j'aurais bien aimé qu'il eût pris le soin de me consulter [...]. De surcroît, le fonctionnement d'une association à parts égales, telle qu'elle était prévue au départ entre Patrice et moi, rencontrait des obstacles que nous n'avions pas perçus dans l'enthousiasme des premiers mois.

De son côté, Roger-Patrice Pelat se sent une vocation d'industriel. Un mariage réussi avec Jacqueline Lartigue, la fille d'un riche homme d'affaires du Sud-Ouest, lui procure les moyens de ses ambitions. Avec des brevets ramenés des Etats-Unis, il crée en 1953 la société « Patrice-Pelat-Vibrachoc » et se lance dans les mécanismes anti-vibratoires pour l'industrie. Robert Mitterrand est toujours avec lui mais, deux ans plus tard, il préfère suivre sa propre voie. « Divorce à l'amiable ». Il quitte Vibrachoc pour devenir le conseiller technique des Houillères du Nord et du Pas-de-Calais.

Même sans polytechnicien à ses côtés, l'autodidacte Pelat s'avère un homme d'affaires et un chef d'industrie hors pair. Les amortisseurs métalliques des débuts cèdent la place à des systèmes anti-chocs de plus en plus perfectionnés. Le P-DG n'oublie pas l'exportation. Très tôt, il essaime des filiales Vibrachoc sur l'ensemble du globe. Il y construit même des usines. En Allemagne, en Grande-Bretagne, en Espagne, au Brésil... La petite PME, lancée dans un petit bureau avec « 100 000 anciens francs », devient une société de 450 personnes. En 1981, elle réalise plus de 100 millions de francs de chiffre d'affaires. Le double avec ses filiales à l'étranger. Les produits Vibrachoc sont appréciés par les ingénieurs exigeants de l'armement ou de l'aéronautique. Les amortisseurs fabriqués dans l'usine de Boutigny-sur-Essonne, petite commune au sud de Paris, sont recherchés dans le monde entier. On les retrouve dans les navires, sur les locomotives, les chars d'assaut... et jusque dans les centrales nucléaires et sur les tableaux de bord des avions Airbus. Pelat fait même dans la haute technologie.

Le patron de Vibrachoc n'aime pas beaucoup les chiffres. Il lit souvent ses bilans financiers en diagonale. Mais il a de l'intuition, du savoir-faire, de l'entregent et une parfaite humanité. Les éclaboussures du scandale Pechiney n'ont pas entamé l'admiration que lui portent ses anciens collaborateurs que nous avons rencontrés. Un de ses principaux adjoints témoigne, mais nous prie de taire son nom :

— M. Pelat avait son franc-parler. C'était un homme très exigeant. Les relations avec lui étaient parfois orageuses. Mais il était toujours franc et sincère. Il était, sans conteste, un bon patron. Il nous dirigeait à la manière d'une équipe sportive. Avec les mêmes expressions de rugbyman que son ami Roger Couderc. « Allez les petits ! Haut les cœurs ! On pousse en mêlée ! » nous disait-il toujours. La société devait beaucoup à son charisme. Il n'hésitait pas à mouiller sa chemise pour aller chercher les commandes. C'était un commerçant extraordinaire, très chaleureux, sachant toujours se sortir des situations difficiles. Un homme à tripes. Il avait le culte de l'amitié. Le don des relations publiques. Il recevait souvent à Boutigny. Parfois dans son appartement de la rue Margueritte à Paris. Ou dans sa propriété de Barbizon. Les clients étrangers étaient éblouis. M. Pelat avait énormément d'amis. Des hommes comme Jean-Luc Lagardère, le P-DG de Matra. Ou Benno Vallières, l'ancien P-DG des Avions Marcel Dassault. Nous connaissions l'amitié profonde qui le liait à Mitterrand. Il y avait des photos de lui dans son bureau. Mais ce n'était pas un homme de gauche. Il nous expliquait qu'il savait faire la différence entre l'amitié et la politique. Si François Mitterrand ne venait pas lui rendre visite à Vibrachoc, en revanche nous avions l'occasion de voir très souvent leur ami commun Georges Dayan [1].

Roger-Patrice Pelat a manqué d'argent pendant sa jeunesse. Il connaît le prix de la pauvreté. Devenu un « grand industriel », il s'offre tous les attributs du patron qui a réussi. L'ancien commis boucher, l'ex-ouvrier de Renault et communiste repenti, s'est trouvé deux parrains prestigieux qui l'ont fait admettre dans les pages du très distingué *Bottin mondain.* Il y aligne ses décorations : commandeur de la Légion d'honneur, commandeur de l'Ordre national du mérite, croix de guerre 1939-45, rosette de la Résistance. Et aussi ses postes d'administrateur, à Air France et à la Snecma, sièges obtenus en 1982, après l'arrivée au pouvoir de François Mitterrand. Il mentionne encore ses qualités de membre de l'Automobile Club et du Yacht Club de France. Sans oublier, comme Cadet Rousselle, ses trois maisons : la principale, un immense appartement rue Margueritte, à Paris, à proximité de la place des Ternes (qu'il a quitté, en 1984, pour l'avenue Raphaël, près de la porte de la Muette) ; la propriété de campagne, « Le Petit Bois », dans un cadre bucolique en bordure de la forêt de Fontainebleau (elle aussi cédée lors de l'achat de l'immense domaine de La Ferté-Saint-Aubin, près d'Orléans) ; et, pour les vacances, « La Cigarella-Cala » sous le chaud soleil de la Corse. Seule cachotterie, Pelat a oublié de faire figurer dans l'étalage de sa richesse la villa de Palm-Island, dans l'archipel des Grenadines.

Cependant, le patron de Vibrachoc n'a pas honte de

1. Georges Dayan : conseiller d'Etat, avocat au barreau d'Oran ; ancien chef de cabinet de François Mitterrand sous différents ministères : Anciens Combattants, Information, France d'Outre-Mer, Conseil de l'Europe, Intérieur, Justice. Militant socialiste, Georges Dayan est resté jusqu'à sa mort le meilleur ami de François Mitterrand, avec Roger-Patrice Pelat.

sa fortune. Il n'en fait aucun complexe. Ses réceptions sont fastueuses. Il tient volontiers table ouverte dans les meilleurs établissements de Paris. La Marée, l'excellent restaurant de poisson de la rue Daru, à deux pas du siège de Pechiney, est sa cantine... où l'on voit souvent Jean Gandois. Il aime les belles, les rutilantes voitures. Ses garages en contiennent toujours trois ou quatre. Des bolides : une Ferrari, bientôt remplacée par une Jaguar XJS douze cylindres, à l'élégante carrosserie bordeaux, avec intérieur en cuir blanc. Ou des limousines plus cossues : la grosse Mercedes 500, pour les déplacements courants, et surtout la Rolls-Royce (pour les grandes occasions), toutes deux « or métallisé ». Elle ne fait pas moins sensation que la Rolls-Royce gris-bleu de son fils.

Les convictions de Pelat ont bien évolué. Devenu « patron », il affirme volontiers sa sympathie pour la droite. Ses incursions sur le terrain de la politique sont discrètes. En 1971, il se fait élire maire de la petite commune de Boutigny (1 500 habitants) où est installée sa principale usine. Avec une prudente étiquette : « indépendant de gauche ». De gauche? Par fidélité à Mitterrand qui s'en amuse. Elu, dans la foulée, conseiller général du canton de La Ferté-Allais, dans le département de l'Essonne à majorité communiste, il siège parmi les « non-inscrits ». Mais il vote avec la droite! Réélu en 1976, il ne se représente pas en 1982. Ses amis sont de tous les bords politiques : il n'est pas sectaire. P-DG de Matra, Jean-Luc Lagardère ne passe pas particulièrement pour un homme de gauche. Il est très proche de Pelat et le défend, aux plus durs moments de l' « affaire Pechiney-Triangle », peu de jours avant sa mort. Belle fidélité :

— Patrice est devenu mon ami il y a trente-cinq ans.

Je n'étais rien. C'est alors qu'on se fait de vrais amis ; depuis, jamais nous n'avons fait d'affaires ensemble ; nous sommes toujours restés amis. La fidélité, ça existe. Je ne lâche pas un ami.

Les relations à droite de Pelat sont variées. Il aime les gens qui lui ressemblent : le bouillant député RPR Robert-André Vivien est de ses « copains » ; ancien camarade de François Mitterrand au Parlement, le gaulliste Jacques Baumel a longtemps été son voisin dans l'immeuble de la rue Margueritte ; au même titre que Marie-France Garaud qui, elle, ne se vante pas des rapports d'affaires qui les unissent. Liens étranges !

Lors de la fameuse campagne pour l'élection du président de la République, en 1981, le chef de l'Etat, Valéry Giscard d'Estaing, a l'insigne honneur de se voir opposer la plus belle palette de tribuns que l'on puisse espérer. Pour la troisième fois, François Mitterrand est candidat. Premier secrétaire en congé du parti socialiste, il fonce tête baissée, la rose au poing, sur celui qu'il qualifie de « petit télégraphiste ». Référence à une démarche du Président sortant auprès de Leonid Brejnev, le secrétaire général du parti communiste de l'Union soviétique qui, depuis 1979, occupe l'Afghanistan, au grand dam de toutes les puissances occidentales. Secrétaire général du Parti communiste français, Georges Marchais est de la partie, assenant ses coups à l'un comme à l'autre, dans un style stalinien qui va lui faire mordre la poussière. Jacques Chirac est là, aussi, qui plante ses banderilles sur les trois, tandis que, sortie de l'ombre, Marie-France Garaud, son ancienne éminence grise, longtemps la plus proche conseillère (avec Pierre Juillet) de Georges Pompidou, le pourfend de ses flèches assassines. Diane chasseresse parfaitement formée au combat des idées et des mots, Marie-France tient un discours tonifiant : elle remet Marchais à sa place (Moscou), détrône Valéry Giscard d'Estaing, ridiculise Jacques Chirac et poursuit François Mitterrand... Sans le moindre espoir de le vaincre, mais en étant au moins certaine de porter à ses adversaires de droite un coup qui leur fera mal et qui leur sera d'ailleurs fatal. Mais nul, alors, ne peut imaginer que la « dame de fer » française puisse avoir la moindre relation avec cette famille de gauche sur laquelle elle déverse, jour après jour, des torrents de vérités cruelles.

Celle qui fut en son temps « Madame le vice-président » de la République, en raison de l'influence qu'elle exerçait sur Georges Pompidou, a installé son état-major au 31 du quai Anatole-France, à portée de vue de la place de la Concorde, de l'Orangerie et du Jardin des Tuileries. Le plus bel endroit de Paris, entre l'Hôtel de la Légion d'honneur et la Chambre des Députés. Si ses jeunes assistants viennent à peu près tous de la droite la plus dure, son lieutenant de campagne n'est pas n'importe qui : aujourd'hui garde des Sceaux, ministre de la Justice, Pierre Arpaillange a été, sous Pompidou, le directeur des affaires criminelles et des grâces... protégé par Marie-France Garaud et Pierre Juillet.

Les feux de la campagne électorale étant éteints et François Mitterrand élu pour former son premier gouvernement d'union de la gauche... avec les communistes, Marie-France conserve ses vastes locaux. Et, tandis que le Président s'emploie, non sans quelque mérite, à réduire sérieusement l'influence du parti communiste, la dame du quai Anatole-France crée, peu après, l'Institut de géopolitique, un organisme de prospective en matière de politique internationale où elle continue, notamment, d'étudier les problèmes de l'Est. Sa revue, *Géopolitique,* accueille volontiers les publicités des industries nationalisées de l'armement.

1983 : « la Société camarguaise de participations », une petite « coquille vide » rachetée à un établissement financier de la place, est ranimée pour abriter officiellement le brillant Institut. Société à responsabilité limitée, la Camarguaise dispose, au départ, d'un capital de 250 000 francs ramené à 50 000 en 1987. Ayant son siège social au 31 quai Anatole-France, les noms de ses porteurs de parts, associés dans l'administration de la société, sont dignes de ces lieux : Claude Didier est un notaire parisien ; Pierre Juillet est là, bien sûr, tout heureux de venir s'y distraire de son prenant élevage de moutons ; Marie-France Garaud est à ses côtés, écoutant attentivement le gérant... Roger-Patrice Pelat.

Surprenante cohabitation ! Nous la découvrons peu de temps après l'implication de Pelat dans l' « affaire Pechiney-Triangle ». Au deuxième étage du 31 quai Anatole-France, Marie-France Garaud est embarrassée. Nous l'interrogeons :

— Pour quelle raison figurez-vous aux côtés de Roger-Patrice Pelat dans cette société constituée peu après 1981, dans les locaux de votre campagne d'alors ?

La question ne lui plaît pas. Notre correspondante est manifestement gênée. Mais il lui faut s'expliquer :

— L'Institut de géopolitique est une association selon la loi de 1901. Elle n'a donc pas le droit de signer directement un bail commercial. Lorsque, en 1983, nous avons repris les bureaux du 31 quai Anatole-France, sous-loués auparavant à la banque Worms, il me fallait une société commerciale pour pouvoir les louer. Je connaissais Patrice Pelat. Il habitait à l'époque au troisième étage du 14 rue Margueritte, alors que j'étais installée au premier. Comme il était introduit auprès des gens de la BNP, c'est lui qui a trouvé la « Camarguaise de participations », cédée pour 100 francs par la Banexi, filiale de cette banque. Je lui ai laissé la présidence de la société où figure également mon ami Pierre Juillet. En deux circonstances — en 1986, quand nous avons changé le statut de SA en SARL, puis un peu plus tard —, j'ai failli lui demander de partir. Mais c'était un ami, et j'ai trouvé plus courtois de le laisser au poste de gérant. C'est tout. Cette société sert exclusivement à payer François Bacot, le propriétaire des locaux de l'Institut. Patrice Pelat n'a jamais contribué à son financement. Il n'a jamais passé de publicité dans ma revue. Le journal *Le Monde* a été correct avec moi. Ses journalistes m'ont déjà appelée à ce sujet. Mais ils n'ont pas jugé utile de publier l'information. J'espère que vous ferez de même.

Marie-France Garaud reconnaît que la Camarguaise de participations n'a qu'une seule activité. C'est elle qui débourse chaque année les 450 000 francs de loyer (37 500 francs par mois) de l'Institut de géopolitique et de sa revue. Elle n'est pas un organisme comme les autres. Particularité singulière : elle est « spécialisée dans les placements de valeurs mobilières et d'avoirs liquides » (*sic*). Valeurs mobilières ? Pour ceux qui n'auraient pas compris, il s'agit des actions cotées en bourse. Avoirs liquides ? Il est intéressant d'apprendre qu'une société de droit français est autorisée à gérer du « cash », sans avoir le statut d'établissement bancaire. Mais, astucieux financier, Roger-Patrice Pelat est suffisamment habile pour continuer, avec cet objet social sur mesure, à bénéficier des avantages offerts par la « coquille vide » récupérée grâce à la BNP.

Il est probable que les problèmes de gestion n'inquiètent pas outre-mesure l'ancienne candidate à la Présidence de la République. Dirigeant de la société, Pelat existe pour s'en débrouiller. Aux assemblées générales, chacun, comme un seul homme, vote sans discuter les bilans qu'il présente aux associés.

Marie-France Garaud omet encore de nous préciser que la révélation de ses liens avec Pelat a été tue, après qu'elle eut joint la rédaction en chef du *Monde*. Appels téléphoniques répétés... avec succès, auprès de plusieurs directeurs de journaux dont *Le Quotidien de Paris*, après que nous-mêmes l'eûmes jointe. Bons princes, n'ayant pas saisi la subtilité de son affaire (puisqu'ils ne la connaissaient pas), tous ont bien volontiers accepté sa demande.

Celle dont Françoise Giroud, la journaliste et ancien secrétaire d'Etat à la Condition féminine de Valéry Giscard d'Estaing, a pu dire qu'elle était « probablement l'une des femmes les plus haïes de France, parce qu'elle a beaucoup humilié et au-delà », a toujours le talent de convaincre et de jouer de son charme. Furtivement, seuls la *Lettre* « *A* » (d'Alain Dumait) et *Libération* ont fait état de cet insolite assemblage qui, peut-être, explique bien des choses. Comment interpréter autrement l'embarras de l'ancienne candidate à la Présidence de la République et ses démarches auprès de la presse pour que ne soient pas connus ses liens avec « Monsieur le vice-président » ?

Comme le dit un jour Georges Pompidou, lors d'une conférence de presse à l'Elysée :

— Comprenne qui pourra...

Roger-Patrice Pelat a d'autres liens avec « la droite » : l'ayant côtoyé sur les bancs du conseil général de l'Essonne, le député du parti républicain, Michel Pelchat, gère l'International Vibration Engineering (IVE), la société de Pelat, propriétaire d'une partie des brevets de Vibrachoc. Le 24 février 1989, Jean-François Lacan l'interroge, pour *Le Monde*. Pelchat précise qu'il est là « à titre amical, sans aucun salaire, juste quelques notes de frais ».

Bref, « Monsieur le vice-président » n'a que des amis

désintéressés. Et, comme il se plaît à le faire remarquer, « c'est d'autant plus agréable quand c'est un député ».

Le patron de Vibrachoc joue souvent les « passerelles » entre les deux bords de l'échiquier politique. Après 1981, il est de ceux qui interviennent auprès du nouveau président de la République pour que « l'outil de travail », c'est-à-dire les sociétés et leurs usines, n'entrent pas dans le calcul de l'impôt sur les grandes fortunes. Ou pour empêcher la nationalisation de Matra et de certaines banques menacées, elles aussi, d'être étatisées à leur tour. Jean-Luc Lagardère le remercie, en lui offrant un siège au conseil d'administration du groupe Amaury, éditeur du *Parisien libéré.*

Esprit libre et ouvert, Roger-Patrice Pelat n'a qu'une seule véritable passion : François Mitterrand. Membre du « premier cercle » de ses intimes, il ne le quitte jamais. En 1946, quand le tout jeune politicien songe à se faire élire député, c'est lui, le « Colonel Patrice », encore tout auréolé de sa fraîche gloire, qui obtient l'investiture du « Rassemblement des gauches républicaines ».

Fidèle parmi les fidèles, Roger-Patrice Pelat ne refuse rien à son ancien compagnon de stalag. Il est, avec Georges Dayan, celui qui va « tirer les sonnettes » des financiers durant les périodes électorales. Pelat, quand il le peut, y va de sa poche. Généreux, il ne compte pas. Rendre service à Mitterrand lui fait plaisir. Il s'en fait un devoir.

Durant toutes les années de sa traversée du désert, tout confiné qu'il est dans l'opposition au général de Gaulle, à Georges Pompidou et à Valéry Giscard d'Estaing, Mitterrand connaît souvent des heures difficiles. Licencié en droit, éphémère avocat, il peut compter sur la rente régulière que lui procurent ses fonctions de « conseiller juridique » chez Vibrachoc. Le « DAS 2 », le formulaire fiscal que demande tous les ans, à la société, le centre des impôts de Saint-Cloud (20, boulevard de la République) fait apparaître, au début des années 80, des honoraires annuels voisins de 60 000 francs. Cette source ne se tarit pas, en mai 1981, après l'élection à la présidence de la République. C'est Gilbert Mitterrand, son fils, élu à la même époque député de la Gironde, qui en hérite.

Juillet 1982 : date importante dans l'existence de Roger-Patrice Pelat. Il pense à se retirer des affaires et à céder Vibrachoc, l'entreprise de sa vie. L'idée lui trotte dans la tête depuis plusieurs mois. A 64 ans, le P-DG n'a plus l'entrain de sa jeunesse. En 1980, un accident cardiaque — une péricardite — l'a laissé de longs mois très affaibli. Lui qui se flattait de sa santé de fer doit maintenant se faire aider pour revêtir son manteau. La société ne marche pas trop mal. Les bénéfices s'améliorent. De 343 000 francs en 1979, ils sont passés à 2 millions en 1980 et 2,9 millions en 1981. Mais la concurrence est rude. Le prêt participatif de 3 millions de francs octroyé il y a deux ans par les pouvoirs publics ne suffit pas. Il faudrait un partenaire puissant pour pouvoir continuer les indispensables efforts de recherche. Et imposer sur le marché la dernière merveille de l'entreprise : les tout nouveaux systèmes autobloquants pour les tuyauteries des centrales nucléaires. Ses deux fils, Olivier et Patrice, sont des garçons sympathiques mais n'ont ni la passion, ni la compétence de leur père. Patrice Pelat junior fait cependant ses classes dans les affaires. Son père lui a mis le pied à l'étrier en lui confiant la direction d'Euroéquipement et Patoléquipement (où Olivier est présent). Ils commercialisent les préservatifs « Oui plus » et des cartes (de vœux, d'anniversaire...) musicales. Ils donnent aussi dans le courtage des vins avec la société Internégoce dont Alain Boublil est actionnaire.

A la Présidence depuis un an, François Mitterrand regrette de ne pas avoir son ami Pelat auprès de lui. Il le lui répète souvent :

— Patrice, prends du champ avec Vibrachoc et viens m'aider à l'Elysée. Toi au moins, tu connais la vie des entreprises, les P-DG, la réalité des affaires. Tu me seras plus utile que tous ces conseillers qui ne sont jamais sortis de leur bureau.

La décision n'est pas facile à prendre. Comme beaucoup de patrons, Roger-Patrice Pelat a une hantise : « ne pas se faire bouffer par les gros ou par les Américains ». Et assurer la pérennité de sa société. En tirant, si possible, un bon prix de l'entreprise à laquelle il a consacré trente années de sa vie. Au printemps 1982, la décision est enfin prise : il convoque ses proches collaborateurs :

— Je suis fatigué. Je vais essayer de vendre. Mes fils ne reprendront jamais l'affaire. Ce n'est pas leur truc. Préparez-moi une évaluation de Vibrachoc.

Après de savants calculs, la réponse tombe quelques jours plus tard : « 90 millions de francs. »

Le P-DG ne prend pas le temps de feuilleter le dossier. Seul le montant à encaisser l'intéresse :

— Pas assez cher : refaites vos calculs.

Les financiers revoient les chiffres. On réévalue çà et là « quelques actifs ». On utilise, notamment, le principe des vases communicants. Détentrice de 44 % du capital de Vibrachoc, la société financière Arfina vient à son secours... en lui cédant, pour le franc symbolique, des brevets qui ne valent pas tripette. Arfina est installée à Vaduz. Un paradis fiscal. On ne se rendra compte que bien plus tard — trop tard ! — de la non-valeur de ses « apports » à Vibrachoc... Et ce n'est pas tout : on parsème aussi les comptes de 30 millions de « biens incorporels ». Le *goodwill,* comme disent les comptables américains. Autrement dit : « la poudre aux yeux ». Le nouveau prix est fixé : 120 millions. Il convient à Pelat. Reste à trouver l'acquéreur. Ce ne sera pas un casse-tête... Le dossier est traité en haut lieu. Avec une attention inhabituelle pour une PME de 450 personnes. A l'Elysée, deux conseillers le suivent au jour le jour. Les anciens de Vibrachoc se souviennent encore de leur nom de code : « B and B ». Comme Bérégovoy et Boublil ! A moins qu'il ne se soit agi d'une marque de whisky. Bérégovoy est alors le secrétaire général de la présidence de la République et Boublil le conseiller du chef de l'Etat pour les affaires industrielles. Lui-même reconnaît qu'il a connu Pelat... en 1982. Mais il refuse obstinément de répondre à nos questions pourtant légitimes.

Sans doute impressionnés par tant de prévenance, les plus grands groupes du pays se penchent sur la petite entreprise. Thomson et Matra sont les premiers consultés. Ils déclinent la proposition. Heureusement, Georges Pébereau, patron de la puissante CGE, récemment nationalisée par le gouvernement de Pierre Mauroy, est averti par Charles Salzmann, le conseiller économique du « Château ». Pébereau est plus empressé.

Juillet 1982 : Alsthom, l'une des filiales de son groupe, prend le contrôle de Vibrachoc. Le fabricant du TGV paie 55 millions de francs pour acquérir 50,96 % du capital de la société. Deux banques, elles aussi nationalisées, la BNP (par l'intermédiaire de la Société briarde de participations) et le Crédit lyonnais (via deux sociétés, la Rhodanienne mobilière et l'Immobilière pour la France et l'Etranger) sont mises à contribution. Elles se partagent à parts égales les 49 %

restants. Au total, les propriétaires de Vibrachoc reçoivent quelque 110 millions de francs : 60 millions pour Roger-Patrice Pelat, qui cède ses 51,3 % ; 47 millions pour Arfina, la mystérieuse société financière du Liechtenstein, détentrice de 44 % du capital ; le solde, 3 millions de francs, revient aux deux fils Pelat, Olivier et Patrice.

Le « copain » de François Mitterrand peut se frotter les mains. Son affaire a été bien vendue. Un peu moins que les 120 millions qu'il réclamait. Mais bien davantage que les 90 millions des premières estimations d'experts. Une fois n'est pas coutume, la direction de la CGE a pris sa décision très vite. Malgré les réticences de Jean-Pierre Desgeorges, le P-DG d'Alsthom, il n'a suffi que de quelques jours. N'ont été consultés ni le « comité stratégique » de la CGE, ni le « comité des investissements » d'Alsthom, comme le veut l'usage lors de ce type d'acquisition... et pour un tel montant. Détail ! Désormais, le Président peut benoîtement présenter son ami « à la retraite » comme « s'étant établi dans une propriété qu'il exploite [1] ».

Il faudra attendre l'affaire Pechiney-Triangle pour que le rachat de Vibrachoc par Alsthom fasse couler un peu d'encre. Car, malgré des complémentarités avec sa nouvelle société mère (des débouchés dans le matériel ferroviaire, la construction navale, le nucléaire...), l'entreprise voit tout de suite ses comptes plonger dans le rouge. Six mois après son acquisition, Alsthom doit passer une « provision pour pertes » de 60 millions de francs !! Les P-DG se succèdent à son chevet pour essayer de redresser la situation. Ils coupent dans les

1. Citation extraite du sixième paragraphe, page 6, de la sténotypie de l'émission « 7 sur 7 » du 12 février 1989 qui, demandée par nous au service de presse de TF 1, porte l'en-tête : « Présidence de la République — Service de Presse. »

effectifs (passés de 450 à 330 personnes), déménagent l'usine de Boutigny à Lisses. En vain. Vibrachoc perd encore 12 millions en 1987 et 26 millions en 1988. La société chère à Roger-Patrice Pelat n'en finit pas de faire le désespoir de la CGE, privatisée en 1987. Entre-temps, Alsthom a racheté « au prix fort » 49 % détenus par les filiales de la BNP et du Crédit lyonnais.

Cela veut-il dire, comme on le suggère, que Georges Pébereau, proche de l'Elysée, a acheté au prix fort une société au bord du dépôt de bilan ? Les cadres de l'entreprise sont plus nuancés :

— Il est vrai que Vibrachoc a été payé très cher. Certainement 20 ou 30 millions de trop. Bien qu'il soit toujours difficile d'évaluer avec précision une entreprise. Cela dit, il est faux de dire que la société était au bord de la faillite. En 1980, pour la première fois de son histoire, toutes ses filiales avaient été bénéficiaires. La seule erreur de Roger-Patrice Pelat a été de penser qu'une multinationale comme la CGE, nationalisée de surcroît, pouvait assurer le développement de son entreprise. Vibrachoc est une petite boîte. Il lui fallait un patron de choc. Pas des technocrates. C'est la gestion d'Alsthom, complètement inadaptée, qui nous a menés à la catastrophe.

Deux ans plus tard, Pelat témoigne à Georges Pébereau sa gratitude. Le P-DG de la CGE est en position difficile. Il s'est fait « épingler » à propos d'une « rente à vie » qu'il a prévu de se faire généreusement verser, en cas de licenciement. Pelat intervient auprès de François Mitterrand pour lui demander le pardon du futur agresseur de la Société générale. Accordé par retour du courrier. Ce qui n'échappe pas au *Canard enchaîné* qui signale l'événement

Mais, à l'Elysée, on ne peut pas toujours tout étouffer. 9 février 1989 : député RPR de Haute-Savoie et ancien ministre de Georges Pompidou, l'alpiniste Pierre Mazeaud écrit officiellement, sur papier à en-tête de l'Assemblée nationale, sous le titre « Et Vibrachoc ? » :

« [...] Tout le monde s'accorde à dire que Vibrachoc fut vendu largement au-dessus de son prix réel » (*Le Monde,* 27 janvier 1989). Alsthom, quant à lui, versa plus de 40 millions pour ce qui valait à peine le quart... »

Ayant rappelé que la société fut fondée par Pelat, en association avec Robert Mitterrand, et qu' « une quarantaine de millions de francs sont partis au Liechtenstein », le paradis fiscal qui jouxte la Suisse, Pierre Mazeaud durcit le ton :

« D'après la loi sur les sociétés, commettent un abus de biens sociaux (emprisonnement jusqu'à cinq ans) ceux qui, de mauvaise foi, auront fait des biens de la société un usage qu'ils savaient contraire à l'intérêt de celle-ci, à des fins personnelles. Que la société Alsthom ait été grugée, au bénéfice notamment de Monsieur Roger-Patrice Pelat, cédant de Vibrachoc, résulte des faits que la presse a rapportés. Que cet abus ait été commis en connaissance de cause par les responsables d'Alsthom ressort pareillement des faits. »

Le paragraphe suivant est encore plus direct, saignant : la présidence de la République est mise en cause. Pierre Mazeaud :

« Encore faut-il que ces responsables aient agi par intérêt personnel. Est-ce le cas ? Un arrêt de la Cour de cassation (9 février 1987) donne la réponse : agit par intérêt personnel le dirigeant " désireux d'entretenir par des faveurs des relations avantageuses avec des personnages influents ". Il faut alors rappeler que l'opération avait été encouragée par l'Elysée. »

Le député réclame « une enquête » et conteste la

prescription des faits qui remontent à 1982, « en raison de la nature spéciale de cette infraction ». En effet, la jurisprudence retarde le début de la prescription de trois ans « jusqu'au jour où le délit est apparu et a pu être constaté ». Et il conclut :

« Constaté par qui ? Les faits n'étaient connus que de quelques " initiés ". C'est seulement en janvier 1989, à l'occasion du scandale Pechiney, qu'ils ont été mis au grand jour et sont venus à la connaissance du public et du parquet. Il y a donc délit correctionnel. Ce délit n'est pas prescrit. Ses auteurs ou complices peuvent être pénalement poursuivis. Au surplus, l'abus de biens sociaux se prolonge du délit de recel, commis par tous ceux qui ont sciemment tiré profit de l'abus de biens sociaux. Or, la prescription en matière de recel ne court que du moment où il a pris fin, alors qu'à cette même date l'infraction qui a clôturé la chose serait déjà prescrite (arrêt de la Cour de cassation — 18 juillet 1964). »

Quand nous recevons ce texte, nous joignons Pierre Mazeaud. L'ancien ministre maintient que « cette affaire est grave » :

— [...] François Mitterrand ne pouvait pas ne pas être au courant. Jusqu'en 1981, il était conseiller juridique de Vibrachoc [...].

Si à l'Assemblée nationale un député, au moins, finit par dire tout haut ce que beaucoup pensent tout bas, sans susciter la moindre réaction, à la COB, la prudence est de mise. Jean-Pierre Michau et ses inspecteurs avancent sur la pointe des pieds. Leur rapport du 30 janvier 1989, sur les opérations des « initiés » de l' « affaire Pechiney-Triangle », est particulièrement étayé en ce qui concerne Max Théret, son associé et son collaborateur de la Compagnie parisienne de placements. Proportionnellement, avec seulement 5 000 titres

Triangle commandés, le *golden boy* Pierre-Alain Marsan a droit à plus de lignes... et de sévérité que Roger-Patrice Pelat et les siens. Pourtant, si Marsan ne fréquente, officiellement, aucun des protagonistes de l'accord signé entre Pechiney et Triangle, avant l'OPA du 21 novembre 1988 à Wall Street, Pelat, lui, les côtoie tous : outre les gens de l'Elysée, il est un ami de Pierre Bérégovoy, Alain Boublil (toujours actionnaire de la société Internégoce créée par Patrice Pelat junior en 1985), Samir Traboulsi... et il lui est arrivé de rencontrer Jean Gandois, le P-DG de Pechiney, ainsi que celui de la BNP (René Thomas) qui a assuré le montage financier de l'opération. Il faut attendre que l'affaire soit confiée au juge d'instruction Edith Boizette pour que des questions plus précises soient posées et des investigations plus sérieuses menées. Le secret de l'instruction est là, maintenant, pour servir de paratonnerre. Dès lors, il devient clair — Max Théret l'affirme — que, dans l'esprit du juge et des policiers de la Brigade financière, ce n'est pas Théret qui a informé Pelat, mais Pelat qui a « initié » Théret...

En dépit de ce doux traitement par la COB, Pelat a mal encaissé le coup. Solidaire, Théret lui parle et tente de le réconforter. Rien n'y fait. A l'Elysée, les amis sont aux abris. « Monsieur le vice-président » n'est plus qu'un pestiféré. Ingratitude des hommes ! Comme il est loin ce bel après-midi du printemps de 1981, quand, au coude à coude avec l'inséparable Roger-Patrice Pelat, François Mitterrand remontait la rue Soufflot avec toute la foule des camarades du Parti, une rose à la main, pour aller la déposer au Panthéon, sur la tombe de Jean Jaurès.

7.

La filière des paradis fiscaux

Mercredi 10 janvier 1989, 7 h 55. Dans les studios d'Europe 1, rue François-1er, le technicien de service lance le « bobino » de la chronique de René Tendron. Taille moyenne, petite moustache poivre et sel, la cinquantaine bon enfant, ce baroudeur de la presse est un spécialiste de la bourse. Le soir, à 22 h 45, son émission « Top à Wall Street » est une institution. Tous les matins, Tendron intervient, pendant trois minutes, avant le grand journal de 8 heures, pour un billet toujours brillant, bien informé, empreint de courage et de bon sens. Ce mercredi, il réveille les millions d'auditeurs de la station avec une exclusivité qui relance l'affaire, mobilise la presse, inquiète les milieux politiques et contribue grandement à ridiculiser la COB et les autorités françaises, taxées à mots à peine couverts d'immobilisme.

Rouletabille de la finance depuis trente-sept ans, Tendron a un beau carnet d'adresses. Et un flair de pointer. Ce qu'il révèle est un secret d'Etat : une lettre officielle et un rapport de dix-neuf pages que les Français lui ont précédemment déclaré ne pas connaître. Leur contenu indique que les « initiés » ne se sont pas contentés d'acquérir des actions Triangle en passant leurs ordres d'achat depuis Paris. La « fuite » a aussi profité à plusieurs clients de banques et sociétés financières suisses. Tendron connaît les noms de ces établissements, les quantités de titres achetés par les uns et les autres... pour être affectés sur des comptes numériques, anonymes, évidemment tous protégés par le secret bancaire propre au plus grand paradis fiscal de la planète. Les dates des ordres passés à Wall Street constituent à elles seules un faisceau de présomptions graves, précises et concordantes. Car, en Suisse comme en France, les « initiés » sont intervenus à la bourse de New York juste avant la signature de l'accord entre le président de Pechiney et les patrons de Triangle-ANC. Et ils ont revendu en réalisant des plus-values près de trois fois supérieures — peut-être davantage — à celles déjà quantifiées (sur le seul territoire français) par la COB. Juteuse, sans risques apparents, l'opération intéresse encore une fois une clientèle venue de France et dont une partie de la fortune (évadée) fructifie au pays de Guillaume Tell.

La Suisse offre à ceux qu'elle accueille dans ses banques riches et prospères, parfaitement honorables, des revenus nets d'impôts. La taxe (17 % en France) sur les gains réalisés en bourse n'existe pas pour les étrangers, les non-résidents. Ce n'est pas pour autant un pays de cocagne, un repaire de pirates vivant en marge du monde, une île au trésor refusant d'appliquer chez elle les saines règles des grandes nations capitalistes, dont elle se veut le fleuron. Aussi a-t-elle passé des accords de coopération avec la première place financière du globe : les Etats-Unis. Les deux pays sont convenus de « s'entraider » en cas de « délit d'initié », commis à Wall Street ou sur tout autre marché américain, par des intervenants cachés derrière les fameux « comptes à numéros » de la Confédération helvétique. Or, les gendarmes américains ont identifié la provenance de 138 500 autres actions Triangle (contre un total de 56 350 en France) ramassées à la bourse de New York : des établissements de Genève et Zurich. Incroyable imprudence ! Fallait-il que les indélicats, auteurs de cette demande massive, se croient intouchables, assurés d'une totale impunité, au point de rayer de leur mémoire la « Convention XVI » de l'Association suisse des banquiers. Traduite dans toutes les langues, elle est obligatoirement présentée et lue à tous leurs clients.

Relatif « au traitement des demandes de renseignements de la Securities and Exchange Commission des Etats-Unis sur les abus d'informations privilégiées », ce texte est limpide. A Genève, un représentant du Département de la Justice nous indique, dans un langage juridique... qu'il convient d'écouter attentivement :

— Quiconque, dans les vingt-cinq jours ouvrables boursiers avant l'annonce publique de l'opération, aura acheté ou vendu en Amérique des titres d'une société faisant l'objet d'une « fusion par absorption », d'une OPA ou d'une quelconque autre combinaison financière, est tenu de s'en expliquer. Sur demande de notre Office fédéral de police, sa banque doit dévoiler les informations mentionnées à l'article 4 de la Convention XVI. Il faut pour cela que le Département de la Justice des Etats-Unis, pour le compte de la SEC, ou de son propre chef, ait adressé à notre Office fédéral de police une requête écrite, relative à une enquête formelle. Celle-ci doit concerner une violation possible des lois américaines sur les opérations d'initiés en relation avec une « acquisition » ou une « réunion » d'entreprises...

La SEC, la police et la justice helvétique ne plaisantent pas, comme leurs homologues français, quand il s'agit d'appliquer les textes de loi en vigueur. Dès lors, les « initiés » de l' « affaire Triangle », résidant financièrement en Suisse, sont inévitablement coincés, pris eux aussi au « piège de Wall Street ». Sans la moindre chance de s'en tirer plus tard avec un « non-lieu » ou une amnistie. La Suisse n'est pas la France ! En cas de délit les banques sont invitées à fournir, « dans un délai de trente jours », les preuves de la bonne foi de leur client. Sans quoi, le secret bancaire est levé, son « nom, adresse et nationalité » dévoilés, et les détails de ses transactions fournis.

Quand il lit son billet à l'antenne, René Tendron a sous les yeux la lettre de Michael Mann adressée, aux tout débuts de l'affaire, à Lionel Frei, responsable de la police fédérale suisse. Michael Mann lui demande officiellement l'assistance des autorités helvétiques. Datée du 16 décembre 1988, sa requête est argumentée :

« Cher monsieur Frei,

« Vous trouverez ci-joint une copie de notre demande d'assistance sur l'enquête sus-mentionnée. Cette demande a été passée ce jour au ministère américain de la Justice, pour transmission officielle à votre service. Comme précisé dans cette requête, la SEC demande assistance, en vertu du traité de 1977, afin d'obtenir des informations relatives aux achats suspects de titres Triangle Industries Inc. Cette demande a également pour but un gel immédiat de tous les fonds liés à cette transaction, dans l'attente d'une détermination du montant exact des bénéfices. Par la suite, nous exigerons que cette procédure de gel englobe les bénéfices.

« Cette demande d'assistance vous est faite en urgence, en raison notamment des articles de presse aux Etats-Unis et en France, indiquant que la SEC sollicite le concours des autorités suisses et françaises dans le cadre de cette enquête (voir ci-joint l'article du *Wall Street Journal*). Ainsi, nous demandons que le gel des comptes bancaires concernés prenne effet, si possible, avant l'ouverture des marchés lundi 19 décembre 1988.

« Merci de votre assistance dans cette affaire [...]. »

Suivent les dix-neuf pages, résumé des investigations entreprises par Mann et ses hommes. Tout y est. Avant d'entrer dans le vif du sujet, le journaliste brosse le tableau :

— Il y a beaucoup de choses curieuses dans l'affaire Pechiney, et qu'on s'explique difficilement. Il ne se passe pas de jour sans que l'on mette apparemment la presse sur des pistes lointaines et pas nécessairement concordantes.

Le ton est ferme. Chacun comprend que le chroniqueur tient son « scoop ». Avant de lancer sa petite bombe, il s'est, bien sûr, adressé aux meilleures sources pour tenter de vérifier, d'en savoir plus. Mais, nous dit-il quand nous l'interrogeons, « visiblement ni l'Elysée, ni la COB, ni la police, ni la Rue de Rivoli ne connaissent le document ». Ce que le pouvoir ne sait ou ne veut savoir, Tendron le lance d'un coup sur les ondes. Propos sulfureux, reflet pourtant d'une parfaite réalité : si les autorités américaines ont fourni à leurs homologues suisses les éléments nécessaires à leurs recherches, elles leur ont aussi demandé, précise-t-il, de « veiller à ce que les documents relatifs à ces opérations ne disparaissent pas ». Evoquant le rapport de Michael Mann, il enchaîne. Posée, sa voix se fait plus grave :

— On retrouve ainsi l'origine de la totalité des acquisitions que, paraît-il, on ne connaît pas à Paris. Trois institutions financières et deux personnes physiques sont plus que soupçonnées de délit d'initié. La plus importante est l'International Discount Bank, domiciliée dans les Antilles britanniques, et dont les titres ont été localisés chez Socofinance SA, à Genève. Elle a non seulement acheté 88 000 titres en août 1988, mais en a revendu 25 000 entre le 25 septembre et le 10 octobre, lorsque l'affaire a failli capoter. Et les a rachetés dès que l'opération a été bouclée avec Pechiney. Au total, un gain de 3 millions de dollars, sur informations précises. La même connaissance intime du dossier prévaut pour les autres opérations réalisées par ce qui paraît être des comparses : Experta Treuhand A.G., à Zurich, qui est passé par la First Boston Bank pour acheter 20 000 actions ; la Swiss Volksbank de Zurich, passée par Prudential Bache, de Lugano, pour 2 200 titres. Ou encore celle faite par la personne — dont on taira le nom venu des profondeurs du temps — qui s'est offert 3 400 actions, entre 9 et 10 dollars, sur son compte à la Banque cantonale vaudoise, pour les revendre quatre à cinq fois plus cher. [...] Toute la chaîne des rabatteurs financiers est connue et la SEC progresse. Pendant que l'on jette en pâture de fausses informations à Paris. Reste à savoir pourquoi ?

Ces propos font des dégâts. A voir, ce matin-là, les mines des responsables de la COB et des membres du cabinet de Pierre Bérégovoy, on croirait presque qu'un coup de grisou les a sonnés. Si Europe 1 est une station indépendante, elle n'est pas — loin s'en faut — la rédaction de Paris où les journalistes s'exercent habituellement dans le style polémique. Tendron n'est pas un excessif. Et puis, depuis plusieurs jours, nombreux sont ceux qui le savent : des titres ont été achetés en Suisse. En haut lieu, certains de ces messieurs sont saisis de panique et s'efforcent de dérouter l'opinion en essayant d'égarer la presse sur des voies buissonnières.

Dans son modeste bureau de la rue Vivienne, à côté de la bourse, Tendron est assailli. Le téléphone sonne. Sans discontinuer. Il répond au *Figaro*, au *Monde*, à l'AFP, au *Quotidien de Paris*, au *Wall Street Journal*... Les grandes chaînes de télévision américaines reprennent déjà l'information. Des équipes sont envoyées à Zurich et à Genève pour filmer, à l'intention des téléspectateurs français, les immeubles derrière lesquels sont conservés les comptes des « initiés suisses ». A Paris, le journaliste accepte volontiers de montrer des bribes des pièces qu'il a débusquées. Mais il garde pour *Telpresse*, la lettre confidentielle qu'édite sa petite agence économique et financière, le texte intégral du courrier reçu à Berne par Lionel Frei.

En début d'après-midi, les Finances appellent. Le cabinet de Bérégovoy en veut une copie.

— C'est important. Pourrions-nous en prendre connaissance ?

Le chroniqueur y consent volontiers. Mais, professionnel curieux, et surtout pour savoir quelle utilisation va en être faite, il parsème les photocopies de petits pièges : des « blancs » ou de minuscules grattages, rendant illisibles certains chiffres. Les services du ministère reçoivent le lot vers 16 heures. La surprise vient le lendemain... au petit déjeuner.

Jeudi 19 février : René Tendron prend son café. On lui apporte *Libération*. Titre, sur cinq colonnes à la une : « Pechiney : le rapport américain ». Il est illustré par le fac-similé d'un des documents remis la veille au bureau du ministre. Traduit en français, le rapport est dans le quotidien. Intégralement. Avec un commentaire... assorti d'une conclusion divertissante :

« Pour l'instant, la piste paraît s'éloigner des pistes politiques pour se rapprocher de milieux plus douteux comme le mystérieux propriétaire de Petrusse, qui serait en définitive un Canadien recherché par Interpol pour du blanchiment d'argent de la drogue. »

Mais là n'est pas l'essentiel.

Tendron n'est pas rancunier. Quelques jours après, il fait valoir son point de vue dans une Tribune libre publiée par *Libération*. Titre : « Pechiney : on veut détourner l'attention ».

A Washington, Michael Mann a bien travaillé. En un temps record, son équipe a reconstitué le puzzle. Exposé implacable. Son dossier n'a rien d'un roman. Il fournit la chronologie complète des faits, avec les dates des transactions, les volumes de titres achetés et vendus. On y trouve même les numéros des comptes sur lesquels ont été « dépouillées », en Suisse, les réponses reçues de Wall Street par les banques. Le tout est assorti de la description des circuits complexes par lesquels ont circulé les millions de dollars indûment récoltés. Enfin, la SEC a une intime conviction : les bénéficiaires sont tous des *insiders* (des « initiés »).

Dans le courrier qu'il envoie par téléfax à l'Office fédéral des affaires de police de Berne, Michael Mann parle « au nom du gouvernement américain ». Il se réfère au « traité d'assistance mutuelle sur les affaires criminelles et aux notes diplomatiques échangées le 10 novembre 1987 ». Il déclare chercher « à déterminer s'il faut engager ou non des poursuites pénales » à l'encontre des personnes physiques ou morales qui ont acheté un grand nombre d'actions « à des moments sensibles ». Juste « avant l'annonce » de l'OPA et « pendant les négociations précédant cette offre ». En outre, la SEC veut savoir « s'il faut intenter une action civile visant à la restitution des profits illégaux issus de ces transactions suspectes ».

Au total, sept banques ou sociétés financières suisses sont épinglées. Toutes voient les produits de leurs transactions gelés, en attendant une demande ultérieure de leur transfert aux Etats-Unis pour qu'ils soient

« restitués aux investisseurs qui auraient été lésés par les comptes suisses concernés ». Il convient encore, écrit-il, « d'empêcher la disparition de ces actifs et de permettre l'application de futures condamnations à rembourser, ainsi qu'à des amendes pénales ».

Administratif, le ton est dur. La SEC ne s'embarrasse pas de fioritures. S'il faut plus de deux mois à la COB pour boucler son enquête en France, Michael Mann n'a pas eu besoin de plus de trois semaines pour tout savoir sur ce qui s'était passé en France, au Luxembourg... et en Suisse.

A Zurich, Genève, Lausanne, Lugano, les vérifications sont rapides. Le compte est bon :

- Le Crédit suisse (Zurich) : 10 000 actions Triangle acquises le 16 novembre 1988. Trois séances de bourse avant l'OPA. Responsable du département de la gestion de fortune, Pierre Würgler déclare avoir acheté ces titres de son propre chef, pour deux sociétés, l'une au Liechtenstein, l'autre dans un paradis fiscal « offshore », pour lesquelles il a l'habitude d'agir. Même défense que Max Théret : il connaît très bien l'action Triangle. Texte préparé. Le bruit court (mais aucun nom n'est donné) qu'un des deux clients de Würgler au Crédit suisse est l'un des principaux actionnaires de Chanel, à Paris. Gain : entre 420 000 et 460 000 dollars.
- Unigestion (Genève) : 6 000 titres, acquis en catastrophe, le vendredi 18 novembre, lors de la séance qui, à Wall Street, a précédé l'OPA. Propriétaire des lieux, Bernard Sabrier nous dit avoir collaboré « dès le début avec la justice ». Son client « a accepté » de se dévoiler et que « soit levé le secret bancaire sur son compte ». A Paris, les policiers chargés de l'enquête croient savoir qu'il s'agit d'un Français. Gain : entre 252 000 et 276 000 dollars.
- Banque privée Edmond de Rothschild (Genève) :

2000 titres, ramassés le 18 novembre, le même jour qu'Unigestion. Mais son client est de moins bonne composition. En France, les mêmes sources affirment connaître son nom : un haut serviteur de l'Etat français. L'établissement a saisi la Chambre d'accusation du tribunal de Genève. On nous rapporte que ces titres auraient été achetés par une autre banque, à Paris. Mystère. Gain : entre 84000 et 92000 dollars.

• Banque cantonale vaudoise (Lausanne) : 3400 titres, les 16 et 17 novembre. Cet établissement est le seul dont le client est identifié. Boursier parisien à la retraite, Joseph Jossua (75 ans) vit à Lausanne et Paris. Il a passé ses ordres, lui-même, et directement, au bureau parisien du broker Prudential Bache. Et a fait transférer le produit de sa spéculation à Lausanne. Passionné de courses, propriétaire de plusieurs chevaux, Jossua se défend : « J'ai pris ma décision à la suite de réflexions personnelles alimentées notamment par l'expansion des sociétés Coca-Cola et Pepsi-Cola en Extrême-Orient et par la lecture d'un article paru en septembre ou octobre 1988. J'ai pensé tout de suite à American National Can, dont le nom m'est familier. » Jossua n'est pas en mesure de citer le journal auquel il se réfère. Max Théret est battu ! Gain : 126373 dollars.

• Banque populaire suisse (Zurich) : 7000 titres obtenus le 16 novembre. Même observation que pour les transactions faites à Wall Street pour le compte de la société financière Experta de Zurich. La SEC considère que leur volume est « exceptionnel ». Cinquième banque suisse, la « Swissvolksbank » (son nom allemand) nous dit seulement avoir « opéré pour le compte de quelques clients ». Gain : 230000 dollars.

La liste n'est pas close. Voici maintenant les poids lourds

L'opérateur le plus important est localisé : il s'abrite derrière la société financière Socofinance SA, de Genève, qui a agi pour le compte d'IDB, l'International Discount Bank and Trust logée, elle encore, dans un paradis fiscal... plus exotique, dans les Antilles britanniques. A Anguilla ! Ses profits ? Plus de 3 millions de dollars (20 millions de francs français environ). Le record toutes catégories de l'affaire.

Le client d'IDB commence à intervenir sur le titre Triangle dès le 18 août 1988. Au tout début des négociations. Le jour même où, dans un décor enchanteur, entre Monte-Carlo et la baie de Villefranche, Jean-Louis Vinciguerra et Jean-Pierre Ergas, les collaborateurs de Jean Gandois, assistés de leur banquier, entreprennent le débroussaillage du dossier avec Nelson Peltz et Samir Traboulsi. L'inconnu procède sans hâte. Il échelonne ses achats sur une longue période, avec des indications de cours précises. Son savoir-faire témoigne d'une grande maîtrise des marchés. Il n'est pas un boursicoteur au petit pied. Le chef des incorruptibles de la SEC fait de la microchirugie financière :

— A partir du 18 août et jusqu'au 23 septembre 1988, Socofinance a acheté, au nom d'IDB, 88 000 actions ordinaires Triangle, par l'intermédiaire d'un compte ouvert auprès du bureau londonien de Prudential Bache. Les ordres ont été passés et les transactions effectuées, sur une période de vingt jours, pour des quantités allant de 500 à 10 000 actions par jour. La plupart des ordres comportaient des limites, c'est-à-dire ne devaient pas être exécutés au-dessus d'un prix convenu. Ces prix se situaient alors à un niveau très proche des cours de bourse de l'époque. Les achats d'IDB ont constitué environ 30 % du volume des transactions constaté pendant cette période. Certains jours, les achats d'IDB ont même représenté 80 à 100 % des transactions sur Triangle [...]. Le volume moyen des transactions sur Triangle entre le 1er août et le 18 novembre 1988 était d'environ 10 000 actions par jour, preuve que le titre Triangle était peu recherché.

N'est pas gendarme qui veut. Dans ce type d'investigations, il est autant nécessaire de connaître le monde de la bourse et des affaires que la psychologie des hommes. Il faut aussi à l'enquêteur un esprit souple, une attention vive, le don de l'analyse pour mieux orienter ses recherches et reconstituer enfin le scénario des événements.

A Washington, un détail n'est pas passé inaperçu : la petite banque des Antilles est remarquablement informée de l'évolution des pourparlers entre Triangle et Pechiney, tandis que les négociations se déroulent bien loin d'elle, de l'autre côté de l'Atlantique, à quelque 8 000 kilomètres. Certes, nous ne sommes plus au temps de la marine à voile. Le téléphone est là, maintenant, pour faciliter les choses.

La confrontation des dates des réunions préparatoires à l'accord entre Pechiney et Triangle, avec celles des jours où elles ont achoppé, puis repris, est révélatrice du délit. Le timing est éclairant. A eux seuls, les achats et les ventes enregistrés à Wall Street démontrent qu'une personne — au moins —, à un poste clé, a trahi le secret des négociations. La SEC peut donc écrire, à l'intention de l'Office fédéral de la police suisse :

« [...] Entre le 27 septembre et le 10 octobre, IDB a vendu 25 000 actions Triangle à un moment coïncidant avec la rupture des négociations entre Triangle et Pechiney. Dès que ces négocations reprirent, au début novembre, IDB racheta 25 000 titres Triangle. »

Les inspecteurs ont épluché une liasse de « listings »

informatiques, décrypté les enregistrements de conversations téléphoniques passées ou reçues à New York et Londres, et déchiffré les écritures comptables. Autant de traces indélébiles de la belle fantasia des « initiés » autour du titre Triangle :

- 18 août : Peltz et Traboulsi reçoivent, sur le yacht de Samir, à Monaco, Vinciguerra et Ergas, les adjoints de Gandois chez Pechiney, pour un examen plus attentif du dossier. Pour le compte d'IDB, Socofinance achète tout aussitôt, ce même jour, et pour la première fois, un bon paquet de titres à Wall Street.
- 27 septembre : Nelson Peltz stoppe unilatéralement, par un théâtral « Les ponts sont rompus », les négociations avec Jean Gandois. En fin de journée, IDB demande à Socofinance de revendre son « papier » : 25 000 titres, qui seront distillés sur le marché jusqu'au 10 octobre, « sans appuyer sur les cours » afin de pouvoir récupérer la mise initiale.
- 11 octobre : Gandois et Peltz se revoient dans une suite de l'hôtel Ritz, à Paris, pour renouer le dialogue, l'Américain étant maintenant pressé d'en finir, après avoir renoncé à ses exorbitantes prétentions. Peu après, Socofinance reprend ses achats et les impute, comme d'habitude, à un « compte-pivot » ouvert à l'UBS, l'Union des banques suisses de Genève.
- 11 novembre : les patrons de Pechiney et de Triangle approchent de la ligne d'arrivée. La fringale du mystérieux client cesse, comme par enchantement : IDB ordonne à Socofinance d'arrêter ses achats à 88 000 titres. Ils ont été acquis entre 8,75 et 10,75 dollars, grâce à un ramassage en douceur, très professionnel. Evalué par la COB à 91 000 actions (sans que l'on puisse pour l'instant vérifier l'exactitude de ce chiffre), le « bloc » est cédé après la décision de Pechiney et du gouvernement français de lancer l'OPA

sur Triangle-ANC, à un cours de 56 dollars par titre. A l'instar des Pelat, Théret, Reiplinger, Marsan et autres Zavala, le donneur d'ordre (voilé) d'IDB s'est assuré une plus-value de 340 % ! Trois millions de dollars, nets d'impôts et de taxes cette fois !

Il est donc avéré que le client de la banque d'Anguilla a une « connaissance intime » — immédiate, et, une fois, légèrement différée — du déroulement des pourparlers. Et qu'il prend mille précautions pour brouiller les pistes. Partis des Antilles, ses ordres transitent par Socofinance, au bord du lac de Genève, puis sont transmis, à l'ombre de Big Ben, au bureau londonien du broker américain Prudential Bache, l'avant-dernier rouage du mécanisme. Car l'exécution finale, sur le marché de Wall Street, se fait par l'entremise du siège de Prudential Bache à New York. Un circuit de plusieurs dizaines de milliers de kilomètres, bouclé en quelques instants, par satellites et ordinateurs.

Bien entendu, les courtiers de Bache n'ont jamais vu le coquin des îles Caraïbes. Ils se souviennent seulement d'un compte ouvert chez eux, en mai 1987, au nom d'IDB. Et de l'envoi de télex quotidiens à Anguilla — et non à Genève. Bref, Socofinance est utilisé comme une plaque tournante, un centre de transit : c'est un paravent ! La méthode est classique. On imagine sans mal que Anguilla est, à son tour, un simple point de passage.

La filière des paradis fiscaux débouche souvent sur des constructions labyrinthiques, avec leur cortège, entre les deux bouts de la chaîne, de sociétés-écrans qui s'emboîtent, s'enchevêtrent les unes dans les autres. A Zurich, par exemple, un compte est détenu par une société panaméenne, laquelle est l'émanation d'une entité fiduciaire des îles du Grand Cayman, elle-même propriété d'un compte autrichien titulaire de revenus perçus à Anguilla (ou ailleurs) par un homme politique, armateur, diplomate de l'Est, du Moyen-Orient ou d'Amérique du Sud qui, pour davantage se protéger, « couvre » son compte de Vienne en le faisant détenir par une société de Monaco ou des Bahamas, elle-même encore entre les mains d'administrateurs (rémunérés à cet effet) choisis par cet individu X, qui perçoit les fruits de ses spéculations ou prévarications dans une banque de Moscou (sans conteste le meilleur des abris fiscaux... où nul contrôleur d'un quelconque pays occidental ne se hasarderait à aller enquêter). Le montage peut prendre les formes les plus variées : les savants de la finance internationale ne sont jamais à court d'idées. Il suffit de payer. Quand l'argent est aussi facilement gagné que dans l'affaire Triangle, le coût de fonctionnement de ce genre de réseau (quelques milliers de dollars par an) est vite amorti.

A Anguilla, les banquiers d'IDB n'agissent pas différemment. Eux-mêmes, peut-être, ne connaissent pas toutes les subtilités imaginées par leur client, qui n'est pas un bricoleur. Mais ils ont des ordres et ils les exécutent en les suivant scrupuleusement : quand l'OPA est lancée par Pechiney, que la plus-value de « l'initié maison » est assurée, Prudential Bache est invité, le 1er décembre 1988, à la convertir en fonds d'Etat américains. La somme investie, augmentée des profits, représente 4,5 millions de dollars (environ 30 millions de francs d'aujourd'hui). En deux fois, par télex, le tout est transféré à Genève, à l'Union des banques suisses, en faveur d'un compte Socofinance, sous la référence (... et donc à l'intention) d'IDB. C'est ce « compte de passage » que la SEC a fait bloquer par l'Office fédéral de police de Berne, avant qu'il ne soit vidé. Le 29 décembre 1988 — deux semaines après l'éclatement du scandale — William V. Herbert, avocat-conseil d'IDB à Anguilla, entre en contact avec la SEC. La banque avoue. Pas tout, évidemment. Elle demande une transaction amiable. Possible ? Même si elle est acceptée, le prix en est très élevé. Qu'importe ! « L'initié » a les moyens de payer... La tranquillité n'a, pour lui, plus de prix. Et, si les Américains y consentent, on ne saura jamais ce qui s'est réellement passé à Anguilla. On peut toujours rêver.

Notre enquête sur place n'est pas aisée. Même si l'endroit est charmant, paradisiaque. Le personnel parle français. Accent américain ou libanais. Quand nous l'appelons, le directeur est laconique. Paris est en ébullition et tous les fonds de l'établissement sont bloqués sur les territoires helvétique et américain :

— Je sais très bien pourquoi vous nous appelez. Pour le moment, nous n'avons rien à vous dire. Patientez quelques jours. Nous ferons peut-être une déclaration.

Sous les cocotiers, le banquier n'a pas bien pris la mesure du scandale. Sans doute pense-t-il que l'affaire se réglera confidentiellement, dans le secret d'un cabinet d'avocat à Genève. Très vite, il se ravise : il n'y aura pas de déclaration pour justifier les opérations figurant dans le rapport de la SEC. On en conclut que le client a violé la loi, c'est-à-dire la Convention XVI dont le respect s'impose à tout titulaire d'un compte en Suisse. En revanche, IDB avoue qu'elle a bien passé des ordres d'achat... pour un certain Chaker Khoury. Sans plus de précision. On doute de cette identité. Mais, s'il existe, l'homme est peut-être un prête-nom. Attendons...

A trois cents kilomètres au nord de Pointe-à-Pitre, l'île d'Anguilla est un long ruban plat, vert sombre, bordé çà et là par de blondes plages désertes. La capitale, The Valley, n'est ni un village, ni même une agglomération. Les maisons sont espacées. Elles paraissent rares. Il faut parcourir cinq cents mètres, souvent plus, pour aller de l'une à l'autre. Ambiance de paix. Bleu turquoise, la mer donne à l'ensemble un petit air de paradis. Végétation luxuriante pour un pays sans rues. On s'amuse beaucoup à constater que les trois seules routes de l'endroit forment, sur quelques kilomètres de côté, un vrai... triangle. L' « initié » de l' « affaire Pechiney » a aussi de l'humour. Il a bien choisi son endroit.

Sa banque n'est pas connue. Elle a cependant le mérite d'exister. Autrement que comme une boîte aux lettres. Encore que... Au Commercial Center — une enfilade de petits bureaux sur deux niveaux — presque toutes les banques *off-shore* de l'île s'y côtoient. On cherche : pas d'IDB. Au bout du parking attenant au centre commercial, une petite maison blanche avec une inscription : « Law Offices ». L'édifice est inachevé. Au rez-de-chaussée, le nom hâtivement peint à la main du « Dr William V. Herbert ». L'avocat. Son bureau est rudimentaire, minuscule. Il est le « siège social » de la banque. En réalité, les cinq ou six personnes qui y travaillent sont installées ailleurs, dans une villa isolée.

Seuls les documents officiels de cette microscopique possession britannique (91 kilomètres carrés et 7 000 habitants), autonome depuis 1967, indiquent que l'établissement n'est pas tout à fait fantôme. Fondé en 1983 par un Californien de Beverly Hills, le Dr J. G. Fields, et sa secrétaire, Icilma E. Woodley, les titres de la société ont fait l'objet de plusieurs cessions. Ils sont d'abord revendus à deux Libanais, Emile F. Haddad et Joseph Abousleiman qui, à leur tour, les recèdent, le 7 janvier 1987, à Georges Samia et Chaker Khoury, deux de leurs prétendus compatriotes. L' « initié » serait donc l'un des deux derniers propriétaires d'IDB. Mais Chaker Khoury est introuvable. Ni la SEC ni la

COB n'ont pu « l'identifier de façon plus détaillée ». S'agirait-il d'un nom d'emprunt, d'un personnage fictif, d'un prête-nom ? On émet bien des hypothèses. Nul ne trouve trace dans le petit milieu libanais des affaires — où tout le monde pourtant se connaît — du copropriétaire officiel d'IDB. Les deux Chaker Khoury dont les noms figurent dans les annuaires du Liban ne répondent plus. Depuis longtemps. Mais il est vrai que ce pauvre pays n'est plus ce qu'il était : on nous rapporte que notre Khoury serait un modeste financier et maroquinier, ami d'enfance de Charbel Ghanem, le patron et directeur général de Socofinance. Les mauvaises langues prétendent même que ce Khoury — « parfait honnête homme ne connaissant pas grand-chose aux métiers de la bourse » — ne serait qu'un prête-nom au service de la clientèle huppée d'IDB... et de Socofinance. Car les deux maisons sont commercialement liées. Reste l'essentiel : vrai ou faux financier, faux-vrai Libanais ou vrai-faux « initié », Chaker Khoury a reconnu les faits, mais il n'est pas et ne peut être le vrai destinataire des fonds récoltés sur la base des informations confidentielles obtenues à Paris, à Monaco ou à New York. On ne connaît pas et on n'a pas trouvé de Khoury dans l'entourage des négociateurs.

A Genève, Socofinance n'a rien d'une firme exotique. Les professionnels la considèrent avec respect. Spécialisée dans le commerce des métaux précieux, elle est l'un des plus gros opérateurs en Suisse sur les marchés de l'or et de l'argent. Les banques centrales du Brésil, du Mexique, du Pérou et de nombreux autres pays d'Amérique latine font appel à elle pour écouler leurs productions nationales. Les portefeuilles qu'elle gère sont souvent moyen-orientaux. On ne tarde pas à apprendre que Samir Traboulsi y a un compte. Et il le reconnaît :

c'est par son intermédiaire qu'il « fait des opérations ». Son frère, Nabil, 43 ans, connaît bien IDB. Le 9 juin 1989, Samir et Nabil sont d'ailleurs entendus par le juge Edith Boizette. Samir pendant huit heures. Et Nabil séparément, en raison, semble-t-il, « de ses liens anciens » avec la banque d'Anguilla.

Le personnel de Socofinance (une vingtaine d'employés) est qualifié. Rue du Pré-au-Bois, à Meyrin, près de l'aéroport, ses bureaux sont modernes et spacieux. Et sa solvabilité garantie, avec un capital de 30 millions de francs suisses (120 millions de francs français). Ses administrateurs sont des citoyens au-dessus de tout soupçon : Roger-Emile Merkli est le patron d'une société fiduciaire appréciée, administrateur d'au moins dix-sept sociétés (automobile, construction, informatique...) ; Pierre Fauconnet est avocat au barreau de Genève.

Pourtant, à y regarder de plus près, Socofinance n'a pas tout à fait le profil des établissements financiers classiques. Depuis sa création, le 3 septembre 1976, elle a changé une fois de nom et quatre fois d'adresse. On a modifié huit fois ses statuts et procédé à de nombreuses augmentations de capital. Socofinance est prospère, avec au moins 10 % de toutes les transactions réalisées en Suisse sur les pièces et les lingots. Rien, apparemment, ne permet de douter de ses dirigeants. Quand nous nous rendons à Genève, confirmation nous est donnée de leur faculté à mobiliser de gros capitaux. Le président William Haddad explique :

— Les actions Triangle? Nous les avons achetées pour le compte d'IDB. Nous ne connaissons pas les propriétaires de la banque d'Anguilla, ni M. Chaker Khoury. Il faut que vous sachiez que les actions composant le capital d'IDB ont été émises au porteur. Elles peuvent changer de propriétaire tous les jours sans que l'on s'en aperçoive. Notre propre société n'est pas libanaise, nous sommes suisses. Je suis détenteur d'un passeport helvétique, délivré par le canton de Genève. Notre principal actionnaire, Charbel Ghanem, le directeur général de Socofinance, réside ici depuis 1975 et devrait bientôt obtenir lui aussi un passeport suisse. Mon frère, Emile Haddad, n'est plus actionnaire d'IDB depuis 1987.

Notre voyage n'a pas été inutile. A lire tout ce qui a été écrit sur Socofinance, un chat, même libanais, n'y retrouverait pas ses petits. Mais cette fois, nous commençons à comprendre. Récapitulons :

• IDB est racheté une première fois par deux Libanais. L'un (Emile F. Haddad) est le frère de William Haddad, l'actuel président de Socofinance. L'autre (Joseph Abousleiman) est « le beau-frère » de Charbel Ghanem, le propriétaire (70 % du capital) et directeur général de Socofinance.

• En 1987, ces deux proches parents des actuels dirigeants de Socofinance cèdent leurs parts dans IDB à deux quidams : le « fantôme » Khoury et son ombre, Georges Samia. Etrange situation : dans un premier temps, les responsables d'IDB sont des personnes physiques connues. Ensuite, ils disparaissent pour laisser la place à des « feux follets »... qui n'inspirent pas moins une réelle confiance à Socofinance. Car l'honorable établissement de Genève leur a ouvert un compte (au moins) pour y faire transiter des millions de dollars.

• Les liens familiaux, et pas seulement commerciaux, entre IDB et Socofinance ne se sont pas distendus. N'est-ce pas le président William Haddad qui vient de nous affirmer que les actions d'IDB sont « émises au porteur » et « qu'elles peuvent changer de propriétaire tous les jours » ? S'il le dit, c'est qu'il le sait... et que, forcément, si ce changement a lieu, il en est aussitôt prévenu. Car la solvabilité d'un établissement financier — a fortiori exotique — dépend de celle de ses actionnaires et dirigeants. Socofinance a la réputation d'une maison sérieuse : comment imaginer qu'elle ait pu accepter des ordres émanant d'inconnus n'ayant pas sa confiance ?

• Enfin, si William Haddad est, aujourd'hui, possesseur d'un passeport suisse — Charbel Ghanem étant aussi considéré comme un Helvète d'adoption —, tous deux sont des familiers de la diaspora libanaise... à laquelle ils appartiennent. Si donc Chaker Khoury n'est pas un personnage fictif — hypothèse que nous excluons — Haddad et Ghanem le connaissent. N'est-ce pas à lui que le frère du premier et le « beau-frère » du second ont cédé (officiellement) leurs actions majoritaires dans IDB... à Anguilla, où 88 000 actions Triangle ont passé quelques vacances à l'ombre des palmiers, et d'un compte de pure forme ?

Socofinance a l'âge de la guerre du Liban. Son père fondateur, Maurice Saba, est le fils du richissime Tanios Saba, l'un des dirigeants des phalanges chrétiennes du parti Kataeb. Elle s'appelle à l'époque « Sokoto Trading SA ». Roger-Emile Merkli est le président du conseil d'administration, assisté d'un juriste suisse, François Comte, et d'un comptable français d'Annemasse, Pierre Ducret. L'objet social, à l'époque, laisse beaucoup de latitudes : « toutes opérations commerciales et financières en Suisse et à l'étranger, notamment en Afrique et au Moyen-Orient ».

Mai 1978 : changement d'orientation et de nom. Sokoto Trading devient Socofinance et l'un de ses directeurs, Charbel Ghanem (banquier venu du Liban trois ans plus tôt) son patron. L'actionnariat demeure à

100 % libanais : Maurice Saba ; Charbel Ghanem et son frère ; William Haddad (l'actuel président de la société) ; Hamid Khoury (directeur des services sociaux au ministère du Travail du Liban) ; Félix Aboujaoudé (ex-P-DG de la Banque libanaise pour le commerce). Tous sont chrétiens.

Juillet 1987 : présidé par Alain Gomez (que Traboulsi conseille pour les affaires internationales), le groupe français Thomson-CSF (nationalisé) reprend les parts de Félix Aboujaoudé et de Maurice Saba. Le prix payé semble raisonnable : 28 millions de francs français, pour 19,9 % du capital. Le rapprochement a lieu sur l'intervention de personnalités saoudiennes. L'idée est de monter une usine d'affinage de métaux précieux en Arabie saoudite, pour traiter des centaines de kilos d'or dans les pays du golfe Persique, grands amateurs de bijoux.

Mais Thomson n'est pas à proprement parler un négociant de métaux précieux, même s'il est vrai que la société possède un département (Thomson Finance) spécialisé dans l'échange d'actions, de monnaies et des divers produits des marchés financiers. C'est d'ailleurs Thomson Finance qui porte la participation de sa société mère dans Socofinance.

La firme française n'en est pas à son coup d'essai. Elle contrôle déjà la société britannique de négoce pétrolier, Satoil. L'un des objectifs de Thomson est d'utiliser Socofinance comme établissement de contrepartie, lors de la signature de ses contrats en Arabie saoudite — l'un de ses plus gros clients — et dans tout le Moyen-Orient. Les Libanais de Genève lui offrent de solides garanties. Thomson ne peut rêver de meilleure auberge pour développer son commerce. Ce rapprochement s'explique aussi par l'évolution des échanges internationaux : depuis quelques années, les exportateurs doivent souvent, pour vendre leurs produits, accepter de les échanger contre les matières premières (pétrole, or, céréales...) des acheteurs. A Lausanne, Renault-Finances est l'un des plus importants établissements financiers de la Confédération. Thomson ne fait que l'imiter. Avec des associés qui, dans les pays du Golfe, inspirent toute confiance aux rois et aux émirs. Ex-ministre du Pétrole de l'Arabie saoudite, figure mythique des congrès de l'OPEP (l'Organisation des pays producteurs de pétrole), Cheik Yamani est l'un des actionnaires de Socofinance, jusqu'à ce que Charbel Ghanem lui rachète sa participation, en octobre 1988. A Riyad, Yamani n'est plus en cour..., mais Socofinance l'est toujours.

A l'origine, il est prévu que Thomson aille plus loin et prenne même le contrôle de la société genevoise par une nouvelle augmentation de capital. On parle aussi d'une introduction en bourse. Le scandale Triangle bouleverse provisoirement ces projets. D'autant que Thomson est déjà cité dans deux affaires fâcheuses : la faillite de Al Saudi Banque à Paris, où le groupe a laissé 400 millions de francs ; le raid sur la Société générale, qui fait scandale, et pour lequel Alain Gomez a été prié de prêter 300 millions à Georges Pébereau... pour l'aider à boucler son tour de table et réussir son offensive en bourse. Trop c'est trop. Gomez doit réagir, justifier son partenariat. Dans les heures qui suivent l'émission de René Tendron, son groupe publie un communiqué. Il explique la participation de Thomson-CSF, dans Socofinance, par sa politique de « troc et de compensation » Mais nuance-t-il :

— Thomson n'est présent ni au conseil d'administration de Socofinance, ni dans ses organes de direction, et, bien entendu, n'est aucunement impliqué dans sa gestion.

Socofinance est tout aussi gênée, terriblement embarrassée. Car, outre le rôle d'IDB (dont la presse américaine dit maintenant qu'elle est mêlée à des marchés d'armes, dont ceux de l'Irangate aux Etats-Unis), son client, Samir Traboulsi, apparaît comme l'un des principaux négociateurs de l'opération Triangle. Même si Traboulsi est innocent — ni la COB ni la SEC ne le mettent en cause —, le rapprochement se fait. Un malheur n'arrivant jamais seul, on découvre que, pendant les négociations, Samir téléphone plusieurs fois par jour à Socofinance : depuis un palace de New York. Les agents de la SEC ont retrouvé tous les numéros appelés en Europe. Jean-Marie Pontaut, du *Point,* a enquêté. Sans être démenti, il parle « d'un mini-annuaire téléphonique qui fascine les enquêteurs ». Il leur faut maintenant identifier les correspondants de Samir. Ils savent déjà, par exemple, que « lors de son séjour, les 1er et 2 septembre au Waldorf Astoria, il a appelé à de multiples reprises la société genevoise Socofinance ».

Nous rappelons Samir Traboulsi. Nous le trouvons à l'Hôtel de Paris, à Monaco. Il paraît amusé. Ses réponses sont déjà connues du juge d'instruction. N'étant pas tenu au secret, il nous les livre :

— J'ai bien appelé Socofinance. Il n'y a rien d'anormal à cela : c'est mon broker. Avec des amis, je faisais, l'été dernier, des opérations sur le *silver* [l'argent-métal]. C'est pourquoi je téléphonais à Socofinance plusieurs fois par jour. Car, étant en déplacement, à New York et ailleurs, je n'avais pas, comme dans mes bureaux de Paris, d'écran Reuter à ma disposition. Je les appelais pour m'informer de l'évolution des cours sur les marchés internationaux qui, comme vous le savez, ne sont jamais fermés. Pourquoi me reprocher ces appels téléphoniques ? Il aurait été plus suspect si à cette époque, client habituel de Socofinance, j'avais cessé brutalement mes appels.

L'explication vaut ce qu'elle vaut. On pourrait rétorquer que, décidément, les coïncidences s'acharnent contre lui. Personnage plutôt chanceux — son itinéraire en témoigne —, Samir est, pour la première fois de son existence, sous l'empire du sort, victime du mauvais œil. Rien ne lui est épargné. Epouvantable collision des planètes ! Si l'affaire Triangle-ANC lui a rapporté, en honoraires, une douzaine de millions de dollars, cette heureuse issue fait place maintenant à une inexorable malchance : un vrai feu d'artifice. La « scoumoune » ne le lâche plus.

A Paris, les enquêteurs suivent la piste. Ils découvrent un autre fait troublant : quand, le 3 octobre 1988, dans les salons du ministère des Finances, Pierre Bérégovoy élève Traboulsi — « au nom du président de la République » — au rang de chevalier de la Légion d'honneur, le patron de Socofinance, Charbel Ghanem, figure « parmi les invités de M. Bérégovoy ». Le beau-frère de Joseph Abousleiman (l'ex-copropriétaire d'IDB-Anguilla) y côtoie la plupart des acteurs de l' « affaire ». Outre Pierre Bérégovoy, il y a là Alain Boublil, Jean Gandois, Alain Gomez, Georges Pébereau (ancien P-DG de la CGE, ami de Nelson Peltz et ex-représentant de Triangle-ANC en France), Robert Mitterrand (chargé du discours en l'honneur de Traboulsi)... et son ancien associé, Roger-Patrice Pelat. Lui aussi talonné par la guigne.

Pelat — nous l'avons vu — a longtemps partagé avec Arfina (société financière du Liechtenstein) l'administration de sa société Vibrachoc, reprise en 1982 par Alsthom, filiale de la CGE nationalisée alors dirigée par Pébereau. Or, voilà que maintenant Arfina apparaît indirectement dans le dossier de la SEC. Plusieurs de ses administrateurs sont à la tête de Experta-Treuhand. Le 16 novembre 1988, cette fiduciaire de Zurich a passé commande de 20 000 actions Triangle par l'intermédiaire du bureau zurichois de la First Boston Corporation. Ces milliers de titres ont été inscrits au crédit d'un client dont le compte, ouvert le 25 mai 1988, est resté pratiquement inactif jusqu'au 16 novembre. Réalisée en l'espace d'un week-end, la plus-value (759 000 dollars) a été virée sur le compte 803-3340-738 de la Banca della Svizzera Italiana (BSI). Directeur d'Experta, Pierre-Nicolas Rossier, « chargé de la clientèle française », répond aimablement au téléphone :

— Je suis malheureusement soumis au secret professionnel. Ma position est très inconfortable. La loi m'empêche même de corriger les nombreuses erreurs publiées dans la presse à mon sujet.

L'argument n'est pas convaincant. Si un financier suisse ne peut donner d'information sur l'un de ses clients, sous peine d'être condamné pour violation du secret bancaire, les tribunaux de la Confédération répriment, comme ailleurs, la diffamation et tout délit commis par la presse.

Le client d'Experta est dans une position difficile. Il a demandé à la société d'utiliser tous les recours que la loi permet, pour retarder — et si possible empêcher — la transmission de son dossier à Washington, ainsi qu'aux magistrats suisse et français. En compagnie du mystérieux client de la banque d'Anguilla et de Socofinance, il est le plus gros des acheteurs recensés.

A Paris, les journalistes poursuivent leurs investigations.

Samedi 21 janvier 1989, 13 h 30 : un coursier dépose à l'Elysée la première édition du *Monde*. Suivi d'un long développement, un grand titre barre la « une » sur trois colonnes : « Le rachat d'American National Can par Pechiney : un rapport sur les délits d'initiés a été remis à M. Mitterrand — M. Pelat aurait acquis 50 000 actions. »

Le Monde n'a pas l'habitude de présenter ses austères premières pages sans une pointe d'humour. Talentueux dessinateur, Plantu croque un huissier à chaîne de l'Elysée. Téléphone en main, il dit au Président, resté dans la coulisse : « C'est Hernu et Nucci qui proposent. » Fureur du chef de l'Etat : « Raccrochez ! » En un coup de crayon tout est résumé.

Depuis plusieurs jours, les bruits les plus fous circulent dans la capitale. *Le Monde*, lui, ne rapporte pas une rumeur. Il « officialise » un document. Réunis dans une sorte de collectif, les journalistes Eric Izraelewicz, Jean-François Lacan, Georges Marion et Edwy Plenel cosignent la révélation de cette pièce confidentielle. L'Elysée est mis dans le bain, puisque — assurent-ils — la Présidence en a été le destinataire, la veille au soir :

« [...] Selon diverses sources, et notamment dans l'entourage de la COB, il apparaîtrait que M. Roger-Patrice Pelat, homme d'affaires, proche ami du président de la République, aurait acheté 40 000 actions Triangle supplémentaires, qui s'ajoutent aux 10 000 qui lui sont déjà formellement attribuées. A la différence de ces dernières, ces 40 000 actions n'auraient pas été achetées " en clair ", mais en passant par une banque de Lausanne, en Suisse. Cette information a été transmise vendredi 20 janvier, dans un rapport confidentiel à M. François Mitterrand. »

Le coup est rude. Dans un encadré, un cinquième journaliste, Jean-Yves Lhomeau, retrace l'itinéraire de « Roger-Patrice Pelat, " self-made man " et compagnon de guerre de M. Mitterrand » La chute de son récit fait mouche :

« Le 5 janvier dernier, alors que le " Tout-Paris " politico-médiatique ne parlait plus que de son achat de dix mille titres " Triangle ", [Roger-Patrice Pelat] était encore à l'Elysée, en début d'après-midi, comme d'ordinaire ou presque. Le même jour, après avoir reçu les vœux de la presse, M. Mitterrand dira à propos du délit d'initié et de l'ensemble de l'affaire Pechiney : " Je souhaite que ce délit soit poursuivi. Cela me scandalise. " »

Selon le rapport de police dont *Le Monde* fait état, Roger-Patrice Pelat aurait acheté les 40 000 actions Triangle, via la Banque cantonale vaudoise, un établissement de Lausanne, en passant par la société d'agents de change luxembourgeoise Petrusse Securities International. Les journalistes de la rue des Italiens ont demandé des précisions à l'Elysée. Sans succès. Mais le samedi matin, à 11 heures, Hubert Védrine, porte-parole du Président, a rappelé. Les journalistes l'ont interrogé sur ces informations. Réponse laconique :

— Je ne peux ni confirmer ni démentir.

— Et le rapport de police ?

— Même là-dessus, je ne peux rien vous dire.

Le week-end passe. L'Elysée est aux « abonnés absents ». Avant de réagir, la présidence de la République veut prendre connaissance de l'éventuelle suite que les quatre journalistes sont susceptibles de donner à leur enquête. Le lundi, à 13 h 30, soulagement. *Le Monde* est calme. Védrine peut rendre public un communiqué, à 18 h 15 :

— Aucun rapport n'a été remis au président de la République. L'enquête en cours est et reste du ressort exclusif de la Commission des opérations de bourse jusqu'au dépôt de ses conclusions.

Par l'intermédiaire d'une dépêche de l'agence Reuter — qui cite des « sources bien informées » — la COB tente, elle aussi, d'apaiser les esprits :

— L'attribution à Roger-Patrice Pelat de 40 000 titres Triangle n'est pas justifiée dans l'état actuel de l'enquête et il convient d'être prudent.

Depuis le début du tumulte, Roger-Patrice Pelat se terre. Nul ne le trouve. Mais, tout à coup, le voici qui réapparaît. Une foule de journalistes l'attend devant son domicile. Détendu, il répond d'une voix calme : non, il ne se cachait pas. L'esprit apparemment tranquille, il fait « entièrement confiance à la COB pour la suite de l'enquête ». Le scénario paraît trop bien réglé. *Le Monde* du mardi persiste et signe. Piqué au vif, il confirme sa première information et en ajoute une autre, sous le titre : « Les Renseignements généraux sont à l'origine du document remis à M. Mitterrand ».

Le journal précise que cette note a bel et bien existé. Rédigée par Gilles Ménage, le directeur de cabinet de François Mitterrand, elle a pour origine des informations transmises par le ministre de l'Intérieur, Pierre Joxe lui-même, complétées par d'autres informations venues d'autres ministères. Ulcéré par le démenti de l'Elysée, qui met en cause sa bonne foi et sa rigueur, *Le Monde* dévoile sa « source » : « la direction centrale des Renseignements généraux de la place Beauvau » ; ses confidences lui ont permis de recouper des indications précises recueillies au siège de la COB et dans les milieux boursiers.

Cette fois, la réaction de l'Elysée est immédiate : démenti en quatre points dans lequel *Le Monde* est admonesté :

« 1. Ce n'est pas la police nationale, mais la Commission des opérations de bourse, et elle seule, qui est compétente pour l'enquête concernant le dossier Pechiney à son stade actuel.

2. Le cas échéant, c'est la police judiciaire, et elle seule, qui en sera saisie.

3. Les informations rapportées par des journalistes à des fonctionnaires des Renseignements généraux et relatives au rachat d'American National Can sont, bien entendu, portées à la connaissance du ministre de l'Intérieur parmi d'autres échos de presse.

4. Dans cette affaire, tous ceux qui s'expriment sur le fond ou les procédures en cause devraient songer dorénavant à apporter des preuves. »

Cette courte passe d'armes entre la présidence de la République et un journal est, à elle seule, révélatrice d'un climat. L'atmosphère est empoisonnée. Il y va de la parole du chef de l'Etat et de la réputation d'un quotidien qui est une véritable institution. Deux versions s'opposent radicalement. Nous joignons aussitôt Daniel Vernet, le rédacteur en chef du *Monde*. Il nous dit vouloir arrêter là la partie de ping-pong :

— Nous sommes très clairs, nous avons publié une information par deux fois, nous la maintenons. Nous n'allons pas poursuivre la polémique. L'Elysée, après quarante-huit heures de réflexion, a décidé d'adopter cette ligne de défense. Nous, nous restons sur nos positions. Mais on peut s'étonner de l'émotion suscitée par l'annonce de l'existence d'un tel rapport. Dans une affaire comme Pechiney, il est normal que le président de la République soit tenu au courant au jour le jour de l'évolution de la situation. Et il n'est pas moins normal que des notes soient rédigées à partir des services d'information du ministère de l'Intérieur, c'est-à-dire les Renseignements généraux. Tout cela est classique. Peut-être la Présidence a-t-elle trouvé plus habile de contester purement et simplement l'existence du document en cause, plutôt que d'en contester le contenu ?

La confusion est à son comble. Car, si tant est que

ce rapport ait existé, il n'est pas certain que son « contenu » ait été le reflet d'une exacte vérité. En effet, la Banque cantonale vaudoise proteste. Le compte bloqué chez elle n'a acheté que 3 400 actions Triangle. Et non 40 000. On apprendra vite que Joseph Jossua en est le titulaire. Mais le second établissement financier cité, Petrusse Securities International, installé au Luxembourg, n'a rien à dire. Et pour cause. Officiellement, cet agent de change existe depuis le 18 janvier 1988. La société a quatre associés : la Bridgewater International, basée à Wilton, dans le Connecticut ; un homme d'affaires, André Boesch ; et deux sociétés de droit néerlandais, Optiekantoor et Effectenkantoor, toutes deux représentées par un Luxembourgeois, Claude Thill, également le patron de l'établissement. Le vendredi 18 novembre 1988, Petrusse a effectivement pris possession de 15 000 actions Triangle. Les autorités luxembourgeoises assurent vite que « le destinataire n'est ni français, ni libanais, ni américain ». Le 24 mai, on apprend que cet « initié » du Luxembourg est Arie Fromm, un Israélien vivant en Floride, auparavant détenteur d'un passeport uruguayen ! Fromm n'aurait pas agi pour son propre compte. Il ne serait que l'intermédiaire d'un certain Irving Kott, depuis longtemps dans le collimateur de la SEC et du FBI, la police fédérale américaine. Recherché par Interpol, ce Canadien, ancien courtier du milliardaire Adnan Khashoggi (comme Samir Traboulsi), est poursuivi pour plusieurs opérations indélicates sur les marchés boursiers.

27 janvier 1988 : *Le Nouvel Observateur* fait à son tour sensation. Il est arrivé, avec plus de bonheur, à tirer l'un des fils de l'écheveau suisse. Revoici Vibrachoc... et Roger-Patrice Pelat. Le journaliste Jean-Jacques Chiquelin dévoile les liens étroits entre Experta-Treuhand

(qui, à Zurich, s'est gavée de 20 000 titres Triangle) et la société Arfina du Liechtenstein, détentrice (jusqu'à sa vente en 1982) des 44 % déjà évoqués de la fameuse société de Pelat, fondée avec Robert Mitterrand. La valse des coïncidences reprend de plus belle :

• Pendant de nombreuses années, Martial Frêne est le président d'Experta jusqu'à ce qu'il quitte ce poste en 1983. Il a aussi dirigé Arfina, de 1975 à 1978.

• Directeur d'Experta de 1976 jusqu'à son décès récent, Walter Sommer siège longtemps au conseil d'administration d'Arfina et en est même le président en 1982 et 1983. De plus — et c'est là que le bât blesse ! — Walter Sommer représente Arfina au conseil d'administration de Vibrachoc, de 1972 à 1982. Les anciens de la société que nous rencontrons se souviennent encore très bien de ce vieux monsieur aux cheveux gris, toujours très poli, qui venait spécialement de Suisse pour assister aux conseils : « Il restait dans son coin, sans jamais élever la voix. »

• Codirecteur actuel d'Experta, Pierre-Nicolas Rossier participe, lui encore, le 22 novembre 1982, au dernier conseil d'administration de Vibrachoc... où il représente Arfina.

Bref, les liens entre Vibrachoc, Arfina et Experta-Treuhand sont patents. L'étau se resserre. Et voici le coup des brevets !

Le Liechtenstein, c'est Vaduz. Et Vaduz est, comme la Suisse et Anguilla, un délicieux paradis fiscal. Arfina y a été créé, le 16 mars 1955, sous le nom d' « Etablissement financier continental et d'outre-mer ». Depuis 1974, date de son entrée dans le capital de Vibrachoc, elle a notamment pour tâche « l'étude, la recherche et le financement de brevets ». Elle détient ainsi des licences de fabrication qui se rapportent aux amortisseurs produits par Vibrachoc. L'entreprise de Pelat lui paie tous les ans des redevances pour leur utilisation. Le montant atteint jusqu'à 8 % du chiffre d'affaires des matériels fabriqués par la firme française. Elles sont encaissées hors frontières hexagonales.

La question est posée, publiquement : la présence d'une société de Vaduz dans le capital de Vibrachoc a-t-elle permis de transférer des fonds à l'étranger, pendant plusieurs années ? Au cours de notre enquête, nous apprenons que les services du fisc ont contrôlé Vibrachoc en 1980. Affaire classée. Mais cela n'empêche pas la presse de se déchaîner, et de soupçonner Pelat. Le 24 février 1989, Jean-François Lacan livre dans *Le Monde* les résultats de ses investigations sur « Les activités de M. Pelat ». « Quels sont les liens exacts entre Arfina et Vibrachoc ? » interroge-t-il. Le journaliste répond, sans être contredit :

— La surfacturation de brevets est une technique classique lorsque des sociétés veulent, pour une raison ou pour une autre, transférer des profits à l'étranger. Mais rien ne permet d'affirmer que Roger-Patrice Pelat ait pu contrôler son mystérieux actionnaire du Liechtenstein. Arfina est une " Anstalt ", c'est-à-dire une simple liasse de documents soigneusement enfermés dans les coffres d'un des multiples avocats de Vaduz. Son titre de propriété est l'équivalent d'un simple chèque au porteur qui peut être endossé par n'importe quel mandataire. L'argent, lui, est géré par des banques suisses. Seul le fisc connaît son véritable destinataire. Mais au Liechtenstein, le fisc est un temple du secret. Au siège de l'Anstalt, l'avocat Albert Meyer oppose un silence serein à toutes les questions. Les deux administrateurs d'Arfina, Walter Sommer et Pierre-Nicolas Rossier, qui sont liés d'autre part à la firme suisse Experta, acheteur de 20000 actions dans l'affaire Pechiney, ne sont guère plus bavards.

Roger-Patrice Pelat ne réagit pas. Il ne veut, ne peut se défendre. François Mitterrand a déjà parlé de lui, le 12 février à l'émission « 7 sur 7 » sur TF1. Et, entre-temps il a été inculpé de « recel de délit d'initié » pour les 10 000 actions Triangle achetées depuis Paris. Il est triste. Max Théret témoigne :

— Pelat culpabilisait beaucoup dans cette affaire. Depuis deux mois, il allait très mal. Au téléphone, il me disait sa détresse vis-à-vis de « son ami François », vis-à-vis de sa famille.

8.
Le banquet final

19 janvier 1989 : Paris s'agite. A 20 heures, au journal de TF1, Pierre Bérégovoy est solennel. Il confirme à demi-mot ce que tout le monde attend : la démission prochaine d'Alain Boublil, pour que son directeur de cabinet puisse « défendre son honneur ».

— Il faut qu'il dispose d'une situation qui lui permette de le faire.

Le ministre d'Etat, de l'Economie, des Finances et du Budget parle aussi de son propre rôle au cours des négociations entre Pechiney et Triangle, avant de s'aventurer dans l'énoncé d'une contre-vérité manifeste :

— Ni de près, ni de loin, je n'ai touché à cette affaire.

Et il ajoute :

— Je n'ai jamais possédé aucune action.

Or, nul ne s'est permis de le soupçonner d'avoir acquis des actions Triangle.

En revanche, pourquoi affirmer maintenant avoir été totalement étranger aux discussions qui ont précédé la signature de l'accord ? De multiples témoignages (de Jean Gandois et Alain Boublil, par exemple) attestent formellement qu'il a eu connaissance des pourparlers et que son cabinet y a été associé. Depuis juillet 1988, le ministre a régulièrement été tenu au courant. En l'écoutant, chacun comprend que le pouvoir est en train de prendre un virage à 180 degrés. Le scandale est trop grand : il lui faut agir. On remarque surtout que le propos de Bérégovoy est ambigu. Il peut être interprété différemment. Comme voulant indiquer que, « ni de près, ni de loin », il n'est personnellement mêlé au délit d'initié.

Le lendemain, le « fusible » Boublil saute. Son départ doit théoriquement calmer les esprits. Un gage est surtout donné aux militants du Parti socialiste. Par le rang qu'il occupe, Boublil est un bouc émissaire présentable. Reçue par le ministre, le 20 janvier, sa lettre de démission est immédiatement rendue publique :

« [...] Depuis plusieurs semaines, une campagne de rumeurs et d'accusations me met gravement en cause, sans que je puisse y répondre en raison des exigences de réserve inhérentes à ma fonction. Ce silence, s'il devait durer, paraîtrait accréditer la calomnie. C'est pourquoi, afin de riposter aux accusations, je vous ai demandé de reprendre mon entière liberté [...]. »

Réponse très spontanée du ministre :

« [...] Je comprends bien que vous ayez jugé indispensable de reprendre votre liberté d'expression publique, alors que vous êtes victime d'une campagne de rumeurs dirigée contre vous, personnellement. Les circonstances sont pénibles pour vous et les vôtres. Sachez que je reste proche de vous, connaissant votre ardent désir de vérité, et je vous fais confiance pour défendre votre honneur [...]. »

Une dépêche tombe, quelques heures après : avocat de gauche connu, maître Thierry Lévy est chargé par Alain Boublil de poursuivre *Le Quotidien de Paris* (pour l'un de nos articles), *L'Evénement du Jeudi* et *Le Nouvel Observateur*. Pour diffamation, c'est-à-dire atteinte portée à son honneur et à sa considération. Si, d'ordinaire, l'honneur n'a pas de prix, Alain Boublil, lui, évalue le sien : 500 000 francs, réclamés à chacun de ces trois organes. Colère de Philippe Tesson ! Le directeur du *Quotidien de Paris* trempe sa plume dans l'encre du bon sens pour fustiger ces poursuites contre « trois journaux libres et qui aiment la vérité, qui ont au moins cela en commun, et qui ne mâchent pas leurs mots. Trois journaux dont le nôtre, précise-t-il. Nous prenons cette plainte comme un hommage. Sans très bien savoir ce qu'elle vise, quels articles précis elle incrimine. Il s'agit sans doute plutôt d'une sorte d'intimidation. Elle ne nous impressionne guère ».

Les citations à comparaître en justice sont tardives. Elles n'arrivent que le 10 février 1989. Dix jours après la publication du rapport de la COB, dans lequel Alain Boublil est pratiquement absent, n'y étant cité qu'une seule fois, à propos de sa première entrevue, en juillet 1988, avec Nelson Peltz. Exit le reste. La justice met cinq mois avant de se prononcer. Le 12 juillet 1989, la dix-septième chambre du tribunal correctionnel de Paris relaxe purement et simplement *Le Quotidien de Paris*. Mais *L'Evénement du Jeudi* et *Le Nouvel Observateur* sont condamnés à lui payer 10 000 francs de dommages et intérêts.

Défendre son honneur ? Poursuivre *Le Quotidien de Paris* qui ne l'avait ni insulté ni diffamé ? Alain Boublil a de la liberté de la presse une conception très personnelle. Homme public, ayant à répondre de ses actes officiels, il est en droit de reprocher aux professionnels de l'information la publication d'articles le mettant en cause, et pour lesquels on ne lui aurait pas donné la possibilité de s'expliquer. Tel n'est pas le cas. Depuis le début de l'affaire, nous ne cessons de lui demander des réponses et n'avons jamais enregistré que des fins de non-recevoir. Lors de la préparation de ce livre, Jean

Montaldo et Maître Patrick Gaultier (avocat d'Albin-Michel) insistent : « Vous devez voir Boublil pour qu'il nous donne sa version des faits. »

Au début du mois de juin, l'un de nous croise Alain Boublil par hasard, à Roland-Garros, lors des Internationaux de France de tennis. Il est, dans une loge, l'invité du couturier Daniel Hechter. A la fin de la partie, le contact est établi :

— Je suis Gilles Sengès, je pense que Geneviève Cattan, l'attachée de presse de M. le ministre des Finances, vous a prévenu. Avec François Labrouillère, nous souhaitons vous rencontrer. Nous préparons un livre sur l'affaire Pechiney. Il nous faut — c'est notre devoir — vous offrir la possibilité de répondre.

Alain Boublil est accompagné. Regard noir, son visage se fige. S'ils étaient des pistolets, ses yeux feraient feu de toutes parts. La réponse est sèche :

— Je ne collaborerai pas, je ne coopérerai pas avec vous.

Ce n'est pas ce que nous lui demandions, mais... dont acte. Et, effectivement, nous ne pourrons jamais l'interroger.

Dans la recherche de la vérité — « toute la vérité, rien que la vérité » —, le bon sens, la mémoire, la rigueur sont indispensables à ceux qui la traquent. La tâche n'est pas aisée. Dans cette ténébreuse affaire, les agendas de l'année 1988 (ainsi que ceux des deux années précédentes) ont été malencontreusement égarés par quelques-uns des principaux suspects interrogés par la brigade financière de la Police judiciaire. Additionnées, les déclarations des uns et des autres permettent d'y voir plus clair. De leur analyse, la vérité éclate... et les contradictions aussi :

- Le 20 juin 1988, Alain Boublil reçoit au ministère

des Finances Jean-Louis Vinciguerra, le directeur financier de Pechiney venu lui rendre une visite de routine. Plusieurs problèmes sont évoqués. Le tour d'horizon porte notamment sur des acquisitions possibles dans le secteur de l'emballage. Plusieurs noms de firmes sont cités et Boublil parle de Triangle-ANC (que Vinciguerra considère comme « trop gros » pour Pechiney). Les deux hommes se revoient quelques jours plus tard, sur le court de tennis d'un club (également fréquenté par le *golden boy* — inculpé — Pierre-Alain Marsan). Jean-Louis Vinciguerra ne conserve pas le souvenir d'une longue conversation d'affaires. Boublil assure le contraire[1] : « C'était au Racing club de France, à la fin du mois de juin. Vinciguerra, m'exposant l'intention de Pechiney de procéder à une grosse acquisition dans l'emballage me parle, entre autres, de Triangle. Je lui indique que je connais leur représentant en France. Pas la peine, me répond-t-il, un banquier [*Yves-André Istel*] a été chargé d'approcher les éventuels partenaires américains. »

• Quelques jours après, Boublil et Vinciguerra se croisent dans un couloir, rue de Rivoli. Dialogue : « Je vois Peltz dans quelques jours. Etes-vous intéressés ? Que faut-il lui dire si le nom de Pechiney vient sur la table ? » demande le directeur de cabinet.

L'adjoint de Gandois temporise : « Il faut que je voie avec mon président. » Le 11 juillet, Boublil téléphone chez Gandois pour s'informer de ses intentions, car il a un rendez-vous avec Peltz le lendemain. Le P-DG lui fait répondre : « Pechiney est prêt à discuter avec Triangle d'une éventuelle collaboration. »

• Le 12 juillet, Alain Boublil reçoit Nelson Peltz. Le

1. *L'Expansion*, 3 février 1989, propos recueillis par Airy Routier sous le titre « Réflexions d'un fusible ».

rendez-vous a été fixé par l'intermédiaire de leur ami commun, Samir Traboulsi. Au départ, la rencontre est prévue pour que Peltz lui fasse connaître ses griefs à l'égard des Français sur lesquels — après avoir raté deux importantes affaires — il dit pis que pendre, surtout lorsqu'il s'agit de ces « foutus groupes nationalisés ». Le « prédateur » américain conclut la première partie de son exposé par un prémonitoire : « C'est la dernière fois que l'on me reprendra à vouloir faire des affaires chez vous ! » En présence de Traboulsi, qui nous rapporte la scène, Boublil se fait enjôleur et lui pose la question : « [...] pourquoi ne céderiez-vous pas votre firme d'emballage à un groupe français comme Pechiney ? » Peltz est saisi d'un grand rire. Il considère qu'aucune entreprise en France n'a les moyens de se payer American National Can. Boublil le rassure : « Pechiney est un groupe nationalisé, propriété de l'Etat. Or, l'Etat français a beaucoup d'argent. » Mais Boublil affirme maintenant : « Jamais il n'a été question d'achat ou de vente [...]. »

● Le 28 juillet, Jean Gandois, Jean-Louis Vinciguerra, Jean-Pierre Ergas et leur banquier Yves-André Istel représentent Pechiney, lors d'un déjeuner à Paris avec Nelson Peltz et Samir Traboulsi. Après le café, chacun se dit : « Oui ou zut, est-ce qu'on va aborder les vrais problèmes ? » Gandois finit par interroger : « Etes-vous prêt à vendre ANC ? » La conversation tourne ensuite autour du prix, « très cher », que Peltz ne veut fixer et que Gandois ne souhaite aborder qu'après avoir étudié le dossier. Peltz acquiesce et pose une condition : « Bon, mais je veux que ce soit très discret. S'il y a la moindre fuite, je dirai que je suis venu acheter Cebal, la filiale emballage de Pechiney, et que vous m'avez dit qu'elle n'était pas à vendre. » Puis, Samir Traboulsi a l'idée d'une séance de travail. Elle a lieu le 11 août, dans la baie de Figari, en Corse. Parfait endroit pour assurer la confidentialité des discussions. Vinciguerra y a sa résidence d'été. Ergas sera aussi en vacances dans le coin. Tous sont convenus que Traboulsi et Peltz les rejoindront sur leurs yachts respectifs.

Ces brefs rappels ne sont pas superfétatoires. Ils sont indispensables à la compréhension d'une affaire embrouillée à l'envi, au point que l'opinion a fini par n'y entendre goutte. A des faits connus, nous ajoutons ici les preuves récoltées lors de nos entretiens (notamment) avec les principaux protagonistes de ces repas d'affaires, discussions mondaines, ainsi que d'une croisière studieuse, en yacht, entre le continent et l'Ile de Beauté. Le bal y reprend, pour une valse à trois temps, industrielle, boursière et judiciaire. Une valse endiablée.

Le 11 août, deux navires, le *Part 6* de Nelson Peltz et le *Paminush* de Samir Traboulsi jettent l'ancre non loin de la propriété familiale de Jean-Louis Vinciguerra. Alain Boublil et sa femme, Bénédicte, sont à bord du *Paminush*. Vinciguerra et Ergas arrivent. Ils montent par l'échelle de coupée. Jean Gandois leur a donné des instructions précises et, plus tard, fin août, il reçoit un rapport circonstancié. Le P-DG de Pechiney relève :

— Ils semblaient avoir été impressionnés par le luxe des yachts de leurs interlocuteurs.

Ses deux collaborateurs lui ont aussi rapporté leur surprise d'y avoir retrouvé Alain Boublil, venu y passer ses vacances. Première entorse, en effet, aux exigences de « confidentialité », de « secret », aux conditions posées par Nelson Peltz lors de sa précédente réunion avec Gandois. Si l'Américain accepte maintenant la présence de Boublil, c'est bien qu'il considère qu'il n'y a pas de secrets pour lui. Nous dire ensuite que le bras droit de Pierre Bérégovoy n'était pas dans la « cabine » pour discuter des détails du dossier ne change rien au débat. De plus, et comme il se devrait, Boublil ne vient pas sur le yacht de Traboulsi avec les représentants de l'entreprise nationale dont il a le devoir de défendre les intérêts : il est, sur le navire des vendeurs, l'invité de celui qui tirera de l'opération une commission de 12 millions de dollars.

Mais Boublil a une conception différente du service de l'Etat :

— Je me suis posé la question de savoir si je devais cesser toute relation avec Samir Traboulsi à partir du moment où je savais qu'il allait être le représentant de Nelson Peltz dans cette très importante affaire. Après réflexion, j'ai considéré que maintenir le contact avec lui pouvait faciliter la conclusion de la négociation de l'opération Pechiney-Triangle à laquelle Pechiney tenait beaucoup.

Certes, lors de la réunion de travail sur le bateau de Traboulsi, le directeur de cabinet reste sur le pont. Il ne participe pas aux « discussions » proprement dites. « Cela ne le concernait pas, c'étaient des négociations très techniques », nous a déjà dit Traboulsi. Ensuite, tout ce beau monde (Boublil y compris) est réuni pour un déjeuner, avec femmes et enfants. Boublil n'a pas besoin d'être présenté. Tout le monde le connaît. Et lui-même est informé de la nature de l'affaire qui fait l'objet de cet arrêt à Figari, puisqu'il est l'initiateur des pourparlers entre Pechiney et Triangle-ANC, propriété de Nelson Peltz, assis là maintenant à ses côtés. Rapportée par Gandois, cette version des événements nous est confirmée par Traboulsi et une autre personne présente. Le récit de Boublil est — cette fois encore — sensiblement différent. Le 21 janvier 1989, le lendemain de son départ des Finances et huit jours avant le dépôt du rapport de la COB, il livre au *Figaro* des souvenirs attrayants :

— Bien avant que j'aie eu connaissance de ce dossier, M. Traboulsi et sa famille m'avaient invité avec ma femme et mes enfants à passer quelques jours avec lui sur un bateau qu'il avait loué pour visiter la Corse. Il s'est trouvé que l'un des responsables de Pechiney [*Jean-Louis Vinciguerra*] avait une maison à côté de Figari et que M. Peltz, le vendeur, était dans la région. Tout le monde s'est donc retrouvé dans la baie de Figari [...].

Selon Boublil, l'épisode corse relèverait donc du concours de circonstances. Cette fois, il s'égare. Car l'« escale de Figari » n'est pas fortuite. Le rendez-vous a été fixé à l'avance. Pour le préparer, Samir Traboulsi quitte Monaco la veille, en avion privé, et laisse la famille Boublil sur sa petite « unité marine » (plus de quarante mètres de long !), le temps d'une agréable traversée. A bord du *Part 6*, venu spécialement de Sardaigne, Peltz rejoint la flotte de Traboulsi. Quand tout est terminé et que l'on se sépare (Boublil et les siens restant à bord pour de vraies vacances), rendez-vous est repris. On se reverra le 18 août, sur la « chaloupe » de Samir. A 8 000 kilomètres de là, devant les eaux turquoise d'Anguilla, le principal « initié » de l'affaire Pechiney-Triangle commence, ce jour-là, ses achats à Wall Street, tandis que sur les flots bleus de la Méditerranée, au large de Monaco, les mêmes hommes — sans Boublil — reprennent les négociations en vue d'une OPA qui est déjà, sans qu'on le sache, un scandale d'Etat (qui éclatera trois mois après).

Alain Boublil, Pierre Bérégovoy, Samir Traboulsi : les trois hommes se connaissent. Les deux premiers se tutoient. Rue de Rivoli, leurs bureaux communiquent, et leurs familles se fréquentent. Tout fier, Boublil se confie[1] :

— Pierre et moi, nous sommes amis depuis très longtemps. Dans tout le gouvernement, il n'y a que Michel Rocard et Jean-Paul Huchon [*son directeur de cabinet*], qui soient aussi proches que nous le sommes.

S'il est un ami personnel de Boublil, Traboulsi l'est aussi de Bérégovoy qui, en mars, avril et mai 1988, est le directeur de la campagne électorale de François Mitterrand, candidat à la présidence de la République. Boublil fait partie de son « staff », avenue Franco-Russe. A cette occasion, Traboulsi fait un geste. Boublil trouve en lui un ami disponible. Le Libanais lui offre son avion pour des déplacements militants, dont l'un (à Toulouse) en compagnie de Bérégovoy. Boublil n'y voit rien à redire :

— Je crois que c'est une pratique courante de la vie politique lors des campagnes. Il est tout à fait classique que des industriels, des hommes d'affaires mettent à la disposition des hommes politiques des moyens. Je n'ai pas trouvé cela choquant.

La dérive est là, dans le : « Je n'ai pas trouvé cela choquant. » La phrase tombe de ses lèvres naturellement, en toute ingénuité, comme l'évocation d'un événement banal, ordinaire. Yachts, aéroplanes... il ne manque qu'un banquet pour célébrer l'ensemble. Voici le caviar, le saumon, les chocolats et les liqueurs.

13 novembre 1988 : Jean Gandois vient de rentrer à Paris, après un séjour en Floride, à Palm Beach, qui lui a permis de s'entendre avec Nelson Peltz. Il ne manque

1. *Profession Politique,* 3 octobre 1988 ; « Quatre jours avec Alain Boublil ».

plus que l'accord du gouvernement français. Traboulsi le sait. Et Boublil également. Paris est calme. Ce dimanche, à l'heure du déjeuner, on ne fête pas que la Saint-Brice. Chez « Edgard », rue Marbeuf, une joyeuse assemblée festoie. Mme et M. Pierre Bérégovoy reçoivent leurs plus chers amis. Paul Benmussa, le chaleureux patron des lieux, a tiré le rideau du restaurant. Atmosphère détendue, rapportée par l'un des participants :

— Il y avait là soixante-dix à quatre-vingts personnes. Une ambiance très familiale. La famille et la belle-famille du ministre ; ses amis depuis vingt-cinq ans ; ses plus proches collaborateurs.

Samir Traboulsi est parmi les convives. Il raconte :

— C'était une fête familiale. J'étais avec ma femme à la table du ministre. Nous étions une vingtaine, parmi lesquels M. Pelat et son épouse. Nous n'avons pas évoqué le dossier Pechiney. L'ambiance ne s'y prêtait pas, personne autour de moi ne parlait affaires.

Pour ce déjeuner, sans protocole, les Bérégovoy n'ont pas voulu de plan de table.

— Les gens se sont assis selon leurs affinités, se souvient un autre.

La famille Bérégovoy compose, à elle seule, la moitié de l'assistance. Parmi les amis et proches collaborateurs du ministre, Jean-Charles Naouri (son ancien directeur de cabinet aux Finances) côtoie Harris Puisais, membre de l'état-major de la rue de Rivoli. Bientôt, Naouri sera inquiété par la COB. Pas pour l'affaire Triangle, mais pour de gros achats d'actions Société générale lors du raid de Georges Pébereau, avec une belle plus-value à la clef. Et Harris Puisais mourra subitement, le 9 avril 1989, emportant avec lui le souvenir de ces agapes offertes par le ministre d'Etat, à l'occasion du quarantième anniversaire de son mariage.

Le tohu-bohu provoqué par l'affaire oblige la police judiciaire à interroger Paul Benmussa, auquel Pierre Bérégovoy a payé une note de 18000 francs.

— Un prix d'ami, déclare-t-il, qui n'intègre pas le surcoût du restaurant un dimanche, jour habituel de fermeture. Le règlement m'en a été fait par un chèque personnel, le soir même, remis par M. Bérégovoy, et il n'y a eu aucun complément d'aucune sorte, ni de quiconque.

Cette précision vient pour démentir une insistante rumeur parisienne attribuant à Samir Traboulsi le règlement de la réception. Calomnie, bien sûr. Mais Pierre Bérégovoy s'en trouve tout bouleversé. Interrogé par Georges Marion et Edwy Plenel (*Le Monde* du 25 mai 1989), le ministre est « ému ». Car on n'a pas manqué de rapprocher la célébration de ses « noces d'émeraude », le 13 novembre 1988 — en compagnie de deux des acteurs du dossier (Traboulsi et Boublil) et d'un « initié » (Roger-Patrice Pelat) — avec la date de la vague d'achats massive d'actions Triangle à Wall Street, le mardi 15 novembre. Ce jour-là, les ordres affluent de Paris, du Luxembourg, de Genève, Lausanne et Zurich. Les deux journalistes transcrivent la réaction du ministre d'Etat :

— S'il s'est dit quelque chose quelque part, ce n'est pas là ! C'est tout à fait ridicule ! Je suis choqué, ma femme est douloureusement tourmentée. C'est quand même une dure épreuve de voir un événement familial sur la place publique ! Je vous le répète : c'était une fête privée, pas un dîner en ville ! Il n'y avait pas de conciliabules. L'atmosphère n'était pas aux conversations professionnelles, ni politiques, ni économiques.

Ces réflexions de Pierre Bérégovoy tombent mal à propos. Officiellement, Alain Boublil a dû démissionner pour « défendre son honneur ». Mais, en réalité —

chacun l'a bien compris —, pour « délit de fréquentation ». Fréquentation de qui? De Samir Traboulsi! Leurs rapports d'étroite amitié ont eu pour cadres des stations de sport d'hiver, des palaces et des yachts. Ils n'auraient pas été blâmés si l'homme d'affaires libanais n'avait pas représenté de puissants intérêts étrangers, dans des négociations que lui, Boublil, était chargé de superviser, si ce n'est de guider au nom d'un ministre en charge des finances de la France. N'est-ce pas pour cela que Boublil a servi de fusible, à un moment de l'affaire où l'on ignorait encore les liens de Pierre Bérégovoy avec le même Samir Traboulsi? Une promenade en bateau, un déjeuner d'anniversaire chez Edgard, ou une décoration remise rue de Rivoli, où est la différence? Voilà que, à son tour, le ministre d'Etat, ministre de l'Economie, des Finances et du Budget, reçoit à sa table, en famille, le commissionnaire des vendeurs du groupe Triangle-ANC! Au moment où ceux-ci n'attendent plus que le feu vert et l'aval financier du gouvernement avec lequel ils sont en pourparlers très avancés! Cinq jours plus tard, le 18 novembre, Pierre Bérégovoy donne son accord, qui précède ceux du premier ministre, Michel Rocard, et du président de la République.

Pour la petite histoire, Georges Marion et Edwy Plenel rapportent encore que les policiers ont « questionné » Paul Benmussa. Ses « souvenirs sont imprécis », il ne se rappelle ni des uns ni des autres; ni de Traboulsi ni de Pelat :

— Vous savez, leur déclare-t-il, je n'ai pas de mémoire. Je ne me souviens plus de personne. Seulement M. et Mme Bérégovoy et encore, il faut que je fasse un effort.

Discrète et admirable maison! Qui a de qui tenir. Il y a quelques années, Max Théret a possédé le fonds de commerce de chez Edgard. Incontournable personnage !

Cependant, Théret n'est pas, le 13 novembre, à la réception des Bérégovoy. Et il n'est pas non plus recensé, le 3 octobre précédent, parmi les invités du ministre des Finances quand celui-ci décore Traboulsi de la Légion d'honneur, dans les salons de la rue de Rivoli. Logés à meilleure enseigne que lui, Pelat, Boublil et Traboulsi sont, eux, omniprésents dans ces deux manifestations qui ont ponctué la période cruciale, controversée, précédant l'OPA de Pechiney. Mais Max les connaît tous les trois :

— Traboulsi ? Je l'ai rencontré une fois. J'ai surtout vu sa femme. Elle est très belle et, en plus, elle parle l'espagnol... Boublil ? Nous sommes tous les deux au Parti socialiste, mais je n'ai eu des relations que très épisodiques avec lui.

Reçu le 22 janvier 1989, par Jean-Marc Sylvestre, au journal télévisé de La Cinq, Boublil l'admet :

— C'est une relation amicale que j'avais (*sic*) rencontrée plusieurs fois.

Au fur et à mesure des semaines qui passent, les liens ou les connivences remontent à la surface. Des vérités ont été cachées. Ces dissimulations font planer un doute sur les premières déclarations des héros. Quelle belle continuité dans la soustraction des indices ! Est-ce pour occulter les attaches entre les principaux inculpés — présumés innocents — et des personnalités qui, de par leur fonction, disposaient de toutes les informations nécessaires à la réalisation, par d'autres, du délit d'initié ?

- Acheteur depuis Paris de 10 000 actions Triangle, Pelat (l'ami et confident de Mitterrand) fréquente Bérégovoy, Boublil, Théret et Traboulsi ; l'un de ses fils, Patrice, est le partenaire de Boublil dans Internégoce, une société de courtage en vins ; il connaît Jean Gandois (un peu) et est aussi, pendant plusieurs années, l'associé dans Vibrachoc de la société Arfina (du Liechtenstein) dont les dirigeants suisses président aussi aux destinées de la fiduciaire Experta de Zurich, commanditaire, de leur côté et à la même date, de 20 000 titres Triangle.

• Acquéreur, avec son associé Robert Reiplinger, de 32 300 actions à New York, Théret (décoré, en juin 1986 à l'Elysée, par Mitterrand) est un intime de Pelat, une connaissance de Boublil et de Traboulsi, un financier du Parti socialiste, un cotisant de la dernière campagne présidentielle du président de la République, auquel il a offert récemment (pour son anniversaire) une lettre manuscrite de Léon Trotsky.

• Absent — lui au moins — de la liste des « initiés » répertoriés par la SEC et la COB, Traboulsi est à la croisée des chemins : conseiller et commissionnaire des propriétaires de Triangle, il est un des familiers de Boublil et de Bérégovoy ; il est aussi un client, à Genève, de la société financière Socofinance, acheteur de 88 000 à 91 000 actions à Wall Street, pour le compte d'une banque-écran d'Anguilla. Socofinance est dirigée par le Libanais Charbel Ghanem, « invité » du ministre français des Finances quand celui-ci élève Samir Traboulsi au rang de chevalier dans l'ordre de la Légion d'honneur.

• Le *golden boy* Pierre-Alain Marsan (auquel on reproche l'achat de 5 000 titres) appartient au Racing Club de France, où il peut rencontrer, notamment, Alain Boublil, Jean-Louis Vinciguerra et Michel Glas, l'employé du *broker* londonien Morgan Stanley par lequel Max Théret a acheté ses actions. Il a aussi des liens « amicaux ou familiaux » avec Bertrand Godbille (le fondé de pouvoir de la banque Hottinger, chargé des portefeuilles de Pelat et de sa famille, qui habitent le même immeuble que lui) et avec Bernard Sabrier, le directeur de la société genevoise Unigestion qui a raflé 6 000 titres Triangle pour un client réputé français.

• Ricardo Zavala, l'autre *golden boy* inquiété pour 5 000 actions, est un ami de Michel Glas (le trader de Londres), lui-même membre du club de bridge Albarran où joue Robert Reiplinger.

Enfin, l'appartenance de plusieurs des « initiés » et de leurs amis à la franc-maçonnerie ne laisse pas non plus les enquêteurs indifférents...

Le 31 janvier 1989, Jean Farge réunit, tour Mirabeau, le collège de la COB. Jean-Pierre Michau remet sa copie au président de la commission. Dans un coin, Ariane Obolensky (de la direction du Trésor) représente le ministre des Finances, en tant que commissaire du gouvernement. Sans passion, le chef enquêteur démonte froidement les mécanismes de l'opération. La délibération dure près de trois heures, avant que Michau conclue :

— Au terme des investigations effectuées par le service de l'Inspection, du 14 décembre 1988 au 27 janvier 1989, des présomptions graves, précises et concordantes de l'existence de délits d'initié, susceptibles de relever de la juridiction française, ont été réunies. Aussi est-il proposé au collège de décider de transmettre dès maintenant le présent dossier au Parquet.

La décision est prise à l'unanimité : « L'autorité judiciaire doit être immédiatement saisie. »

Dans la joyeuse bousculade qui suit sa sortie, Jean Farge, tout sourire, refuse de lever le voile sur le rapport (que nous publions en annexe, dans son intégralité). Il s'éclipse néanmoins sur un aveu :

— Nous n'avons pas tout trouvé, mais nous avons reconstitué la totalité du marché de l'action Triangle, entre le 14 et le 18 novembre 1988.

Ariane Obolensky emporte le document encore secret, pour le remettre à Pierre Bérégovoy. Le scénario est au point. Cinq jours avant, pendant plus de deux heures, le ministre a été « cuisiné » sur les « affaires » (Triangle et Société générale), par la commission des Finances de l'Assemblée nationale : happening très médiatique, la presse ayant été autorisée à assister aux débats. Promise devant les députés, la publication du rapport de la COB est prévue pour le début de l'après-midi. Le président de la République et le premier ministre ont donné leur accord. L'événement est exceptionnel. L'usage veut en effet que seuls son autorité de tutelle (la rue de Rivoli) et le Parquet soient les destinataires des enquêtes de la Commission des opérations de bourse.

Au Palais de Justice, les quarante-sept pages de Jean-Pierre Michau ne s'éternisent pas sur le bureau du procureur de la République, Pierre Bézard. Ce magistrat passe pour le meilleur expert français des délits boursiers. Dès le 1er février, il décide d'ouvrir une information judiciaire contre X. Elle vise non seulement le délit d'initié, prévu par l'article 10-1 de l'ordonnance nº 67 883 du 28 septembre 1967, mais également la complicité et le recel de cette infraction. Cependant, contrairement à la COB — qui s'en est exclusivement tenue aux infractions commises entre le 14 et le 18 novembre 1988 —, le procureur élargit le champ des investigations du magistrat instructeur à la période du 12 juillet au 21 novembre 1988. L'information judiciaire va donc concerner d'autres personnes physiques ou morales que celles citées dans le rapport de la COB. Notamment IDB, l'International Discount Bank and

Trust des Caraïbes. Le magistrat veut aussi connaître les « initiés » de ce lointain paradis fiscal :

— C'est ceux-là qu'il faut chercher !

Le dossier est confié à Edith Boizette. Juge d'instruction au tribunal de grande instance de Paris depuis 1985, cette charmante dame est chargée, depuis avril 1988, des affaires économiques et financières. A la place qu'occupait Jean-Pierre Michau avant d'aller diriger le service d'inspection de la COB. Dans un premier temps, la désignation d'Edith Boizette surprend. A trente-huit ans, cette blonde distinguée ne passe pas pour une spécialiste des questions boursières. Nombreux la jugent trop tendre. Ils vont vite déchanter.

Sortie en 1974 de l'Ecole nationale de la magistrature, Edith Boizette a fait ses classes à Lille et Evry, où elle s'est attaquée au fameux « gang de la banlieue sud ». Elle est ensuite passée par Avignon et Pointe-à-Pitre où, admet-elle avec humour, elle s'est occupée « autant des voleurs de poules que des indépendantistes ».

Les procès-verbaux des auditions réalisées par la COB n'ont pour elle aucune valeur juridique. Il lui faut tout reprendre de zéro. Dès l'ouverture de l'information, la brigade financière dirigée par le commissaire Pierre Martinez multiplie les perquisitions.

Conseiller spécial du Président à l'Elysée, Jacques Attali est fébrile... On remarque ses déplacements à Washington qui n'ont, bien sûr, aucun rapport avec l'affaire dénoncée par les gendarmes de la bourse américaine. Pour tout le monde, il prépare le sommet des chefs d'Etat des pays industrialisés, qui aura lieu le 14 juillet, lors de la célébration du bicentenaire de la Révolution. François Mitterrand reçoit des rapports : il connaît maintenant les risques encourus par son ami.

Aussi, avant que Roger-Patrice Pelat ne soit convoqué au Palais de Justice pour y être inculpé, le Président fait appeler TF1. Il sera au « 7 sur 7 » d'Anne Sinclair, le 12 février, à la place du ministre de l'Industrie Roger Fauroux, déjà programmé mais prié de laisser son siège. L'émission doit durer 55 minutes. Exceptionnellement, à l'heure de la plus grande écoute — nous sommes un dimanche soir —, le Président tient l'antenne pendant 1 heure 50. Un record! Son intervention entre dans l'histoire : jamais, avant lui, un chef de l'Etat n'avait eu à s'expliquer sur ses relations privées avec un homme directement impliqué dans l'utilisation, à des fins lucratives, d'une information financière et confidentielle obtenue auprès de ses amis au pouvoir, ou dans leur entourage.

En forme de question, la présentation d'Anne Sinclair est piquante :

— Monsieur le Président, bonsoir et merci de venir à « 7 sur 7 » pour votre première longue émission de télévision depuis sept mois. Il est vrai que depuis le début de votre second septennat, vous n'avez guère abusé des médias, même si chacune de vos apparitions avait un sens politique précis [...]. Et puis, sont venues les « affaires », à temps pour pimenter le début de l'année par un feuilleton politico-financier alléchant, pour donner à la classe politique un dérivatif au terme municipal, pour permettre à la presse d'exercer son devoir d'informer, son exigence de liberté, pour que l'on s'interroge enfin, de droite comme de gauche, sur les conséquences de ces remous, sur la place et le rôle de l'Etat dans la vie économique. Mais ces « affaires », monsieur le Président, ne sont pas restées à votre porte, parce que l'on vous sait attentif, méfiant, vis-à-vis de l'argent et de sa fonction dans l'économie, parce que l'Etat impartial était votre exigence et que certains serviteurs de la République ont vu leur nom prononcé, voire soupçonné, parce que, enfin et surtout, des hommes proches de vous, l'un d'entre eux étant même, dit-on, votre ami le plus cher, se seraient enrichis à la faveur d'opérations dont la justice seule dira si elles étaient ou non licites. Tout cela vous aurait atteint, touché, éclaboussé. Bref, ces affaires auraient terni votre image, même si les Français, consultés par sondage, ne paraissent apparemment pas trop émus...

Le président de la République n'est « pas en colère du tout ». Professionnel aguerri de la politique, il sait garder son sang-froid. Oui, il est « chagriné ». Mais il ne s'estime pas « trahi ». Et il le dit :

— J'ai souvent entendu dire : « Des proches de l'Elysée ont été compromis dans cette affaire Pechiney. » A vrai dire, je ne connais véritablement qu'un seul de ceux dont le nom a été offert en pâture à l'opinion publique et qui s'y sont exposés, qui est en fait Patrice Pelat ; c'est un de mes amis...

— De longue date ?

— J'ai lu, un jour, dans un journal, poursuit-il, une appréciation sévère à mon propos. On disait : « Tout de même, on devrait attendre du président de la République qu'il sélectionne un peu mieux ses fréquentations. » Mais je vais vous dire, Anne Sinclair, ce qui m'a permis de sélectionner un homme comme Patrice Pelat.

Suit l'histoire de la guerre, le passé de Pelat (« Il était pauvre, très très pauvre, et puis il s'est enrichi, non pas comme homme d'affaires, mais comme industriel »), et, en guise de conclusion, la fameuse phrase par laquelle le Président prend, pour la première fois, quelque distance avec son plus cher ami. A une autre question d'Anne Sinclair (« Est-ce que vous le voyez toujours, et est-ce que vous êtes toujours l'ami de Patrice Pelat ? »), il répond, en effet, prudemment :

— S'il est révélé que Patrice Pelat s'est contenté de jouer en bourse, comme le font des millions de Français, je n'aurai pas à lui en vouloir ou à regretter son action. S'il se révèle avoir commis une faute, dans le cadre de mes fonctions j'estimerai que je ne pourrai pas préserver la même qualité d'amitié que celle que j'ai connue pendant si longtemps.

L'émission d'Anne Sinclair offre aussi au Président l'occasion de nier tout rapport avec Max Théret, voire même avec le dossier Pechiney. On sait maintenant ce qu'il en est. Un couplet sur « l'argent qui corrompt, l'argent qui achète, l'argent qui écrase » ramène bientôt les téléspectateurs aux grandes heures du congrès d'Epinay, lors de la création du nouveau Parti socialiste qui a précédé l'Union de la Gauche. Toutefois, pour François Mitterrand, l'argent n'est pas en soi un péché. Un « péché » ?

— Non, dit-il, je considère que l'argent gagné trop facilement est pour toujours suspect et qu'en effet, il est fait pour corrompre [...].

Le 16 février 1989, quatre jours après la prestation du Président à « 7 sur 7 », Roger-Patrice Pelat est inculpé de « recel de délit d'initié », au même titre qu'une de ses amies, Isabelle Pierco (34 ans), qui a perçu une plus-value de 131 000 francs avec 650 titres Triangle achetés sur son conseil. Elle est la fille de modestes aubergistes de Boutigny-sur-Essonne, où Vibrachoc avait jadis sa principale usine.

Dans son sobre bureau du Palais de Justice, décoré d'affiches du musée d'Orsay et de quelques autres expositions parisiennes, Edith Boizette agit avec célérité. Le même après-midi, Robert Reiplinger, Pierre-Alain Marsan et Ricardo Zavala défilent devant elle. Ils sont tous inculpés de délit d'initié, et non plus seulement de recel.

Roger-Patrice Pelat sort désarçonné :

— Je suis surpris. On me dit que c'est la procédure normale. La première fois que j'ai été inculpé, c'est par la Gestapo en 1940.

Mais le propos est aussitôt atténué :

— Mme le juge était très aimable.

Les inculpés sont laissés en liberté sous contrôle judiciaire. Le 20 février, Edith Boizette exige le dépôt d'importantes cautions qui représentent le double des plus-values réalisées. Pierre-Alain Marsan doit verser 2,4 millions de francs ; Ricardo Zavala, 1,9 million ; Roger-Patrice Pelat, 3,1 millions ; Isabelle Pierco, un peu plus de 260 000 francs et Robert Reiplinger 8,8 millions. Mais Théret ne l'entend pas de cette oreille. Max fait de la résistance. Certificats médicaux à l'appui, il boude toutes les convocations du juge. Il doit, selon ses médecins, se ménager.

Après avoir entendu Didier Oury (conseiller technique à l'Elysée, chargé des affaires industrielles), Jean-François Vincensini et Alain Prestat (du cabinet de Michel Rocard), Jean-Pierre Jouyet et Benoît Maes (du ministère de l'Industrie), Edith Boizette se rend, le 3 mars, à La Hauteville, la maison de campagne de Max Théret. Pour l'inculper ! Max n'apprécie pas. Et entend le faire savoir :

— Elle est persuadée que ce n'est pas moi qui ai informé Pelat, mais le contraire. D'ailleurs, quand il est mort, elle n'a pas eu un mot, elle ne m'a rien dit. Vous savez, le juge Boizette m'a même envoyé un médecin légiste... Quand je refusais de payer la caution qu'elle demandait (plus de 8 millions de francs) elle avait ainsi voulu savoir si je pouvais être incarcéré malgré mon état de santé. La réponse du médecin avait été affirmative. Moi je ne voulais pas payer. J'étais même prêt à faire la grève de la faim en prison. Mais tout le monde m'a conseillé de payer. J'ai cédé à mes amis, à ma famille, à ma femme. Mais je le regrette.

Les bureaux des suspects sont fouillés par la brigade financière, de fond en comble. Place de Breteuil, près des Invalides, ceux de Max Théret sont chamboulés. Vient le tour du domicile de Roger-Patrice Pelat, les 21 et 22 février 1989. Les enquêteurs sont interloqués par le nombre de photos de François Mitterrand. Il y en a dans toutes les pièces. Peu avant son hospitalisation, la seconde fouille de l'ami du Président est sévère : « perquisition en règle, comme s'il s'agissait d'un vulgaire gangster » ; violent coup de sonnette à 6 heures du matin ; appartement passé au crible... C'est la routine. Les recherches durent environ quatre heures. Plusieurs documents sont emportés. Sur l'un figure une liste de noms, dont celui de Traboulsi. Avec, « à côté », des patronymes, des sommes et des croix. William Assayag, de *Paris-Match,* donne la version de la famille : « C'est Roger-Patrice Pelat qui notait ces montants correspondant à des dons versés à la Fondation " France-Libertés " de Danielle Mitterrand. »

L'affaire repart dans une autre direction : Edith Boizette demande une expertise graphologique.

Max Théret raconte le calvaire subi par son ami, l'humiliation des perquisitions policières :

— Leur arrivée chez lui, à 6 heures du matin, l'a beaucoup frappé. On l'a traité comme un trafiquant de drogue. Ils ont tout passé au peigne fin, même sa voiture...

Le 7 mars 1989, la mort subite de Roger-Patrice Pelat clôt l'information pénale ouverte à son encontre. Les poursuites sont abandonnées. Sa famille récupère la caution versée : la justice française considère que tout cet argent peut figurer parmi les biens de sa succession[1].

La mort de Roger-Patrice Pelat provoque un choc dans la classe politique, principalement à gauche. Pendant plusieurs semaines, on n'entend plus parler de l'affaire. La disparition du confident du Président permet à une certaine gauche opportuniste d'enjoindre à la presse — maintenant vilipendée par ceux qui avaient abandonné Pelat à son triste sort — d'arrêter ses investigations et de ranger ses crayons.

Au Palais de Justice, le juge Edith Boizette se démène : voyages en Suisse et aux Etats-Unis, d'où elle revient bredouille. Bataille juridique. Méfiante, la SEC américaine garde pour elle — mais pour combien de temps ? — l'identité de tous les « initiés » qu'elle a depuis longtemps établie. Le 12 juin, deux de ses enquêteurs, Ellen Ross et Gary Kaminski, viennent à Paris, après avoir séjourné une semaine à Londres. Le très informé et influent *Wall Street Journal* révèle qu'ils sont arrivés dans la capitale française « avec une longue liste de personnes à rencontrer, parmi lesquelles plusieurs collaborateurs de M. Mitterrand ». Devant le refus du gouvernement français, ajoute le grand quotidien financier des Etats-Unis, « les enquêteurs américains ont annulé quarante rendez-vous et sont rentrés à la maison ». Partie remise. Car la SEC n'abandonne jamais. Dans la rubrique « Figaro-ci, Figaro-là », du 17 juin 1989, Claude Jacquemart va plus loin : parmi la « quarantaine de personnalités » dont les auditions ont été programmées par les deux envoyés de Washington, figurent « Jacques Attali, conseiller spécial du président

1. La justice américaine n'a pas le même point de vue : (cf. *supra*, p. 222 et 223). Elle considère que les plus-values illégalement perçues à l'occasion d'un délit d'initié doivent être saisies pour pouvoir ainsi être restituées (après jugement) au marché.

de la République, Tony Dreyfus, secrétaire d'Etat auprès du Premier ministre, et Yves-Lyon Caen, directeur adjoint de cabinet de Michel Rocard. Des hommes évidemment pas soupçonnés mais qui ont pu, à un moment, avoir accès au dossier industriel ». Bien informé, Claude Jacquemart confirme : « Le gouvernement français s'est alors opposé catégoriquement à ces auditions. »

Les zones d'ombre sont nombreuses dans le dossier Triangle. Les clairs-obscurs concernent autant la France que la Suisse et les autres paradis fiscaux. L'affaire étant à l'instruction, il nous est interdit de nous substituer aux magistrats, celui en charge de l'information et ceux qui, après lui — si les délits constatés ne sont pas amnistiés entre-temps — auront à en juger. Nous savons, par exemple — mais, pour les raisons ici évoquées, nous n'en dirons pas davantage — que d'autres titres Triangle (que ceux recensés par la COB) ont été commandés à Wall Street, depuis Paris, et évacués de France... après coup.

Quand, à la mi-juin, nous parlons avec Max Théret pour la deuxième et dernière fois, l'ancien patron de la FNAC se relaxe. Il n'a toujours pas digéré les 8,8 millions de francs qu'il a dû débourser à titre de caution. Pour le reste, il est détendu :

— Mes auditions ne durent pas cinq heures, comme pour certains. C'est moi qui décide de leur durée. Je me suis fixé une limite de deux heures et demie. Il m'est arrivé une fois de dépasser l'heure prescrite parce que cela m'amusait de pousser la conversation un peu plus. Mme le juge n'a rien dans son dossier. Elle est toujours convaincue que c'est Patrice Pelat qui m'a donné le tuyau. Ce serait tellement plus simple ! Il n'y a rien contre nous. Il n'y a pas de délit. Un ordre d'achat ne suffit pas pour inculper quelqu'un. Je suis très serein pour la suite des événements.

Les autres vedettes de l'affaire s'apprêtent elles aussi à passer un été tranquille :

• Nelson Peltz attend, comme un tout jeune marié, que son épouse lui donne, à l'automne, des jumeaux, futurs héritiers des milliards reçus de Pechiney.

• Jean Gandois a été reconduit, fin juin, à la présidence de Pechiney : il a nommé Jean-Pierre Ergas à la tête d'American National Can.

• Samir Traboulsi partage toujours sa vie entre Paris, la Côte d'Azur et les Etats-Unis. Ses affaires se portent très bien.

• Alain Boublil se passionne pour une mission d'études, officielle, sur les marchés financiers en Extrême-Orient. Elle ne l'empêche pas d'être présent, le 14 Juillet, à la garden-party de l'Elysée, invité du président de la République.

• Les *golden boys* continuent de boursicoter, comme si de rien n'était : la bourse remonte.

• Robert Reiplinger poursuit, avec Max Théret, ses investissements dans la Compagnie parisienne de placements. Il reste un partenaire de bridge très recherché.

• Socofinance vient d'apprendre, à Genève, que ses projets en Arabie saoudite (avec Thomson) sont sur le point d'aboutir.

• Les clients épinglés des banques suisses, ainsi que le grand « initié » d'Anguilla se rassurent : ils rêvent en attendant que leurs avocats réussissent une transaction a l'amiable (et discrète) avec la SEC.

• Michel Rocard, est toujours, à Matignon, en train de ruminer sa « très grande et très bonne nouvelle pour la France »...

• François Mitterrand reçoit dans sa bergerie, à Latché, une douzaine de journalistes : allongé sur une chaise longue, il est pieds nus. Il s'y repose des fêtes du Bicentenaire au cours desquelles on l'a entendu dire, à propos des critiques dont il fait l'objet : « Je n'attends plus rien de personne... Je ne serai plus soumis au suffrage universel. »

Comme le temps a bien passé depuis ce matin du 10 mars 1989, où, à La Ferté-Saint-Aubin, devant le cortège funèbre qui emporte Roger-Patrice Pelat vers sa dernière demeure, un garde-chasse solognot, à nos côtés, commente le triste événement avec l'accent de la France profonde :

— Là où on va le mettre, ses sous y vont pas servir à grand-chose. C'est-y pas malheureux de voir ça ! C'était tout de même un brave gars. Et pas fier ! Tout ça, pour finir le plus riche du cimetière...

A Paris, le 10 août 1989.

ANNEXE 1

30 janvier 1989 : le « Rapport d'enquête sur les opérations relatives aux titres Triangle », réalisé par Jean-Pierre Michau et le Service de l'Inspection de la Commission des Opérations de Bourse (COB).

COMMISSION DES OPERATIONS

DE BOURSE

INSPECTION

Paris, le 30 janvier 1989.

RAPPORT D'ENQUETE
SUR LES OPERATIONS RELATIVES AUX TITRES TRIANGLE

Le présent rapport rend compte des investigations menées et des constatations faites par le service de l'Inspection de la Commission sur les acquisitions de titres TRIANGLE INDUSTRIES INC effectuées avant le lundi 21 novembre 1988 et susceptibles de ressortir de sa compétence.

Les recherches ont été effectuées au vu des relevés établis par le NASDAQ (1) pour les transactions sur ce titre du 14 au 18 novembre 1988 et au vu du compte d'INTERNATIONAL DISCOUNT BANK AND TRUST (West Indies) pour les opérations sur le titre TRIANGLE du 18 août au 11 novembre 1988.

Le rapport comprend 5 parties :

I - Motifs de l'enquête et investigations effectuées

II - Rappel des modalités d'acquisition de TRIANGLE par PECHINEY

III - Marché du titre et les divers intervenants pendant la période suspecte

IV - Raisons avancées par les intervenants identifiés pour expliquer leurs opérations sur le titre TRIANGLE : exposés et critiques

V - Observations sur la compétence de la COB

(1) NASDAQ : National Association of Securities Dealers Automated Quotation.

Iʳᵉ PARTIE
MOTIFS DE L'ENQUÊTE ET INVESTIGATIONS EFFECTUÉES

I. — MOTIFS DE L'ENQUÊTE

Le lundi 21 novembre 1988, la société PECHINEY a confirmé la construction d'une usine d'électrolyse d'aluminium à Dunkerque et annoncé le rachat, pour un peu plus de 1,25 milliard de dollars, du groupe américain TRIANGLE INDUSTRIES INC. (TRIANGLE) qui contrôlait la société AMERICAN NATIONAL CAN (ANC), spécialisée dans l'emballage. La société PECHINEY a décidé d'acheter la totalité des actions TRIANGLE détenues par Messieurs PELTZ et MAY, dirigeants de TRIANGLE (66,3 % du capital), et de lancer une Offre Publique d'Achat (OPA) au prix de 56 dollars l'action sur les titres détenus par les minoritaires.

Le cours de l'action TRIANGLE, cotée sur le NASDAQ était de l'ordre de 10 dollars avant l'annonce de l'OPA.

Par lettre du 8 décembre 1988, la Securities and Exchange Commission (SEC) a fait connaître à la COB que des opérations paraissant anormales avaient été effectuées depuis la France sur le titre TRIANGLE à la veille de l'annonce de l'OPA lancée par PECHINEY.

Les premières investigations menées dès le 9 décembre par les services de la COB confirmaient la réalité d'ordres passés depuis la France.

Le Collège a donc décidé, le 14 décembre 1988, en application de l'article 5-A de l'ordonnance du 28 septembre 1967, de faire procéder à une enquête sur les opérations relatives au titre TRIANGLE et réalisées avant le 21 novembre 1988.

II. — INVESTIGATIONS EFFECTUÉES

1) Le service de l'Inspection a procédé à l'audition :

— d'opérateurs;

— des principaux intervenants pour la partie française dans la négociation entre PECHINEY et TRIANGLE, c'est-à-dire de cadres dirigeants de PECHINEY ; de membres de la Direction Générale de la BNP ; de membres des Services de la Présidence de la République et des Cabinets Ministériels ayant eu à connaître de l'opération (Premier Ministre, Ministre de l'Economie, des Finances et du Budget, Ministre de l'Industrie) ;

— du conseiller de TRIANGLE pour les affaires européennes, Monsieur Samir TRABOULSI ;

— de personnes susceptibles de fournir des informations utiles à la bonne fin de l'enquête.

2) *Des demandes de renseignements* ont été adressées à l'ensemble des sociétés de bourse, aux représentants à Paris de « brokers » étrangers, à de nombreux établissements de crédit et aux personnes paraissant disposer d'éléments utiles à l'enquête. Ces demandes de renseignements ont été, en tant que de besoin, accompagnées d'entretiens. Ces demandes ou ces entretiens ont eu pour principal objet de recenser les flux d'ordres et les flux financiers s'y rapportant.

3) *De multiples échanges d'information et des contacts directs entre les services de la Commission et ses homologues étrangers* (USA, Grande-Bretagne, Luxembourg...) ont permis de faire progresser les investigations.

C'est ainsi notamment que des membres du service de l'Inspection se sont rendus au siège de la SEC, afin de déterminer avec le maximum de précision les caractéristiques des opérations faites sur le titre TRIANGLE.

La COB a aussi fait transmettre une demande d'entraide aux autorités helvétiques.

IIe PARTIE
RAPPEL DES MODALITÉS D'ACQUISITION DE TRIANGLE PAR PECHINEY

Quelques caractéristiques des sociétés TRIANGLE et PECHINEY doivent être brièvement rapportées.

I. — LA SOCIÉTÉ TRIANGLE

En 1983, date à laquelle Messieurs Nelson PELTZ et Peter MAY ont pris sa direction, la société TRIANGLE Industries était une petite société cotée sur le New York Stock Exchange (NYSE) exerçant son activité dans le secteur des fils, câbles électriques, et machines automatiques (distributeurs, changeurs de monnaie...).

En 1984, Messieurs PELTZ et MAY ont pris, par ailleurs, le contrôle de la société CENTRAL JERSEY INDUSTRIES (CJI), qu'ils ont conservée à part de la société TRIANGLE, pour en faire le pivot d'acquisitions ultérieures de sociétés.

TRIANGLE a fait son entrée dans le secteur de l'emballage en 1985 avec l'achat de NATIONAL CAN, première société américaine de boîtes pour boissons, en aluminium, entreprise également productrice d'emballages en verre.

En 1986, TRIANGLE a développé sa stratégie de croissance dans le secteur de l'emballage. Elle a procédé à l'achat de la société AMERICAN CAN dont les points forts étaient le potentiel de recherche et le secteur d'emballage en matière plastique qui faisaient défaut à NATIONAL CAN. De plus, AMERICAN CAN détenait la plus grande part du marché du conditionnement en métal de produits alimentaires et était aussi le leader mondial de l'emballage plastique élaboré.

Les deux sociétés AMERICAN CAN et NATIONAL CAN furent ensuite fusionnées pour créer la société AMERICAN NATIONAL CAN (ANC) qui se plaça dès lors au premier rang dans le secteur de l'emballage. ANC racheta par la suite, en 1987 et 1988, des sociétés d'emballage plus petites et exploita de nouveaux brevets.

Le 1er mars 1988, CJI a pris le contrôle de TRIANGLE — malgré une dizaine d'actions judiciaires du fait des actionnaires minoritaires — en acquérant 31,6 % du capital représentant 63,5 % des droits de vote. TRIANGLE a alors été dénommée TRIAN HOLDINGS INC.

Le 7 juillet 1988, CJI a renforcé son contrôle sur TRIAN HOLDINGS INC et a adopté le nom de TRIANGLE INDUSTRIES INC.

Ces acquisitions ont été réalisées sur la base d'un cours de l'ancienne action TRIANGLE fixé à 35 dollars. Les titres ont été réglés par un versement de 25 dollars en espèces et remise d'actions CJI (nouvelle TRIANGLE) pour une contre-valeur de 10 dollars.

La structure du groupe est donc devenue la suivante :

TRIANGLE (Nouvelle société)
Ancienne société CJI

TRIAN HOLDING INC
Ancienne société TRIANGLE

AMERICAN NATIONAL CAN + AUTRES ACTIFS

Il y a lieu de noter le changement de nature des deux sociétés TRIANGLE (l'ancienne et la nouvelle).

La première détenait des actifs industriels de qualité, la deuxième constituait la holding quasi personnelle de messieurs PELTZ et MAY leur permettant la direction du groupe.

Ce groupe avait été construit au prix d'un endettement considérable, constitué essentiellement par des obligations à hauts risques et hauts rendements (« junk bonds »). A cet égard, les dettes à long terme, au 12 août 1988, des principales sociétés du groupe étaient les suivantes :

— AMERICAN NATIONAL CAN : 740 millions de dollars ;

— TRIAN HOLDINGS INC : 821 millions de dollars ;

— Nouvelle TRIANGLE (ancienne CJI) : un milliard de dollars, dont 748 millions de dollars de dettes nouvelles liées à l'acquisition de TRIAN HOLDING INC.

Au niveau consolidé, les dettes à long terme du groupe TRIANGLE s'élevaient donc à 2,56 milliards de dollars pour des fonds propres de 337 millions de dollars, soit un ratio dettes à long terme / capitaux propres qui apparaît très défavorable (7,56).

Les chiffres d'affaires des 4 filiales au travers desquelles la nouvelle Société TRIANGLE exerçait son activité étaient les suivants .

— AMERICAN NATIONAL CAN (emballage) : 4 milliards de dollars ;

— TRIANGLE PWC (fils et câbles électriques) : 200 millions de dollars ;

— ROWE et BRANDT (juke boxes) : 200 millions de dollars pour ces deux sociétés.

II. — LA SOCIÉTÉ PECHINEY

La société PECHINEY, nationalisée en 1982, a réalisé en 1987 un chiffre d'affaires de 39 milliards de francs (50 milliards estimés en 1988), dont 40 % à l'étranger. Le résultat net consolidé (part du groupe) a été 729 millions de francs en 1987 (1,6 milliard prévu en 1988).

Son activité industrielle se répartit en 3 grands secteurs : l'aluminium, la métallurgie fine et les matériaux nouveaux, l'électrométallurgie et les produits carbonés.

La répartition du chiffre d'affaires consolidé par secteur d'activité est la suivante (année 1987 et en %) :

— Aluminium	43,1 %
— Produits spéciaux et emballage	31,6 %
— Electrométallurgie et produits carbonés	9,2 %
— Commerce international	16,1 %

La production et le traitement d'aluminium est donc la principale activité du groupe et PECHINEY entend dans ce domaine conserver le troisième rang mondial. Le groupe a cependant très largement restructuré ces activités et s'est orienté vers des activités « aval », plus porteuses, dégageant une plus forte valeur ajoutée et paraissant moins soumises aux variations des cours mondiaux de l'aluminium. Il en est ainsi des pièces de précision (filiale américaine HOWMET qui produit les ailettes de turbine pour l'aéronautique) et de la production d'emballage à travers sa filiale CEBAL.

Cette dernière devrait réaliser en 1988 un chiffre d'affaires de 4 milliards de francs. Sa production porte sur des aérosols et des étuis, des boîtes pour le secteur agro-alimentaire, des emballages plastiques pour le secteur des cosmétiques, de l'hygiène et de la santé, enfin des cartons et étiquettes de luxe.

CEBAL a acquis, en 1987 et 1988, 9 sociétés dans ce secteur de l'emballage de haut de gamme totalisant un chiffre d'affaires de 607 millions de francs. Elle a étendu (hors opération TRIANGLE) son implantation à l'étranger par la prise de contrôle de sociétés en Espagne (Evatsa devenue Cebal Iberica, ENTEC), en Italie (Tubo Pak), en Finlande et en Grande-Bretagne (PRINTAL-OY).

Comparée à celle de CEBAL, l'activité du groupe TRIANGLE — 24 milliards de francs en 1987 — revêt une tout autre ampleur.

III. — CHRONOLOGIE DES NÉGOCIATIONS

Dès le mois d'avril 1987, Monsieur ERGAS responsable du secteur emballage au sein du groupe PECHINEY a rencontré Monsieur PELTZ (PDG de TRIANGLE). Ce dernier s'intéressait au rachat de CEBAL (filiale emballage à 100 % de PECHINEY), mais PECHINEY a rejeté la proposition de Monsieur PELTZ, étant au contraire à la recherche d'opportunités de coopération, prioritairement en Europe.

Le 2 octobre 1987, PECHINEY a proposé à Monsieur PELTZ d'ouvrir des discussions sur des projets de « joint-ventures » et de devenir actionnaire minoritaire de TRIANGLE. Les négociations n'ayant pas abouti, PECHINEY a mis en œuvre sa stratégie d'acquisition de sociétés moyennes en Europe.

Le 12 juillet 1988, Monsieur PELTZ a averti Monsieur BOUBLIL — Directeur du Cabinet du Ministre des Finances — qu'il serait éventuellement vendeur de la société TRIANGLE. Informés de cette conversation, les dirigeants de PECHINEY ont rencontré Monsieur PELTZ et son conseiller pour les affaires européennes, Monsieur TRABOULSI, et ont engagé des négociations.

Au mois d'août 1988, les aspects industriels et commerciaux d'une éventuelle transaction ont été examinés. Des rencontres ont eu lieu le 11 août en Corse et le 18 août à Monte-Carlo.

Au mois de septembre, après de nouvelles réunions avec Monsieur PELTZ et ses représentants, les dirigeants de PECHINEY ont arrêté le prix susceptible de servir de base à une négociation avec TRIANGLE. A l'issue d'une réunion entre les conseillers juridiques des deux parties, la négociation a été interrompue le 27 septembre, à l'initiative des dirigeants de TRIANGLE, notamment pour des questions de garanties de passif.

Les discussions ont repris le 11 octobre après que Monsieur PELTZ ait fait savoir à Monsieur GANDOIS qu'il souhaitait une nouvelle rencontre. Différentes réunions entre Messieurs PELTZ, GANDOIS et leurs conseillers s'en sont suivies et ont permis de faire progresser les négociations de manière significative.

Le 11 novembre, lors d'une rencontre organisée en Floride, un accord a été trouvé sur l'ensemble des points demeurés en suspens, le prix de vente des actions TRIANGLE étant cerné avec une précision suffisante pour permettre à PECHINEY de consulter son actionnaire.

Les démarches effectuées par Monsieur GANDOIS et ses collaborateurs auprès des pouvoirs publics pour présenter le projet de rachat de TRIANGLE se sont succédé dans la semaine du 14 au 18 novembre, date à laquelle le Gouvernement français a donné son accord à Monsieur GANDOIS.

Après d'ultimes négociations à New York, l'accord entre les parties a été signé le 20 novembre 1988 à 16 heures (heure de Paris).

IV. — CARACTÉRISTIQUES FINANCIÈRES DE L'OPÉRATION

Messieurs PELTZ et MAY n'ont pas accepté de vendre directement ANC au groupe PECHINEY pour des raisons juridiques et fiscales. PECHINEY s'est alors résolu à l'achat de TRIANGLE, ce qui a eu pour conséquence d'obliger le groupe français à lancer une OPA sur les titres détenus par les actionnaires minoritaires de TRIANGLE (33,7 % des actions étant dans le public) aux mêmes conditions financières que pour les actionnaires majoritaires (Messieurs PELTZ et MAY détenant 66,3 % du capital).

Cependant, PECHINEY s'assurait au moment de la transaction de manière contractuelle et irrévocable :

— d'une part, de la revente dans un délai de 60 jours à Messieurs PELTZ et MAY de tous les actifs hors emballage pour un prix fixé à l'avance ;

— d'autre part, du financement par Messieurs PELTZ et MAY du surcroît de charges financières dues aux « junk bonds » émis par le groupe TRIANGLE, et ce à hauteur de la différence entre le taux du marché et leurs taux d'émission.

PECHINEY a effectué l'évaluation de TRIANGLE avec l'aide de la banque d'affaires américaine WASSERSTEIN-PERELLA, représentée notamment par Monsieur Pierre-Yves ISTEL [1].

Cette évaluation a consisté à déterminer la valeur des actifs « emballage » du groupe TRIANGLE (sans tenir compte des dettes) et d'y ajouter la valeur des actifs « hors emballage » (objets d'un engagement de rachat de la part de Messieurs PELT et MAY). De cette somme a été soustraite la dette du groupe TRIANGLE. C'est à partir de cette dernière valeur des fonds propres qu'a été calculé le prix de l'action.

1. Il s'agit bien d'Yves-André Istel, cité dans le livre (*N.d.A.*).

Au terme de dures négociations, un accord a été finalement trouvé sur la base de 56 dollars par titre, correspondant à une valeur d'actif net de 1,25 milliard de dollars, soit environ 7,5 milliards de francs.

Cette somme doit se répartir à raison de :

— 5 milliards de francs pour Messieurs PELTZ et MAY ;

— 2,5 milliards de francs pour les actionnaires minoritaires (le public).

Compte tenu de son statut de société nationale, PECHINEY a dû mettre en œuvre une stratégie de financement nécessitant l'accord des pouvoirs publics.

IIIe PARTIE
MARCHÉ DU TITRE TRIANGLE ET LES DIVERS INTERVENANTS PENDANT LA PÉRIODE SUSPECTE

I. — LE MARCHÉ DU TITRE TRIANGLE

Il faut préciser ici que l'ancienne société TRIANGLE, rebaptisée TRIAN HOLDINGS INC le 1er mars 1988, après prise de contrôle par CJI, était cotée au New York Stock Exchange et avait pour symbole TRI. Les cours extrêmes du titre en 1987 étaient 44 dollars et 22,5 dollars et ceux du 1er trimestre de l'année 1988 29 dollars et 33,1 dollars.

La société CJI qui a pris le contrôle de l'ancienne société TRIANGLE était, elle, cotée au marché hors cote (Over The Counter).

Pour faire suite au changement de nom de CJI en TRIANGLE INDUSTRIES INC, le 7 juillet 1988, après quasi totale prise de contrôle (66,3 % du capital et 91 % des droits de vote) de l'ancienne société TRIANGLE, le symbole CJIA de la société CJI a été changé en TRIA le 11 juillet 1988.

Les données de marché qui suivent, concernent les actions de la société nouvelle TRIANGLE INDUSTRIES INC. (code TRIA, cotées sur le NASDAQ) qui ont fait l'objet de l'offre de PECHINEY.

La moyenne des transactions quotidiennes se situait généralement entre 5 000 titres et 10 000 titres, pour des cours évoluant entre 8 et 13 dollars.

La semaine précédant le 21 novembre 1988, date à laquelle PECHINEY a effectué une offre publique d'achat au prix de 56 dollars par titre TRIANGLE, les données de marchés sont les suivantes :

date	cours en dollars			titres échangés
	+ haut	+ bas	dernier	
14 novembre 1988	9	8 1/2	9	2100
15 novembre 1988	9	9	9	3800
16 novembre 1988	11	9 1/4	10 1/8	122290
17 novembre 1988	10 1/2	10	10	50220
18 novembre 1988	10 3/4	10 1/4	10 3/8	50360
total				228770

Il y a lieu de préciser que le total pourrait être complété par un montant de 9250 titres, représentant des opérations en suspens, qui se répartissent ainsi :

— 1550 pour des clients ;

— 4700 pour les comptes maison des 3 brokers suivants : DREXEL BURNHAM LAMBERT (2000), ANGELO et GORDON (1800) et PAINE-WEBER (900) ;

— 3000 pour des bénéficiaires non encore connus.

La régularisation de ces opérations pourrait amener à accroître légèrement les chiffres cités dans le tableau ci-dessus.

II. — LES DIVERS INTERVENANTS RECENSÉS À CE JOUR

1) Les opérations engagées depuis le territoire français

Ont été recensés à ce jour six intervenants dont les opérations depuis la France ont été identifiées.

A) La Compagnie Parisienne de Placements

Cette société a agi pour le compte d'une de ses filiales BRETEUIL INVESTISSEMENTS dont elle assure la gestion.

La Compagnie Parisienne de Placements, dénomination commerciale de la société « THÉRET et REIPLINGER et Cie » a été créée début 1986. C'est une société en commandite simple, régie par l'article 99 de la loi bancaire, au capital de 7,5 millions de francs, dont le siège est situé 9, rue Valentin-Haüy à PARIS 15e et les bureaux 8, place de Breteuil à PARIS 15e.

Son capital est détenu par :

— Monsieur Max THÉRET : associé gérant.

— Monsieur Robert REIPLINGER : associé gérant.

— SIP SA : associé commandité.

— COPARGEC : associé commandité.

En fait, Messieurs THÉRET et REIPLINGER, majoritaires dans les sociétés SIP et COPARGEC, détiennent chacun 50 % de la Compagnie Parisienne de Placements (CPP).

La CPP a pour but « de gérer pour le compte de sa clientèle des portefeuilles de valeurs mobilières en recevant à cet effet, des fonds assortis d'un mandat de gestion et de participer à l'émission et au placement de valeurs mobilières en se portant ducroire ».

BRETEUIL INVESTISSEMENTS est une société en nom collectif au capital de 360 000 F créée en octobre 1988 dont le siège et les bureaux sont situés aux mêmes adresses que ceux de la CPP. Elle a pour associés :

— THÉRET, REIPLINGER et Cie (Compagnie Parisienne de Placements) ;

— Société Consortium Parisien de Participation ;

— Société de Placements diversifiés ;

et pour gérant non associé Monsieur Max THÉRET.

La société Consortium Parisien de Participation et la Société de Placements diversifiés étant totalement contrôlées, l'une par Monsieur THÉRET et l'autre par Monsieur REIPLINGER, il en résulte que Messieurs THÉRET et REIPLINGER détiennent chacun 50 % du capital de BRETEUIL INVESTISSEMENTS.

L'activité déclarée de cette société est de « détenir des participations dans toutes sociétés ou entreprises existantes ou à créer, percevoir toutes rémunérations découlant des prestations qu'elle effectuera dans le secteur industriel, commercial, financier et de gérer son patrimoine en effectuant tous placements appropriés et notamment sur les marchés financiers ».

Opérations effectuées par la Cie Parisienne de Placements pour le compte de BRETEUIL INVESTISSEMENTS sur le titre TRIANGLE INDUSTRIES INC.

Achats :

Le 15.11.88	1 500 titres à 9 $ soit	82 038,29 F
	1 000 titres à 9 $ soit	54 692,19 F
	2 500	136 730,48 F
Le 16.11.88	9 500 titres à 10 $	
	12 500 titres à 10 $ 1/4	
	1 800 titres à 10 $ 3/8	
	3 500 titres à 10 $ 1/2	
	27 300 titres à 10,203 296 $ soit	1 682 316,27 F
Le 17.11.88	2 500 titres à 10 $ 1/4 soit	155 546,38 F
Le coût total d'acquisition pour la CPP est de		1 974 593,03 F
Le coût total d'acquisition pour BRETEUIL INVESTISSEMENTS est (frais inclus) de		1 983 878,00 F

Ventes :

Les 32 300 titres ainsi acquis ont ensuite été apportés à l'offre de PÉCHINEY au cours de 56 $ par action.

Le prix total de revente pour la CPP est de 10 871 830,17 F

Le prix total de revente pour BRETEUIL INVESTISSEMENTS est de 10 819 791,32 F

Les courtages de la CPP, hors rétrocessions des intermédiaires, s'élèvent à 61 323,82 F.

Le gain réalisé par l'investisseur final c'est-à-dire BRETEUIL INVESTISSEMENTS, ressort à : 8 835 913,32 F

Les ordres concernant ces achats ont été passés par Monsieur Patrick GRUMAN, Directeur Général de la CPP, à Monsieur Michel GLAS, du bureau londonien du broker MORGAN STANLEY. La gestion des titres et des transactions a été assurée par la Société de Bourse DE CHOLET-DUPONT avec laquelle la CPP a conclu un contrat d'assistance technique.

B) Monsieur Roger-Patrice PELAT et sa famille

Monsieur Roger PELAT dit Roger-Patrice PELAT, industriel retraité né le 31 juillet 1918, demeurant à PARIS 16e a acquis par la banque Hottinguer et Compagnie 10 000 titres TRIANGLE imputés à son compte, à celui de son épouse et à ceux de ses deux fils.

Les ordres ont été passés le 16 novembre 1988 par Monsieur Bertrand GODBILLE, gérant à la banque Hottinger, à Monsieur GUILLE du bureau parisien du broker RAYMOND JAMES. Ce dernier n'ayant pu acquérir que 5 000 titres à 10 $, Monsieur GODBILLE a fait exécuter le solde des ordres, soit 5 000 titres, par Monsieur Arnaud DESBARRES du bureau londonien du broker GOLDMAN SACHS qui l'a exécuté le jour même au prix de 10 dollars 3/4.

La répartition des achats dans les comptes des bénéficiaires a été effectuée comme suit :

M. Roger Patrice PELAT :

	3 500 titres à 10 $ soit	208 542,15 F
	3 500 titres à 10 $ 3/4 soit	224 373,43 F
Totaux	7 000	432 915,58 F

Mme Jacqueline PELAT :

	500 titres à 10 $ soit	30 051,87 F
	500 titres à 10 $ 3/4 soit	32 332,99 F
Totaux	1 000	62 384,86 F

M. Olivier P*ELAT* :

	500 titres à 10 $	soit	29 791,74 F
	500 titres à 10 $ 3/4	soit	32 053,35 F
Totaux	1 000		61 845,09 F

M. Patrice P*ELAT* :

	500 titres à 10 $	soit	29 791,74 F
	500 titres à 10 $ 3/4	soit	32 053,35 F
Totaux	1 000		61 845,09 F

Le coût global de l'acquisition des 10 000 titres est donc de 618 990,62 F.

Les titres ont été revendus sur le marché et non apportés à l'offre de PECHINEY.

La totalité des ventes a été réalisée par l'intermédiaire du broker RAYMOND JAMES à raison de :

2 500 titres à 46 $ 1/2 le 22 novembre 1988
5 000 titres à 49 $ 1/2 le 23 novembre 1988
2 500 titres à 52 $ 1/8 le 28 novembre 1988

La répartition de ces ventes dans les différents comptes a été effectuée comme suit :

M. Roger Patrice P*ELAT* :

Le 22.11.88	1 750 titres à 46 $ 1/2	474 202,52 F
Le 23.11.88	3 500 titres à 49 $ 1/2	998 058,58 F
Le 28.11.88	1 750 titres à 52 $ 1/8	530 137,11 F
	7 000	2 002 398,21 F

Mme Jacqueline P*ELAT* :

Le 22.11.88	250 titres à 46 $ 1/2	67 131,88 F
Le 23.11.88	500 titres à 49 $ 1/2	141 294,11 F
Le 28.11.88	250 titres à 52 $ 1/8	75 050,56 F
	1 000	283 476,55 F

M. Olivier P*ELAT* :

Le 22.11.88	250 titres à 46 $ 1/2	67 743,22 F
Le 23.11.88	500 titres à 49 $ 1/2	142 579,80 F
Le 28.11.88	250 titres à 52 $ 1/8	75 733,88 F
	7 000	286 056,90 F

M. Patrice Pelat :

Le 22.11.88	250 titres à 46 $ 1/2	67 743,22 F
Le 23.11.88	500 titres à 49 $ 1/2	142 579,80 F
Le 28.11.88	250 titres à 52 $ 1/8	75 733,88 F
	1 000	286 056,90 F

Le produit total de la vente s'élève à 2 857 988,94 F.
La plus-value réalisée par la famille Pelat ressort à 2 238 997,56 F.
Elle se répartit comme suit :

1 569 482,63 F pour M. Roger-Patrice Pelat
221 091,69 F pour Mme Jacqueline Pelat
224 211,81 F pour M. Olivier Pelat
224 211,81 F pour M. Patrice Pelat

C) Mademoiselle Isabelle Pierco

Mademoiselle Isabelle Pierco, née le 29 mai 1954, demeurant à Paris 16e a acquis par la Banque Nationale de Paris pour son compte ouvert à l'agence centrale 650 actions Triangle. L'ordre a été passé le 17 novembre 1988 par le Service Bourse Etranger de la BNP au bureau parisien du broker Smith Barney et exécuté au cours de 10 $ 1/2. Le coût d'achat s'élève à 42 219,77 F.

Les titres n'ont pas été apportés à l'offre de Pechiney mais revendus le 22 novembre 1988 au prix unitaire de 47 $.

Le prix total de vente s'élève à 173 716,43 F ;
La plus-value réalisée ressort à 131 496,66 F.

D) Monsieur Joseph Jossua

Monsieur Joseph Jossua, né le 20 avril 1914 à Smyrne (Turquie), apatride, résidant en Suisse, possédant un domicile à Paris 16e, rentier et ancien remisier à Paris, a acquis pour son compte ouvert dans les livres de Prudential Bache New York 3 400 titres Triangle. Il a passé lui-même l'ordre à M. Shapiro du bureau parisien du broker Prudential Bache. L'ordre qui portait sur 5 000 titres n'a été exécuté que partiellement (compte tenu des limites de cours fixées) ainsi qu'il suit :

Le 16.11.88	3 000 titres à 9 $ 3/4 soit	29 758,04 $
Le 17.11.88	400 titres à 10 $ 1/6 soit	4 132,30 $
	3 400	33 890,34 $

Les titres n'ont pas été apportés à l'offre de Pechiney mais revendus de la manière suivante :

Le 21.11.88	100 titres à 46 $ soit	4 564 90 $
Le 21.11.88	100 titres à 47 $ soit	4 662,46 $
Le 21.11.88	2 500 titres à 46 $ 1/4 soit	114 747,39 $
Le 01.12.88	700 titres à 51 $ 844 soit	36 288,30 $
	3 400	160 263,05 $

La plus-value réalisée ressort à 126 372,71 $
soit environ *760 000 F*

Remarque :
La vente de 2 500 titres le 21.11.88 a été réalisée par le bureau PRUDENTIAL BACHE de Luxembourg.

E) Société de bourse MAGNIN-CORDELLE

Monsieur Ricaldo[1] ZAVALA, chargé de la négociation des actions internationales à la société de bourse MAGNIN-CORDELLE 89, rue de la Boétie 75008 PARIS, a acquis pour le compte « Agent X Trading International » de la société de bourse, 5 000 titres TRIANGLE. Il a passé lui-même l'ordre à M. SANSON du bureau parisien du broker PRUDENTIAL BACHE le 16.11.88.

L'ordre a été exécuté le jour même dans les conditions suivantes :

500 titres à 10 3/8 $
500 titres à 10 3/8 $
500 titres à 10 3/8 $
1 000 titres à 10 1/2 $
500 titres à 10 3/4 $
500 titres à 10 1/2 $
1 000 titres à 10 3/4 $
500 titres à 10 11/16 $
5 000

Le coût total d'achat s'élève à 314 403,42 F.

Les titres n'ont pas été apportés à l'offre de PECHINEY mais revendus le 21 novembre 1988 de la manière suivante :

1 000 titres à 45 $
4 000 titres à 43 $
5 000

Le prix total de la vente s'élève à .... 1 265 351,71 F
La plus-value ressort donc à .... 950 948,29 F

1. *Sic (N.d.A.).*

Remarque :

Les 5 000 titres ont été initialement inscrits au compte de « PONTHIEU INTERNATIONAL » qui est un fonds commun de placement de la société de Bourse. L'écriture a ensuite été contrepassée sur le compte 49946 dont l'intitulé était « Compte Valeurs Françaises ». L'intitulé de ce compte a été transformé le 7.12.88 en « Agent X trading International », dénomination semblant d'ailleurs plus conforme aux opérations qui y sont réalisées et qui portent essentiellement sur des valeurs étrangères.

F) Monsieur Pierre-Alain MARSAN

Monsieur Pierre-Alain MARSAN, né le 4 décembre 1958 demeurant à PARIS 7e, négociateur de blocs d'actions à la société de bourse FERRI-FERRI-GERME a acquis pour son compte personnel ouvert dans les livres de cette société 5 000 titres TRIANGLE. Il a passé lui-même l'ordre à Monsieur Jean-Patrick VOISIN, du bureau parisien de la firme DREXEL BURNHAM LAMBERT, le 18 novembre 1988.

L'ordre a été exécuté le jour même au prix de 10 5/8 $.

Le coût total d'achat s'élève à 314 372,40 F.

Les titres n'ont pas été apportés à l'offre de PECHINEY mais revendus de la manière suivante :

Le 23.11.88	2 500 titres à 49,88 $ soit	734 877,41 F
Le 30.11.88	2 500 titres à 52 7/8 $ soit	780 573,15 F
Le prix total de vente est de		1 515 450,56 F
La plus-value réalisée ressort donc à		*1 201 078,16 F*

Au total, pour ces différents opérateurs, les transactions recensées journellement sont les suivantes :

	14.11	15.11	16.11	17.11	18.11	TOTAL
CPP		2 500	27 300	2 500		32 300
PELAT			10 000			10 000
PIERCO				650		650
JOSSUA			3 000	400		3 400
M. CORDELLE			5 000			5 000
MARSAN					5 000	5 000
		2 500	45 300	3 550	5 000	56 350

2) *Les opérations recensées à l'étranger*

A) Pendant la semaine du 14 au 18 novembre 1988

Les investigations menées par la SEC, notamment en liaison avec le service de l'Inspection de la COB, ont permis de connaître l'ensemble des achats de titres TRIANGLE d'au moins 500 titres, effectués dans la semaine du 14 au 18 novembre 1988. Une demande a été faite par la COB pour avoir connaissance du marché de ce titre depuis le 12 juillet 1988.

a) *Hors des USA et de la France, les établissements ayant reçu des titres TRIANGLE du 14 au 18 novembre sont les suivants :*

— PETRUSSE SECURITIES INTERNATIONAL (SA) à LUXEMBOURG	15 000 titres
— EXPERTA TREUHAND AG à ZURICH	20 000 titres
— CRÉDIT SUISSE à GENÈVE	10 000 titres
— UNIGESTION à GENÈVE	6 000 titres
— SWISS VOLKSBANK à ZURICH	7 000 titres
— BANQUE PRIVÉE à GENÈVE	2 000 titres
TOTAL	60 000

NB : La BANQUE CANTONALE VAUDOISE à LAUSANNE a reçu le produit de la cession des titres acquis par Monsieur Joseph JOSSUA qui a été porté sur son compte dans cet établissement.

Par jour, les opérations ont été les suivantes :

	14.11	15.11	16.11	17.11	18.11	TOTAL
PETRUSSE					15 000	15 000
EXPERTA			2 500	17 500		20 000
C. SUISSE			10 000			10 000
UNIGEST.					6 000	6 000
SUISS VB.			2 400	4 600		7 000
B. PRIVÉE					2 000	2 000
	0	0	14 900	22 100	23 000	60 000

Le service de l'Inspection est en possession de différents renseignements sur la société PETRUSSE SECURITIES INTERNATIONAL : statuts ; documents relatifs à l'ouverture du compte de PETRUSSE ayant existé jusqu'en date du mois de janvier 1989 dans les livres de la BANQUE de PARTICIPATIONS et PLACEMENTS rue Quentin Bauchard à Paris ; identités de dirigeants ou de mandataires.

Il apparaît que PETRUSSE SECURITIES INTERNATIONAL a été constituée le 18 janvier 1988 par les 4 associés suivants :

— la société de droit américain BRIDGEWATER INTERNATIONAL INC 372, DANBURY ROAD, WILTON CONNECTICUT 06897 USA, représentée par Monsieur André BOESCH demeurant à Sandy Hook 27, Cherry Street CONNECTICUT 06482 USA ;

— Monsieur André BOESCH en nom personnel ;

— la société de droit néerlandais OPTIEKANTOOR — ROTTERDAM Bursplein 37, ROTTERDAM (Pays-Bas) ;

— la société de droit néerlandais EFFECTENKANTOOR — ROTTERDAM même adresse ; toutes deux représentées par Monsieur Claude THILL, KOPSTAL (Luxembourg).

b) D'autres interventions sont le fait d'opérateurs professionnels américains

Il s'agit d'opérations effectuées par des brokers américains dans le cadre de leur activité de « market-makers » du 14 novembre au 18 novembre 1988 soit :

— DREXEL BURNHAM LAMBERT	72 440
— BERNARD L. MADOFF	13 760
— NASH, WEISS AND CO	10 900
— ANGELO et GORDON	10 400
	107 500

Par ailleurs, 1 800 titres TRIANGLE ont été acquis par deux brokers pour leur « compte-maison », PAINE-WEBBER (1 400 titres), WECHSLER AND KRUMHOLZ INC (400 titres).

Le total de ces interventions de professionnels ressort à 109 300.

Par journées les interventions sont les suivantes :

	14.11	15.11	16.11	17.11	18.11	TOTAL
DREXEL	600	1 000	33 690	22 500	14 650	72 440
MADOFF			13 200	200	360	13 760
ANGELO GORDON			10 100	300		10 400
NASH WEISS	1 200		3 200		6 500	10 900
Sous-total market makers	1 800	1 000	60 190	23 000	21 510	107 500
PAINE-WEBBER			500	900		1 400
WECHSLER et KRUMHOLZ				400		400
TOTAL	1 800	1 000	60 690	24 300	21 510	109 300

c) Des interventions de faible ampleur

Un solde de 3 120 titres n'a pu encore faire l'objet de recherches détaillées. Sur ce total 1 700 titres représentent des petits ordres de clients passés par 6 brokers.

Journellement, les transactions ont été les suivantes :

	14.11	15.11	16.11	17.11	18.11	TOTAL
Petits ordres de la clientèle	300	300	400	700		1 700
Ordres indéterminés			1 000		420	1 420
	300	300	1 400	700	420	3 120

En définitive, les 228 770 titres échangés dans la semaine du 14 au 18 novembre 1988 se sont répartis de la manière suivante :

— COMPAGNIE PARISIENNE DE PLACEMENTS	32 300
— FAMILLE PELAT	10 000
— I. PIERCO	650
— J. JOSSUA	3 400
— P-A MARSAN	5 000
— MAGNIN-CORDELLE	5 000
— PETRUSSE SECURITIES INTERNATIONAL SA	15 000
— EXPERTA TREUHAND AG	20 000
— CRÉDIT SUISSE	10 000
— UNIGESTION	6 000
— SWISS VOLKSBANK	7 000
— BANQUE PRIVÉE	2 000
— DREXEL BURNHAM LAMBERT	72 440
— BERNARD L. MADOFF	13 760
— NASHWEISS AND CO	10 900
— ANGELO ET GORDON	10 400
— PAINE-WEBBER	1 400
— WECHSLER ET KRUMHOLZ INC	400
— SOLDE en cours d'identification	3 120
TOTAL	228 770

Sous réserve des suspens (9 250 titres) mentionnés à la IIIe partie — 1.

B) Opérations d'International Discount Bank and Trust (West Indies)

Il a été relevé que cet établissement (IDB), sis The Valley à ANGUILLA (Caraïbes), avait acheté et vendu des titres TRIANGLE, entre le 18 août et le 11 novembre 1988, par l'intermédiaire de la société SOCOFINANCE S.A., case postale 670 CH 1215 GENÈVE 15 AÉROPORT et le courtier Prudential Bache, Bureau de Londres.

Au 11 novembre 1988, le solde de titres TRIANGLE possédés par IDB était de 91 000 actions, cédées ensuite en décembre 1988.

Le service de l'Inspection est en possession du relevé jour par jour de ces opérations.

Il est intéressant de relever qu'une corrélation apparaît entre le déroulement et le sens des interventions d'IDB et l'évolution des négociations entre les sociétés PECHINEY et TRIANGLE.

Les documents et renseignements en possession du service de l'Inspection permettent de relever que :

— INTERNATIONAL DISCOUNT BANK AND TRUST (WEST INDIES) Limited a été créée le 20 juillet 1983 avec pour fondateurs DR. J. G. FIELDS, 400 S BEVERLEY DRIVE suite 214 BEVERLY HILLS CALIFORNIA 90212 USA et Monsieur ICILMA E. WOODLEY, BLOWING POINT ANGUILLA.

Les titres de cette société ont par la suite fait l'objet de cessions. Les porteurs de titres ont été Messieurs Emile D. HADDAD et Joseph ABOUSLEIMAN qui ont cédé leurs parts le 7 janvier 1987, à Messieurs Georges SAMIA et Chaker KHOURY.

— La société SOCOFINANCE S.A., société de droit suisse, au capital de 20 millions de francs suisses, exerce à titre principal le commerce de métaux précieux, de devises et de titres. Ses principaux dirigeants en sont Monsieur Charbel GHANEM et Monsieur William HADDAD.

Des relations entre les sociétés SOCOFINANCE et IDB sont apparues notamment en ce qu'il existe une convention commerciale entre ces deux sociétés. La première place ainsi de façon habituelle les ordres d'IDB.

Les recherches entreprises en France ont révélé notamment que SOCOFINANCE possède un compte dans une société de bourse parisienne et auprès de la BANQUE LIBANAISE POUR LE COMMERCE (France) à Paris et que ce compte avait enregistré des flux financiers d'ordre ou au profit d'IDB. En l'état, il n'a pas été établi de liens entre ces flux et des opérations sur titres TRIANGLE.

Il a été porté à la connaissance du service de l'Inspection que le donneur d'ordre final des titres acquis par l'IDB serait Monsieur Chaker KHOURY qui n'a pu, en l'état, être identifié de façon plus détaillée.

Les opérations de l'INTERNATIONAL DISCOUNT BANK AND TRUST (WEST INDIES) et celles réalisées, pendant la semaine du 14 au 18 novembre 1988, hors des USA et de France apparaissent suspectes mais la COB ne dispose pas encore, pour la totalité de celles-ci, d'éléments suffisants pour en tirer des conclusions définitives utilisables dans le présent rapport tant sur le plan de sa compétence que sur celui de la qualification éventuelle de ces opérations.

IVe PARTIE
RAISONS AVANCÉES PAR LES INTERVENANTS IDENTIFIÉS POUR EXPLIQUER LEURS OPÉRATIONS · EXPOSÉS ET CRITIQUES

Pour chaque opérateur seront d'abord exposés les fondements et les modalités de leurs interventions, tels qu'ils ont été relatés aux enquêteurs. Ces déclarations seront ensuite analysées à la lumière des éléments recueillis par le service de l'Inspection.

I. — LA COMPAGNIE PARISIENNE DE PLACEMENTS (CPP)

1) *Exposé des déclarations des dirigeants de la CPP.*

Les éléments qui suivent sont extraits des auditions de Messieurs THÉRET, REIPLINGER et GRUMAN qui ont été conduites comme suit :

— auditions séparées mais simultanées dans le temps de Messieurs THÉRET et GRUMAN le 4 janvier 1989 dans l'après-midi. Monsieur THÉRET a remis une note explicative annexée à son audition ;

— audition de Monsieur REIPLINGER le 11 janvier au matin ;

— deuxièmes auditions de Messieurs THÉRET et GRUMAN reçus séparément le 11 janvier dans l'après-midi.

En tant que de besoin, les intéressés et leurs conseils ont remis des documents complémentaires.

A) Les motivations de l'achat

Ce sont essentiellement les déclarations de Monsieur Max THÉRET au cours de ses auditions et les notes qu'il a remises au service de l'Inspection qui apportent de nombreux éléments pour expliquer la décision prise par la CPP.

a) *Les informations obtenues sur le secteur de l'emballage et les sociétés AMERICAN NATIONAL CAN et TRIANGLE*

— Monsieur Max THÉRET a déclaré qu'à l'occasion d'un voyage aux Etats-Unis, effectué fin septembre début octobre 1988, en compagnie de deux responsables de la FNAC et destiné à préparer l'importation de produits à diffuser par cette entreprise, il a été amené à s'intéresser aux principales sociétés susceptibles de fournir rapidement de grandes quantités d'emballages de bonne qualité

Selon lui, les noms d'ANC et de TRIANGLE INDUSTRIES lui ont été cités et ont notamment attiré son attention en raison du caractère « médiatique » de leurs deux principaux actionnaires (Messieurs PELTZ et MAY).

— Monsieur THÉRET a ajouté que son intérêt pour l'emballage s'était trouvé confirmé lors d'un voyage ultérieur en Espagne, puis par la fusion opérée entre les sociétés CARNAUD et META BOX, enfin par les articles consacrés à ce secteur industriel, Monsieur THÉRET produisant des extraits des journaux « LES ECHOS » du 27 octobre et L'USINE NOUVELLE du 3 novembre 1988.

b) *Les informations sur la stratégie de PECHINEY recueillies dans « la Lettre Confidentielle de la Communication et du Livre »*

Monsieur THÉRET a indiqué surtout avoir pris connaissance le 9 novembre — date qu'il situera plus tard le 10 novembre par référence au jour de sa sortie de l'hôpital — d'un article de « La lettre Confidentielle de la Communication et du Livre », n° 40, consacré à la société PECHINEY et à ses stratégies industrielles. Cet article mentionne notamment que l'emballage est une activité nouvelle pour PECHINEY qui cherche à « se positionner dans l'emballage haut de gamme ». L'article note aussi que « tout l'enjeu de la croissance dans cette activité est d'atteindre une taille européenne, dans cette optique les opérations d'acquisitions devraient s'accélérer dans les prochains mois ».

Tant Monsieur REIPLINGER que Monsieur GRUMAN ont déclaré que cette information avait agi comme « un déclic » (sic) dans l'esprit de Monsieur THÉRET, ce que confirme d'ailleurs l'intéressé. Tous trois ont également employé le mot de « déclic ».

Monsieur THÉRET a fait état par ailleurs de « rumeurs ayant couru dans certains journaux financiers sur des projets de PECHINEY dans le secteur de l'emballage ».

c) *Les éléments conduisant à retenir ANC et TRIANGLE*

— Monsieur THÉRET a déclaré que le rapprochement entre PECHINEY et TRIANGLE ou certaines de leurs filiales, lui paraissait prévisible au vu des éléments dont il disposait.

Le principe d'une acquisition de titres a été retenu le 10 novembre (en fin d'après-midi selon Monsieur REIPLINGER) par Monsieur THÉRET et son associé. Cependant, il a été convenu d'obtenir des renseignements complémentaires sur TRIANGLE avant de transmettre un ordre.

— Monsieur GRUMAN a été chargé de recueillir ces informations. Pour ce faire, il s'est adressé à Monsieur GLAS, qu'il connaissait bien, du bureau londonien du broker MORGAN STANLEY. Ce dernier lui a transmis par télécopie la fiche financière établie par la société d'informations financières Value-Line concernant TRIANGLE (datée du 29 janvier 1988) ainsi qu'une note établie par Standard and Poor's intitulée « Take over Completed » et datée du 23 septembre 1988 (numéro 2255)

La fiche financière a été considérée par eux comme un « autre élément déterminant » de la décision d'acquisition des titres TRIANGLE.

En effet, après analyse, Monsieur GRUMAN a jugé les ratios « excellents » et même l'incitant « à se lever la nuit » pour acheter le titre considéré (sic, déclaration REIPLINGER).

Ils ont ajouté que la fiche Value-Line complétait les conseils d'achat figurant dans « The Forbes » et les éléments financiers parus dans la revue « Fortune » numéros du 25 avril 1988 dont disposait la CPP.

Monsieur Théret et Monsieur Gruman ont indiqué enfin à plusieurs reprises qu'avant de transmettre un ordre d'achat des titres Triangle, ils avaient recueilli et analysé toutes les informations précédemment citées.

B) Les modalités de passation des ordres

Les responsables de la CPP ont déclaré que les ordres d'achat ont été donnés à partir du 15 novembre 1988, après réception de tous les renseignements souhaités.

a) *Le montant de l'investissement*

Messieurs Théret, Reiplinger et Gruman ont indiqué, au cours de leur première audition, que l'investissement initial avait été limité à la contre-valeur de deux millions de francs. Cette information a d'ailleurs été communiquée à la presse par Monsieur Théret (Cf. *Le Nouvel Observateur* du 22 décembre 1988).

Toutefois, lors de leurs auditions du 11 janvier 1989, Monsieur Reiplinger (audition unique), puis Monsieur Gruman (deuxième audition) ont ajouté qu'il avait été question d'élever le montant de l'ordre initial à six millions de francs.

La raison en était les ratios « excellents » et « à se lever la nuit » découlant de la fiche Value-Line reçue par Monsieur Gruman le 15 novembre. Selon ce dernier, le montant de l'investissement a été ensuite ramené à deux millions, le mercredi 16 au soir ou le jeudi 17 au matin, après discussion entre Messieurs Théret et Reiplinger.

Pour sa part, Monsieur Reiplinger a expliqué qu'après avoir eu connaissance de l'étroitesse du marché du titre Triangle il avait demandé, le mercredi 16 novembre au matin, à Monsieur Gruman de s'en tenir à un montant de deux millions de francs.

b) *La nature des ordres*

— Les responsables de la CPP ont affirmé que les ordres avaient été passés « soignant », c'est-à-dire d'une manière telle à ne pas provoquer une hausse sensible des cours.

— Soulignant l'absence de précipitation dans leur comportement, Messieurs Théret et Gruman ont précisé avoir refusé un bloc de titres proposé à 11 dollars l'unité.

— *La limite de cours* a été fixée à 10,5 dollars selon les premières déclarations de Messieurs Théret, Gruman et Reiplinger.

Toutefois, Monsieur Gruman a indiqué lors de sa deuxième audition qu'il avait passé le 15 novembre, un ordre « dans les cours », c'est-à-dire entre 9 et 10 dollars, et ne plus se souvenir de la date à laquelle la limite à 10,5 dollars avait été fixée.

Quant à Monsieur THÉRET, il a noté dans son mémoire du 18 janvier 1989 que l'ordre « a comporté des limites » (sic), que la limite de 11 dollars la plus élevée n'a été donnée qu'une seule fois le mercredi 17 novembre et qu'à partir de cette date la limite avait été ramenée à 10,5 dollars.

2) *Analyse des déclarations des dirigeants de la CPP*

Sur de nombreux points, les affirmations de la CPP sont contredites par les vérifications effectuées par le service de l'Inspection. Elles apparaissent en outre contradictoires, dans des domaines essentiels, notamment avec la transcription des conversations téléphoniques enregistrées à Londres entre Monsieur GRUMAN et Monsieur GLAS de la société MORGAN STANLEY de Londres.

Il convient de souligner qu'il est en effet d'usage en Grande-Bretagne d'enregistrer les conversations téléphoniques entre les traders et leurs clients, au vu et su de tous, et ce afin d'éviter tous malentendus ultérieurs.

Le service de l'Inspection a été ainsi amené à demander aux autorités britanniques compétentes la communication d'une copie conforme de ces enregistrements. Il a aussi demandé à ces autorités d'inviter la société MORGAN STANLEY à conserver les originaux de ces enregistrements à toutes fins utiles ultérieures.

A) Les motivations de l'achat

a) *Les informations obtenues sur le secteur de l'emballage et les sociétés AMERICAN NATIONAL CAN et TRIANGLE*

— Le service de l'Inspection n'a pu vérifier si Monsieur THÉRET avait eu des contacts avec des spécialistes de l'emballage lors de son voyage aux USA en septembre-octobre 1988.

— En revanche, il est exact que les articles de l'USINE NOUVELLE du 3 novembre (p. 24) et du journal « LES ECHOS » du 27 octobre citent la société AMERICAN NATIONAL CAN parmi les grands de l'emballage dans le monde, seul le second mentionne le nom de TRIANGLE INDUSTRIES (sous celui de l'ANC).

— L'analyse de la fiche de Value-Line sur TRIANGLE, datée du 29 janvier 1988, fait apparaître qu'elle concerne l'ancienne société TRIANGLE devenue TRIAN HOLDING et non la nouvelle, TRIANGLE INDUSTRIES INC. De même, les articles de FORTUNE et de FORBES se rapportent à l'ancienne société TRIANGLE (devenue TRIAN HOLDING).

Cet élément capital ne pouvait échapper à la CPP si une lecture attentive de ces documents avait été effectuée comme elle le prétend.

En effet :

— d'une part, le commentaire figurant dans la fiche Value-Line montre bien que Messieurs PELTZ et MAY sont en train de prendre le contrôle de TRIANGLE (l'ancienne) par une offre d'achat lancée par leur société CJI, et donc que les ratios concernent l'ancienne société TRIANGLE, et non la nouvelle.

— d'autre part, la fiche émanant de Standard and Poor's datée du 23 septembre 1988, indique que CJI a réussi sa prise de contrôle, qu'elle change son nom en TRIANGLE, que son symbole NASDAQ (marché OTC) devient TRIA et que, désormais, plus aucune information ne sera donnée sur l'ancienne société TRIANGLE cotée au New York Stock Exchange et objet de la fiche Value-Line. L'ancienne TRIANGLE a été rayée de la cote le 11 juillet 1988.

A la lecture de ces éléments, Monsieur THÉRET qui a fait état à plusieurs reprises du côté « médiatique » de Monsieur PELTZ, et connaissant donc les moyens (Junk Bonds) utilisés par ce dernier pour financer ses acquisitions, aurait dû s'enquérir des données financières concernant la société dans laquelle il souhaitait investir.

b) *Les informations recueillies sur la stratégie de PECHINEY dans la « Lettre Confidentielle de la Communication et du Livre »*

Aucun élément n'a permis de conforter l'existence des « rumeurs » concernant des projets de PECHINEY dans le secteur de l'emballage aux USA, et Monsieur THÉRET a refusé de dévoiler ses sources à ce sujet.

— En ce qui concerne l'article n° 40 de « la Lettre Confidentielle », consacré à PECHINEY, l'enquête a montré qu'il s'agissait d'une transcription *partielle* d'une étude publiée par la société de bourse DLP. James Capel le 21 octobre 1988 (Revue Valeurs Françaises n° 2).

On observera dans cet article :

— d'une part, une coupe de la rédaction de « la Lettre Confidentielle », malheureuse et de toute évidence involontaire, qui altère très sensiblement la compréhension du paragraphe consacré au secteur emballage de PECHINEY ;

— d'autre part, la disproportion entre les chiffres d'affaires du secteur emballage de PECHINEY (4 milliards de francs), celui des 5 sociétés acquises par PECHINEY en Europe et citées dans cet article (400 millions de francs) et celui d'AMERICAN NATIONAL CAN (24 milliards de francs).

Cet article ne pouvait donc en aucune façon être un élément déterminant d'acquisition de titres TRIANGLE INDUSTRIES INC., ce qu'a confirmé d'ailleurs la rédactrice de l'étude réalisée par la société de bourse DLP. James Capel, Melle F. GIRARD.

— Monsieur THÉRET a déclaré avoir pris connaissance de « la Lettre Confidentielle de la Communication et du Livre » le 9 novembre (lors de sa première audition et dans la note annexée) puis le 10 novembre après-midi à sa sortie de l'hôpital (lors de sa deuxième audition).

D'après les renseignements obtenus lors de l'audition de Monsieur PERISSE, rédacteur en chef de « la Lettre Confidentielle », le numéro 40 a été posté le lundi 7 novembre 1988 au soir, rue Turgot, dans le 9e arrondissement.

Or, cette date se situant dans la période de grève qui a perturbé le fonctionnement du service postal, il résulte des éléments recueillis auprès de l'Administration des postes, bureaux du 9e arrondissement et du 15e arrondissement (bureau dont dépend la CPP), qu'il est hautement improbable que le numéro 40 de « la Lettre Confidentielle » soit arrivé aux bureaux de la CPP le 9 novembre, le 10 novembre et même le 15 novembre.

« La Lettre Confidentielle de la Communication et du Livre » est diffusée à environ 200 exemplaires, dont seulement une trentaine à titre payant. Elle comporte essentiellement des informations relatives aux médias (tirages d'ouvrages, taux d'écoute d'émissions) et est éditée par une association dont l'essentiel des activités ne s'exerce pas dans le secteur financier mais notamment dans le domaine dit des « messageries conviviales ».

c) *Les éléments conduisant à retenir ANC et Triangle*

— Monsieur Théret, dans sa note du 3 janvier 1989 annexée à sa première audition du 4 janvier 1989, fait état de sa « connaissance spécifique et approfondie du marché mondial de l'emballage ».

Or Monsieur Théret se contente de nommer les sociétés déjà citées par la grande presse (« Les Echos », « L'Usine Nouvelle »...) alors qu'il existe nombre d'autres sociétés d'emballage de bon niveau. Il en est ainsi des sociétés Van Dorm Company, Crown-Cork Seal, Constan, Anchor Glas, Ball Corporation. Ces sociétés, cotées et consommatrices d'aluminium pour la plupart, ont des chiffres d'affaires variant entre 330 millions et 2 milliards de dollars. Elles ont d'ailleurs servi à la banque conseil de Pechiney pour évaluer American National Can.

Il est établi par les enregistrements des conversations téléphoniques et la déposition de Monsieur Glas que la CPP n'a pas pris contact avec Morgan Stanley téléphoniquement le 14 novembre 1988 mais seulement le 15 novembre quelques minutes avant l'ouverture du marché de New York.

Il est également formellement établi que la fiche Value-Line sur Triangle et la note Standard and Poor's intitulée « Take over completed » n'étaient pas à la disposition de la CPP avant la passation des premiers ordres d'achat faite le 15 novembre à 14 heures 21 (heure de Londres).

En effet, ces documents transmis par télécopie ont été émis par Morgan Stanley à 16 heures 09 (heure de Londres) et reçu par la CPP à 17 heures 8 (heure de Paris) à raison du décalage horaire de 1 heure entre Paris et Londres à cette époque de l'année.

Par ailleurs, les mêmes éléments établissent de façon incontestable, que Monsieur Gruman a passé ses premiers ordres d'achat sans connaître l'intitulé exact de l'action qu'il voulait acheter, le prix de ce titre et les quantités journellement traitées. Il voulait seulement à tout prix acheter l'action de la société « TRIANGLE qui fait des cans » (sic). Il a demandé à Monsieur GLAS de trouver parmi les homonymes le bon titre à acquérir précisant « achète tout de suite » (sic).

En conséquence, la CPP n'était pas en possession de ratios « excellents » (sic) dont elle aurait disposé avant la passation de ses ordres sur l'action recherchée.

On est donc fondé à penser que « le déterminant » de la décision de la CPP était de tout autre nature et que toutes les explications et documents joints ont été accumulés a posteriori pour les besoins de la cause.

La CPP a agi comme si les caractéristiques de la société TRIANGLE ne l'intéressaient absolument pas. Cela apparaît nettement lorsque à l'annonce par son correspondant londonien des lourdes pertes de TRIANGLE pour le 3e trimestre 1988 Monsieur GRUMAN répond par un éclat de rire et par cette boutade « on paye les pertes 10 fois ! ». (La perte par titre était de 1,24 dollar pour le troisième trimestre de l'année 1988).

B — Les modalités de passation des ordres

a) *Le montant de l'investissement*

L'ordre d'achat initial transmis le 15 novembre 1988 par Monsieur GRUMAN à Monsieur GLAS (MORGAN STANLEY) ne portait pas sur 2 millions de francs comme indiqué lors de leur audition par Monsieur GRUMAN et Monsieur THÉRET mais sur 3 millions de francs « renouvelables par tranches d'égal montant » (sic). Il est également établi que la CPP souhaitait acquérir à cette date 100 000 à 150 000 titres, ce qui correspondrait à un investissement de l'ordre de 6 à 9 millions de francs.

Cela résulte incontestablement des éléments recueillis par le service de l'Inspection et cités ci-dessus.

Monsieur REIPLINGER note bien que l'ordre initial a pu être porté le premier jour à 6 millions de francs. Il le justifie par la réception des excellents ratios de la fiche Value-Line. Or à ce moment-là il est prouvé que la CPP ne disposait pas de ce document.

Par contre, l'ordre initial a été réduit à 60 000 titres le 18 novembre 1988, une demi-heure environ après l'ouverture du marché de New York. Cet ordre représente encore une contre-valeur de 3,6 millions de francs.

b) *La nature des ordres*

L'ordre transmis initialement par Monsieur GRUMAN a été un ordre précipité, sans limite de cours, correspondant à une contre-valeur en francs. En effet, à ce moment, la CPP n'avait aucune idée ni du cours de l'action ni de son marché.

C'est plus tard, à la demande de Monsieur GLAS dont l'importance de l'ordre s'était heurtée à l'hilarité de son correspondant à New York (il s'était échangé 2 100 titres la veille) qu'il a été convenu de procéder progressivement par quantités et cours limités.

Toute la suite des opérations montre que c'est sur les conseils de Monsieur GLAS et de son correspondant à New York que l'ordre a été maintenu dans les cours, suivant ces derniers en permanence, provoquant même leur évolution à la hausse.

Par ailleurs, rien n'indique qu'un bloc de titres ait été refusé au prix de 11 dollars. Monsieur GRUMAN s'est montré au contraire intéressé par tout bloc qui se présenterait. La lettre de MORGAN STANLEY transmise à la demande de la CPP ne mentionne au demeurant nullement ce refus.

En définitive, les ordres de la CPP sont éminement suspects.

— La CPP a agi de manière très importante et précipitée, sans connaissance boursière et financière de la société considérée, alors qu'elle prétendait vouloir investir à moyen terme à l'issue d'une longue réflexion.

— De multiples contradictions, des explications successives et évolutives au fur et à mesure de leur mise en défaut et des affirmations erronées démontrent que la documentation présentée par la CPP pour justifier ses achats a été constituée à posteriori pour les besoins de la cause.

— Enfin, les propos tenus avec son broker à Londres montrent que la CPP n'agissait pas comme un client ordinaire.

Il apparaît ainsi qu'un dirigeant de la CPP a bénéficié d'une information privilégiée, seule susceptible d'expliquer ses interventions sur le marché du titre TRIANGLE.

Au surplus, l'enregistrement des conversations téléphoniques fait apparaître que, dans leur conversation du 21 novembre 1988, Messieurs GRUMAN et GLAS s'inquiètent de ce qu'il conviendrait de dire en cas d'enquête de la SEC et sur la coopération entre la SEC et la COB. Il procède même à un échange de vue sur la question de la preuve en matière de délits d'initiés...

II. — MONSIEUR ROGER PATRICE PELAT

1) *Exposé des déclarations de Monsieur PELAT*

Monsieur PELAT a indiqué avoir acquis des titres TRIANGLE pour son compte et ceux de membres de sa famille à la suite d'un conseil de Monsieur THÉRET, donné à une date et dans des conditions que les deux interlocuteurs n'ont pu préciser. Le conseil visait seulement le titre TRIANGLE qui « pourrait faire quelque chose », sans que le nom de PECHINEY ait été cité. Monsieur PELAT a aussi déclaré verbalement que Monsieur THÉRET lui aurait fait part de l'intention de la CPP d'acheter des titres TRIANGLE.

Monsieur PELAT a transmis un ordre d'achat à Monsieur Bertrand GODBILLE gérant chez HOTTINGER et Compagnie, le 15 ou le 16 novembre, sans lui fixer de quantités ou de montants selon une pratique qu'il considère comme courante; en effet, Monsieur GODBILLE possède un mandat de gestion sur les comptes de Monsieur PELAT, son épouse et ses enfants.

Les ventes ont été opérées à l'initiative de Monsieur Roger Patrice PELAT, informé par son banquier le 21 novembre de l'évolution du cours des titres.

2) *Analyse des déclarations de Monsieur PELAT*

Monsieur Bertrand GODBILLE a précisé que Monsieur PELAT lui a transmis son ordre le mercredi 15 novembre dans l'après-midi et confirmé par ailleurs les modalités d'exécution de l'ordre. En particulier, il a indiqué qu'il est courant que Monsieur PELAT lui demande d'acheter un titre sans préciser les cours, les quantités et l'affectation à donner aux titres, et qu'il est convenu avec Monsieur PELAT que ces achats portent généralement sur la contre-valeur de 0,5 à 1 % du portefeuille de l'intéressé, comme tel a été le cas.

Il convient de préciser que Monsieur PELAT a indiqué verbalement qu'il était totalement étranger aux opérations effectuées par EXPERTA TREUHAND A.G. sur le titre TRIANGLE. Il a déclaré connaître certains dirigeants d'EXPERTA TREUHAND qui ont exercé également, ou exercent encore, des responsabilités dans des sociétés qu'il connaît ou a gérées (ARFINA, VIBRACHOC). Il a ajouté ne leur avoir jamais parlé du titre TRIANGLE INDUSTRIES INC. Enfin, Monsieur PELAT a déclaré ne pas posséder de comptes bancaires en Suisse.

III. — MADEMOISELLE ISABELLE PIERCO

1) *Exposé des déclarations de Mlle PIERCO*

Mlle PIERCO a déclaré avoir acheté des titres TRIANGLE sur un conseil donné par Monsieur Roger Patrice PELAT le 15 ou le 16 novembre. L'ordre aurait été remis à l'agence de la BNP, où elle possède un compte, le 17 ou le 18 novembre, et porté à la hauteur de la contre-valeur de 40 000 F, au lieu de 20 000 F comme prévu initialement, sur les conseils de la banque mettant en avant les coûts de transaction sur le marché de New York.

Mlle PIERCO a indiqué avoir demandé la cession de ses actions TRIANGLE après avoir eu connaissance, par son banquier, de l'évolution de leurs cours.

2) *Analyuse des déclarations de Mlle PIERCO*

Monsieur Roger Patrice PELAT a confirmé verbalement avoir bien donné un tel conseil à Mlle PIERCO.

Dans une note remise à la COB, l'Inspecteur Général de la BNP a indiqué que Mlle PIERCO a transmis un ordre par téléphone à son gestionnaire de compte le 17 novembre 1988 en début de matinée, lui demandant d'y consacrer environ 40 000 F (sic).

Il convient de noter que cet investissement représente un peu plus de 1 % du portefeuille de Mlle PIERCO à la BNP.

IV. — MONSIEUR JOSEPH JOSSUA

1) *Exposé des déclarations de Monsieur JOSSUA*

Celui-ci a indiqué avoir pris sa décision à la suite de réflexions personnelles alimentées notamment par l'expansion des sociétés COCA-COLA et PEPSI-COLA en Extrême-Orient, et par la lecture d'un article paru en septembre ou octobre 1988, et qu'il n'a pas cité. Ayant « pensé tout de suite à AMERICAN NATIONAL CAN », société dont le nom lui était familier, Monsieur JOSSUA aurait demandé à un commis avec qui il est en relation chez PRUDENTIAL BACHE à Paris, Monsieur SHAPIRO, de se renseigner sur cette valeur. Ayant appris que ANC était contrôlée par le holding TRIANGLE, coté au hors-cote aux environs de 10 dollars, Monsieur JOSSUA a déclaré avoir souhaité limiter son investissement et ne pas y consacrer 100 000 dollars comme il le pensait au départ.

En raison des limites fixées et de la hausse des cours, Monsieur JOSSUA n'a obtenu que 3 400 titres sur les 5 000 demandés.

Monsieur JOSSUA a procédé à la vente de ses actions TRIANGLE dès le 21 novembre, n'ayant pas cru à la réalité de l'offre annoncée par PECHINEY. Le produit de cette cession est actuellement bloqué sur son compte à la Banque Cantonale Vaudoise à Lausanne, compte ouvert sous le numéro 666-43125.

2) *Analyse des déclarations de Monsieur JOSSUA*

L'opération en cause n'a mobilisé qu'une très faible part des ressources de cet ancien remisier parisien, effectuant habituellement des opérations de nature spéculative sur les titres, les devises et les matières premières, notamment sur le marché des options.

Les raisons avancées par cet opérateur pour s'intéresser au titre TRIANGLE sont des plus vagues

V. — LA SOCIÉTÉ DE BOURSE MAGNIN-CORDELLE

1) *Exposé des déclarations de Monsieur Ricaldo ZAVALA*

L'achat de titres TRIANGLE a été effectué par Monsieur ZAVALA dans le cadre de ses fonctions et en respectant les limites qui lui sont fixées ; ce négociateur dispose d'une large initiative dans les opérations effectuées pour le compte de la charge.

Monsieur ZAVALA a déclaré connaître la société AMERICAN NATIONAL CAN qu'il avait sélectionnée par le passé comme une affaire présentant de l'intérêt ; il savait aussi que cette entreprise était détenue par TRIANGLE.

Cependant, sa décision serait due essentiellement, selon ses dires, à son comportement de « trader ». En effet, en contact téléphonique le mercredi 16 novembre 1988 avec Messieurs Michel GLAS ou Jonathan LORIE de la société MORGAN STANLEY à Londres, Monsieur ZAVALA a appris qu'il y avait un « courant acheteur » sur le titre TRIANGLE chez cet intermédiaire. Sachant que ce dernier intervenait souvent pour le compte de clients français, et ayant pu confirmer auprès des professionnels new-yorkais l'existence « d'un intérêt français sur cette valeur », Monsieur ZAVALA a eu, selon ses déclarations, « un réflexe de trader en faisant une opération très courte sur cette tendance » (sic).

Monsieur ZAVALA a précisé en outre qu'il avait voulu se défaire de ses titres le vendredi 18 novembre en fin de journée, après la publication par l'agence REUTER des mauvais résultats de TRIANGLE au cours du 3e trimestre 1988, mais n'avait pu le faire faute de temps.

2) *Analyse des déclarations de Monsieur ZAVALA*

Les déclarations de Monsieur ZAVALA sont contestées par Monsieur GLAS qui a affirmé n'avoir jamais parlé de ce titre à Monsieur ZAVALA.

VI. — MONSIEUR PIERRE-ALAIN MARSAN

1) *Exposé des déclarations de Monsieur MARSAN*

Ce commis, spécialiste de la négociation de blocs d'actions françaises à la société de bourse FERRI-FERRI-GERME, déclare avoir acheté des titres TRIANGLE à la suite d'une conversation entendue, le jeudi 17 novembre 1988 à l'heure du déjeuner, dans un restaurant proche de son bureau. Il était question, entre deux personnes inconnues de Monsieur MARSAN, « de gros achats sur une boîte d'emballage américaine qui malgré le cours peu élevé de l'action à 10 dollars paraissaient bizarres » (sic).

De retour chez FERRI, Monsieur MARSAN a pu déterminer avec l'aide d'analystes de la charge — celle-ci s'étant intéressée depuis longtemps au titre CARNAUD et au secteur de l'emballage — qu'il pouvait s'agir d'ANC ; il a aussi appris que cette société avait été acquise par Messieurs PELTZ et MAY et se trouvait cotée par l'intermédiaire de sa maison mère TRIANGLE.

Ayant pu obtenir des renseignements sur le marché du titre TRIANGLE par Monsieur Jean-Patrick VOISIN de DREXEL BURNHAM LAMBERT à Paris, notamment sur l'augmentation du volume des transactions depuis 3 jours, Monsieur MARSAN a passé en fin d'après-midi du vendredi 18 novembre, un ordre d'achat de 5 000 titres. Estimant que cet ordre avait été exécuté très facilement, il n'a pas souhaité poursuivre ses achats avant le lundi 21.

L'intéressé affirme n'avoir effectué aucune autre acquisition de titres TRIANGLE directement ou indirectement.

Monsieur MARSAN a revendu ses titres les 23 et 30 novembre dès que le cours lui a semblé s'être rapproché du prix offert par PECHINEY.

2) *Analyse des déclarations de Monsieur MARSAN*

Il apparaît que Monsieur MARSAN a disposé d'une information sur le titre TRIANGLE dans des conditions différentes de celles qu'il invoque.

En l'état, le service de l'Inspection ne détient pas de preuve formelle.

En ce qui concerne le moyen par lequel des informations ont été irrégulièrement communiquées sur les projets et les négociations des sociétés PECHINEY et TRIANGLE, l'analyse du marché du titre, tant en France qu'à l'étranger, permet de penser que plusieurs personnes ont donné des « informations d'initiés » et permis ainsi la réalisation d'opérations irrégulières.

Il n'a pas été relevé, en l'état, d'éléments décisifs permettant leur identification.

Les diverses personnes entendues ont toutes affirmé n'avoir donné aucune information dans des conditions irrégulières, ou favorisant des opérations sur le titre TRIANGLE, et n'avoir pas, à l'exception des opérateurs précédemment cités, effectué directement ou indirectement une opération sur le titre pendant la période suspecte.

Ces personnes se sont expliquées en tant que de besoin sur l'ancienneté, la fréquence et la qualité de leurs relations réciproques ; entre autres exemples, la fréquentation d'un même club sportif s'agissant de Messieurs BOUBLIL, MARSAN et VINCIGUERRA — Directeur Général Adjoint de la société PECHINEY —, la pratique du même loisir s'agissant de Messieurs GLAS et REIPLINGER, de contacts familiaux ou amicaux s'agissant de Messieurs BOUBLIL et TRABOULSI, de Messieurs BOUBLIL et PELAT, de Messieurs PELAT et THÉRET, de Messieurs GODBILLE et MARSAN, de Messieurs GLAS et ZAVALA, de Messieurs MARSAN et B. SABRIER — responsable d'Unigestion.

De même, Monsieur TRABOULSI n'a pas dissimulé avoir, entre autres comptes ouverts dans les livres d'établissements helvétiques, un compte à la société SOCOFINANCE SA à Genève, d'y avoir effectué des opérations sur métaux précieux et rencontré occasionnellement certains de ses dirigeants ou d'avoir eu un compte à la société Unigestion. Monsieur TRABOULSI a aussi précisé, en joignant des relevés, avoir possédé des titres TRIANGLE et les avoir cédés avant le 20 juillet 1988.

Ve PARTIE : OBSERVATIONS SUR LA COMPÉTENCE DE LA COB

La compétence est contestée par le Conseil de la Compagnie Parisienne de Placements, dans une note du 11 janvier 1989 jointe à la procédure.

Selon ce dernier :

— la mission de la COB et ses compétences générales telles qu'elles ont été fixées par l'ordonnance du 28.09.1967, modifiée par la loi du 11.7.1985, ne lui donnent vocation à s'exercer que sur le marché financier *français,* et ne sauraient s'appliquer à des opérations effectuées sur le marché américain, dont le contrôle et la régulation dépendent des autorités compétentes sur ce territoire.

— les éléments recueillis par la Commission ne pourraient pas davantage servir aux besoins d'une enquête menée par les autorités américaines, ni même être communiqués à ces autorités, ces renseignements ne pouvant avoir trait qu'à des opérations effectuées sur le marché boursier français et la COB ne pouvant suppléer, en quelque qualité que ce soit, une autorité étrangère dans le contrôle du bon fonctionnement d'un marché étranger.

— la COB, « autorité sous tutelle du Ministère des Finances » (sic), ne saurait se prévaloir des dispositions de la loi pénale française afin de justifier de ses compétences.

La COB ne pourrait user des dispositions par lesquelles le Code de Procédure Pénale offre la possibilité pour une instance judiciaire répressive française de connaître des délits commis à l'étranger par une personne de nationalité française, dès lors qu'un acte constitutif de ce délit a été commis sur le territoire de la République, ces dispositions étant, selon le Conseil de la CPP, exclusivement attribuées aux juridictions de l'ordre judiciaire.

Ces arguments ne peuvent être retenus

La compétence de la COB résulte de ses pouvoirs propres comme des dispositions générales relatives à la répression en France des infractions, même commises à l'étranger.

a) La loi du 22 janvier 1988 sur les bourses de valeurs a largement accru la mission et les pouvoirs de la Commission, celle-ci ayant désormais la possibilité de faire effectuer des enquêtes de caractère général, et non plus seulement limitées à un titre déterminé.

Ces pouvoirs nouveaux, qui ont été très clairement analysés lors des travaux préparatoires de la réforme, et qui sont énoncés dans l'article 13 de la loi du 22 janvier 1988 modifiant l'article 5 de l'ordonnance du 28.09.1967, justifient pleinement la décision prise le 14.12.1988 par le Collège de la COB.

b) La compétence de la COB résulte tout d'abord de l'existence en France d'une information privilégiée liée aux négociations menées par la société PECHINEY et à l'exploitation qui a pu en être faite.

c) Les faits révélés par cette enquête, et les infractions à l'article 10-1 de l'ordonnance du 28.09.1967 qu'ils pourraient caractériser, justifient tout autant l'intervention de la Commission.

Il résulte en effet de l'article 693 du Code de Procédure Pénale, qu' « est réputée commise sur le territoire de la République toute infraction dont un acte caractérisant l'un de ses éléments constitutifs a été accompli en France ».

En l'espèce, 5 opérateurs ont transmis leurs ordres depuis le territoire national, et Monsieur JOSSUA, bien que résidant en Suisse, a fait transiter ses ordres par un intermédiaire parisien.

Le délit d'initié qui pourrait notamment être reproché à ces opérateurs est dès lors réputé commis à Paris, si les ordres ont été transmis depuis la France ou si des flux financiers relatifs aux opérations y ont transité.

On observera sur ce point que l'article 693 du Code de Procédure Pénale précité ne fait pas référence à la compétence des juridictions françaises, pas plus qu'il ne vise la qualité des auteurs des faits, mais qu'il précise exclusivement les conséquences attachées à la commission en France d'un acte constitutif de l'infraction, au regard du droit applicable.

Il convient enfin de rappeler le rôle spécifique dévolu par le législateur à la Commission des opérations de Bourse pour la mise en œuvre de poursuites pénales sur le fondement des articles 10-1 et 10-3 de l'ordonnance du 28 septembre 1967, les autorités judiciaires compétentes étant dans l'obligation de demander l'avis de la Commission lorsque les poursuites sont engagées en exécution de l'article 10-1 de cette ordonnance.

CONCLUSION

Au terme des investigations effectuées par le Service de l'Inspection du 14 décembre 1988 au 27 février 1989, des présomptions graves, précises et concordantes de l'existence de délits d'initiés, susceptibles de relever de la juridiction française ont été réunies.

Aussi est-il proposé au Collège de décider de transmettre dès maintenant le présent dossier au Parquet.

Le Chef du service de l'Inspection

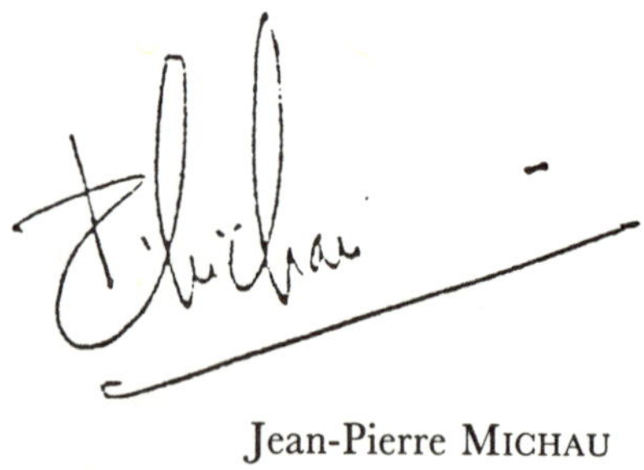

Jean-Pierre MICHAU

ANNEXE 2

« Les Echanges litigieux sur Triangle »

« Confidentiel » : découvert par l'agence *Telpresse* du journaliste économique et financier René Tendron, voici le relevé complet des transactions au jour le jour sur la société Triangle à Wall Street, entre le 1er novembre et le 15 décembre 1988, avec les cours enregistrés (les plus hauts, les plus bas et les derniers, en clôture) à chaque séance. Comme toujours, aux Etats-Unis les dates sont indiquées avec, dans l'ordre : le mois, le jour et l'année.

TRIA TRIANGLE INDUSTRIES INC NEW CLASS A

Daily prices 11/01/88 to. 12/15/88

DATE	VOLUME	HIGH/ASK	LOW/BID	CLS/BID
11/01/88	3 900	8 1/2	8 1/8	8 1/2
11/02/88	2 200	9	8 1/2	9
11/03/88	4 100	9 1/4	8 1/2	9 1/4
11/04/88	200	8 3/4	8 3/4	8 3/4
11/07/88	3 000	9 1/4	8 1/2	8 1/2
11/08/88	7 500	9	8 1/2	8 1/2
11/09/88	5 100	9	8 1/2	8 1/2
11/10/88	15 400	9 1/4	8 3/4	8 3/4
11/11/88	8 100	9 1/2	9	9
11/14/88	2 100	9	8 1/2	9
11/15/88	3 800	9	9	9
11/16/88	120 700	11	9 1/4	10 1/8
11/17/88	50 200	10 1/2	10	10
11/18/88	50 200	10 3/4	10 1/4	10 3/8
11/21/88	221 600	48 1/2	43	46 1/4
11/22/88	338 900	48 1/4	46 1/4	47 1/2
11/23/88	1 226 700	52 1/4	48 1/2	51 3/4
11/24/88	0	HOL	HOL	HOL
11/25/88	511 500	52 1/4	51 1/4	51 7/8
11/28/88	573 600	52 1/2	51 7/8	52 1/2
11/29/88	503 700	53 1/8	52 1/8	52 7/8
11/30/88	330 200	53 3/8	52 1/2	52 1/2
12/01/88	174 600	52 7/8	52 1/4	52 1/2
12/02/88	105 200	52 3/4	52 1/2	52 5/8
12/05/88	168 900	52 1/2	52	52 1/4
12/06/88	214 900	52 5/8	52	52 1/2
12/07/88	254 000	53 1/2	52 1/2	53 3/8
12/08/88	68 800	53 1/2	53 1/8	53 1/2
12/09/88	114 900	54 1/2	53 1/4	54 1/4
12/12/88	78 300	54 1/4	54	54 1/4
12/13/88	9 000	54 1/4	53 3/4	53 7/8
12/14/88	32 800	55	54	54 3/4
12/15/88	43 900	55	54 5/8	54 3/4

Table

*La composition de ce livre
a été effectuée par Bussière à Saint-Amand,
l'impression et le brochage ont été effectués
sur presse CAMERON
dans les ateliers de la S.E.P.C. à Saint-Amand-Montrond (Cher)
pour les Éditions Albin Michel*

AM

*Achevé d'imprimer en septembre 1989
N° d'édition : 10884. N° d'impression : 1863
Dépôt légal : septembre 1989*